U0895325

本书由
中央高校建设世界一流大学（学科）
和特色发展引导专项资金
资助

中南财经政法大学“双一流”建设文库

区 | 域 | 发 | 展 | 系 | 列 |

中国新型农业经营主体的风险异质性与农业保险产品创新研究

余 洋 著

中国财经出版传媒集团
中国财政经济出版社

图书在版编目（CIP）数据

中国新型农业经营主体的风险异质性与农业保险产品创新研究／余洋著．--北京：中国财政经济出版社，2019.12

（中南财经政法大学“双一流”建设文库．区域发展系列）

ISBN 978-7-5095-9373-8

Ⅰ.①中… Ⅱ.①余… Ⅲ.①农业经营-经营体系-研究-中国②农业保险-研究-中国 Ⅳ.①F324 ②F842.66

中国版本图书馆CIP数据核字（2019）第246432号

责任编辑：胡　博　　　　责任校对：张　凡

封面设计：陈宇琰

中国新型农业经营主体的风险异质性与农业保险产品创新研究

ZHONGGUO XINXING NONGYE JINGYING ZHUTI DE FENGXIAN YIZHIXING YU NONGYE BAOXIAN CHANPIN CHUANGXIN YANJIU

中国财政经济出版社 出版

URL：http：//www.cfeph.cn

E-mail：cfeph@cfemg.cn

社址：北京市海淀区阜成路甲28号　邮政编码：100142

营销中心电话：010-88191537

北京财经印刷厂印装　各地新华书店经销

787×1092毫米　16开　13.25印张　213 000字

2019年12月第1版　2019年12月北京第1次印刷

定价：60.00元

ISBN 978-7-5095-9373-8

（图书出现印装问题，本社负责调换）

本社质量投诉电话：010-88190744

打击盗版举报热线：010-88191661　QQ：2242791300

总　序

“中南财经政法大学‘双一流’建设文库”是中南财经政法大学组织出版的系列学术丛书，是学校“双一流”建设的特色项目和重要学术成果的展现。

中南财经政法大学源起于1948年以邓小平为第一书记的中共中央中原局在挺进中原、解放全中国的革命烽烟中创建的中原大学。1953年，以中原大学财经学院、政法学院为基础，荟萃中南地区多所高等院校的财经、政法系科与学术精英，成立中南财经学院和中南政法学院。之后学校历经湖北大学、湖北财经专科学校、湖北财经学院、复建中南政法学院、中南财经大学的发展时期。2000年5月26日，同根同源的中南财经大学与中南政法学院合并组建“中南财经政法大学”，成为一所财经、政法“强强联合”的人文社科类高校。2005年，学校入选国家“211工程”重点建设高校；2011年，学校入选国家“985工程优势学科创新平台”项目重点建设高校；2017年，学校入选世界一流大学和一流学科（简称“双一流”）建设高校。70年来，中南财经政法大学与新中国同呼吸、共命运，奋勇投身于中华民族从自强独立走向民主富强的复兴征程，参与缔造了新中国高等财经、政法教育从创立到繁荣的学科历史。

“板凳要坐十年冷，文章不写一句空”，作为一所传承红色基因的人文社科大学，中南财经政法大学将范文澜和潘梓年等前贤们坚守的马克思主义革命学风和严谨务实的学术品格内化为学术文化基因。学校继承优良学术传统，深入推进师德师风建设，改革完善人才引育机制，营造风清气正的学术氛围，为人才辈出提供良好的学术环境。入选“双一流”建设高校，是党和国家对学校70年办学历史、办学成就和办学特色的充分认可。“中南大”人不忘初心，牢记使命，以立德树人为根本，以“中国特色、世界一流”为核心，坚持内涵发展，“双一流”建设取得显著进步：学科体系不断健全，人才体系初步成型，师资队伍不断壮大，研究水平和创新能力不断提高，现代大学治理体系不断完善，国际交流合作优化升级，综合实力和核心竞争力显著提升，为在2048年建校百年时，实现主干学科跻身世界一流学科行列的发展愿景打下了坚实根基。

“当代中国正经历着我国历史上最为广泛而深刻的社会变革，也正在进行着人类历史上最为宏大而独特的实践创新”，“这是一个需要理论而且一定能够产生理论的时代，这是一个需要思想而且一定能够产生思想的时代”①。坚持和发展中国特色社会主义，统筹推进“五位一体”总体布局和协调推进“四个全面”战略布局，实现“两个一百年”奋斗目标、实现中华民族伟大复兴的中国梦，需要构建中国特色哲学社会科学体系。市场经济就是法治经济，法学和经济学是哲学社会科学的重要支撑学科，是新时代构建中国特色哲学社会科学体系的着力点、着重点。法学与经济学交叉融合成为哲学社会科学创新发展的重要动力，也为塑造中国学术自主性提供了重大机遇。学校坚持财经政法融通的办学定位和学科学术发展战略，“双一流”建设以来，以“法与经济学科群”为引领，以构建中国特色法学和经济学学科、学术、话语体系为己任，立足新时代中国特色社会主义伟大实践，发掘中国传统经济思想、法律文化智慧，提炼中国经济发展与法治实践经验，推动马克思主义法学和经济学中国化、现代化、国际化，产出了一批高质量的研究成果，“中南财经政法大学‘双一流’建设文库”即为其中部分学术成果的展现。

文库首批遴选、出版二百余册专著，以区域发展、长江经济带、“一带一路”、创新治理、中国经济发展、贸易冲突、全球治理、数字经济、文化传承、生态文明等十个主题系列呈现，通过问题导向、概念共享，探寻中华文明生生不息的内在复杂性与合理性，阐释新时代中国经济、法治成就与自信，展望人类命运共同体构建过程中所呈现的新生态体系，为解决全球经济、法治问题提供创新性思路和方案，进一步促进财经政法融合发展、范式更新。本文库的著者有德高望重的学科开拓者、奠基人，有风华正茂的学术带头人和领军人物，亦有崭露头角的青年一代，老中青学者秉持家国情怀，述学立论、建言献策，彰显“中南大”经世济民的学术底蕴和薪火相传的人才体系。放眼未来、走向世界，我们以习近平新时代中国特色社会主义思想为指导，砥砺前行，凝心聚

① 习近平：《在哲学社会科学工作座谈会上的讲话》，2016年5月17日。

力推进“双一流”加快建设、特色建设、高质量建设，开创“中南学派”，以中国理论、中国实践引领法学和经济学研究的国际前沿，为世界经济发展、法治建设做出卓越贡献。为此，我们将积极回应社会发展出现的新问题、新趋势，不断推出新的主题系列，以增强文库的开放性和丰富性。

“中南财经政法大学‘双一流’建设文库”的出版工作是一个系统工程，它的推进得到相关学院和出版单位的鼎力支持，学者们精益求精、数易其稿，付出极大辛劳。在此，我们向所有作者以及参与编纂工作的同志们致以诚挚的谢意！

因时间所囿，不妥之处还恳请广大读者和同行包涵、指正！

中南财经政法大学校长

前　言

党的十九大作出了实施乡村振兴战略的重大决策部署，明确提出发展多种形式适度规模经营，培育新型农业经营主体，建设现代农业。以专业大户、家庭农场、农民专业合作社和农业龙头企业为代表的新型农业经营主体，数量快速增长、规模日益扩大、领域不断拓宽、实力逐渐增强，在推进农业供给侧结构性改革、促进农业现代化进程中发挥了重要作用。

新型农业经营主体的发展，不仅是农业生产经营市场化、规模化、产业化的过程，同时也是农业风险规模化、集中化的过程。新型农业经营主体的可持续发展需要农业保险的支持与保障。然而，我国农业保险仍以传统小农户为主要承保对象，不能满足新型农业经营主体的保险需求，农业保险产品创新是适应新型农业经营主体发展的必然要求。基于此，本书将新型农业经营主体的风险异质性与农业保险产品创新相结合，探寻面向新型农业经营主体的农业保险产品创新解决方案。

本书以新型农业经营主体培育与农业保险产品创新的互动耦合机理作为理论基础，对新型农业经营主体的风险异质性进行理论与实证分析，通过与我国农业保险产品供给现状的对比分析，寻找农业保险产品供求失衡的症结点，提出我国农业保险产品创新的方向与设计方案。

本书的主要内容由以下8章构成：第1章为绪论，介绍研究背景、研究目的及意义、国内外研究状况、研究思路、内容与方法，指出本书的主要创新与不足之处。第2章分析了新型农业经营主体培育与农业保险产品创新的互动耦合机理，采用耦合相关理论构建了二者的动态耦合模型并分析其演化过程。第3章分析了我国新型农业经营主体发展现状。第4章对新型农业经营主体的风险异质性进行了理论与实证分析，从理论层面对新型农业经营主体风险异质性的成因和特征进行识别和分析，在实证层面通过构建多组结构方程模型（SEM），基于调研数据检验新型农业经营主体的风险异质性。第5章从农业保险产品供给的主体、种类、规模和保障水平等方面分析了我国农业保险产品的现状。第6章探寻农业保险产品供给与新型农业经营主体需求失衡的症结点，在此基础上指出我国农业保险产品的创新方向，主要包括多层次保障水平型产品、收入保障型产品、指数型产品、信用增进型产品和农业产业链综合型产品。第7章从产品创新的出发点、产品设计方案（包括承保与理赔规则、保险费率厘定、保障水平等）、产品特色和产品创新设计的难点等方面，对区域产量保险、农业收入账户制保险、农业信贷连接指数保险的产品创新提出了具体构想与方案设计。第8章对主要研究结论进行了归纳与总结，提出了研究展望。

在研究过程中，采取了规范分析与实证分析相结合、定性分析与定量分析相结合的研究方法，综合运用保险学、农业经济学、计量经济学、统计学等多学科领域知识，并将这些学科知识进行融会贯通，进行了跨学科的协同研究。除了上述研究方法外，还使用了结构方程模型（SEM）分析法、动态耦合分析法、问卷调查法等研究方法。

本书深入探究新型农业经营主体风险异质性条件下农业保险产品创新的方向与策略，对于构建框架完整、措施精准、机制有效的新型农业经营主体风险保障体系，具有极其较好的理论和现实意义。从实践价值而言，本书的研究成果可为我国农业保险产品创新提供决策依据，以利于保险行业根据新型农业经营主体的风险特性，开发具有针对性的保险产品。本书所提出的农业保险产品创新方向与方案设计可为政府决策部门制定农业保险发展政策提供决策参考，还可为保险公司进行农业保险产品创新与研发提供思路与依据。

受时间、数据资料及研究能力的限制，本书所提出的农业保险创新产品设计方案处于产品创意阶段，要想使其真正进入市场还需要获取大量数据，需要与保险监管机构、保险公司等实务机构合作，进行更深层次的实践探索，这也是作者以后继续研究的方向。

目　录

第1章 绪　论

1.1 研究背景

党的十九大作出了实施乡村振兴战略的重大决策部署，提出“坚持农业农村优先发展，按照产业兴旺、生态宜居、乡风文明、治理有效、生活富裕的总要求，建立健全城乡融合发展体制机制和政策体系，加快推进农业农村现代化”。在贯彻落实乡村振兴战略的新征程中，需要不断丰富和创新农业保险产品以满足农业农村发展和新型农业生产经营主体多元化的保险需求，为实现农业农村现代化提供坚实的保障。

1.1.1 培育新型农业经营主体是实施乡村振兴战略的重要内容

随着我国农业现代化的发展，工业化、城镇化进程加快，农村劳动力大量转移，农业农村发展的新环境为专业大户、家庭农场、农民专业合作社、农业龙头企业和农业社会化服务组织等新型农业经营主体的培育与发展创造了条件。集约化、专业化、组织化、社会化相结合的新型农业经营主体是适应现代农业发展需要的必然结果。

近年来，党和政府高度重视新型农业经营主体的发展，出台了一系列政策与文件，从顶层设计为新型农业经营主体的发展指明了方向。党的十八大报告明确提出：“培育新型农业经营主体，发展多种形式规模经营，构建集约化、专业化、组织化、社会化相结合的新型农业经营体系。”2017 年 5 月，中共中央办公厅、国务院办公厅发布了《关于加快构建政策体系培育新型农业经营主体的意见》，开篇即强调：“在坚持家庭承包经营基础上，培育从事农业生产和服务的新型农业经营主体是关系我国农业现代化的重大战略。加快培育新型农业经营主体，加快形成以农户家庭经营为基础、合作与联合为纽带、社会化服务为支撑的立体式复合型现代农业经营体系，对于推进农业供给侧结构性改革、引领农业适度规模经营发展、带动农民就业增收、增强农业农村发展新动能具有十分重要的意义。”2017 年 12 月，国务院常务会专题审议了新型农业经营主体培育有关工作，明确培育新型农业经营主体、加快发展现代农业是落实党的十九大精神、实施乡村振兴战略的重要内容，提出了今后一段时期新型农业经营主体的发展方向和扶持的政策举措。2018 年，中共中央、国务院发布了《乡村振兴战略规划（2018—2022 年）》，明确提出，“壮大新型农业经营主体，实施新型农业经营主体培育工程，鼓励通过多种形式开展适度规模经营”。2019 年中央一号文件《关于坚持农业农村优先发展做好“三农”工作的若干意见》指出，“突出抓好家庭农场和农民合作社两类新型农业经营主体”。

目前我国新型农业经营主体呈现出数量快速增长、规模日益扩大、领域不断拓宽、实力逐渐增强的良好发展态势，在释放各类资源要素活力、推进农业供给侧结构性改革、推进“四化同步”等方面发挥着重要作用。截至 2018 年底，农业产业化龙头企业 8.7 万家，在工商部门登记注册的农民合作社 217 万个，家庭农场 60 万个①。新型农业经营主体已经成为实施乡村振兴战略的主力军。

1.1.2 发展农业保险是实施乡村振兴战略的风险保障

我国政府高度重视农业保险的发展。2004 年的中央一号文件首次提出我国应“加快建立政策性农业保险制度，选择部分产品和部分地区率先试点，有条件的地方可对参加种养业保险的农户给予一定的保费补贴”。在该政策文件的指导下，保监会于同年启动了农业保险试点。此后，2004—2019 年连续 16 年的中央一号文件都对农业保险的发展作出了重要指示，内容包括扩大农业政策性保险试点范围、增加险种、提高保费补贴比例、提升农险保障水平、创新保险产品和服务等，有力地促进了我国农业保险的快速发展。2018 年农业保险原保险

① 国家统计局. 农业生产跃上新台阶 现代农业擘画新蓝图——新中国成立 70 周年经济社会发展成就系列报告之十二. 国家统计局网站，http://www.stats.gov.cn/tjsj/zxfb/201908/t20190805_1689117.html，2019-08-05.

保费收入为572.65亿元，同比增长19.54%；农险保额3.46万亿元，同比增长24.23%。2018年，全国政策性农业保险为近2亿户次农户提供风险保障3.34万亿元，其中承保粮食作物面积将近11亿亩，全年为6000多万受灾农户支付赔款400多亿元①。

党的十九大报告首次提出“实施乡村振兴战略”后，中央政府及相关部门先后发布了多个有关乡村振兴战略的重要文件，其中多次提及农业保险。2018年中央一号文件《中共中央国务院关于实施乡村振兴战略的意见》提出，“探索开展稻谷、小麦、玉米三大粮食作物完全成本保险和收入保险试点，加快建立多层次农业保险体系”。《乡村振兴战略规划（2018—2022年)》把农业保险列入“农业支持保护制度”，提出“完善农业保险政策体系，设计多层次、可选择、不同保障水平的保险产品”。2019年中央一号文件《中共中央国务院关于坚持农业农村优先发展做好“三农”工作的若干意见》提出，“按照扩面增品提标的要求，完善农业保险政策”。2019年2月，人民银行、银保监会、证监会、财政部、农业农村部联合发布《关于金融服务乡村振兴的指导意见》，在“工作目标”中明确提出“农业保险险种持续增加，覆盖面有效提升”。可见，农业保险作为防范和分散农业风险的重要工具，对于促进农业转型升级、助力乡村振兴具有不可替代的风险保障功能。

1.1.3 农业保险产品创新是适应新型农业经营主体发展的必然要求

新型农业经营主体采取规模化种养、集中式管理、机械化生产的经营方式。与传统农户相比，新型农业经营主体的生产规模大，生产要素投入多，专业化水平高，市场化程度深，农业生产经营性收入是其主要收入来源。集约化和规模化的生产经营特征使得新型农业经营主体的风险更加集中，损失后果更加严重；生产要素投入多，市场化程度深，使得新型农业经营主体的风险更加多元化、更加复杂；农业收入是其收入的主要来源，使得新型农业经营主体对农业风险更为敏感。因此，新型农业经营主体对风险保障提出了更高的诉求。

长期以来，我国农业保险主要以传统农户作为保障对象，遵循“低保障、

① 银保监会. 2018年保险统计数据报告. 银保监会网站，http：//bxjg. circ. gov. cn/web/site0/tab5179/info4132154. htm，2019－01－29.

广覆盖”的发展原则，符合农业保险试点之初的现实情况。但是，这种产品种类单一、保障水平偏低的农业保险供给模式无法满足新型农业经营主体的需求。新型农业经营主体的快速发展与农业保险产品体系不完善的矛盾日益凸显，创新发展农业保险产品，保障农业生产的正常进行，成为促进“三农”实体经济，推进供给侧结构性改革的重要任务。

农业供给侧结构性改革要求农业保险不仅肩负精准脱贫、帮助传统小农户稳收增收的使命，更被赋予了支持现代农业发展，提升新型农业经营主体风险保障能力的责任。2016 年的中央一号文件首次要求农业保险聚焦新型经营主体，“积极开发适应新型农业经营主体需求的保险品种”。2017 年的中央一号文件再次强调“持续推进农业保险扩面、增品、提标，开发满足新型农业经营主体需求的保险产品，采取以奖代补方式支持地方开展特色农产品保险”。2018 年的中央一号文件提出，“探索开展稻谷、小麦、玉米三大粮食作物完全成本保险和收入保险试点，加快建立多层次农业保险体系”。2019 年的中央一号文件进一步提出，“推进稻谷、小麦、玉米完全成本保险和收入保险试点。扩大农业大灾保险试点和保险 + 期货试点。探索对地方优势特色农产品保险实施以奖代补试点”。

总之，在实施乡村振兴战略的背景下，农业保险要紧紧锚定新型农业经营主体多元化需求导向，加大新产品研发力度，夯实农业保险的基础功能，发挥农业保险的增效功能，以新理念、新思维、新技术进行新产品的探索与研发。

1.2 研究目的及意义

1.2.1 研究目的

新型农业经营主体的培育与发展，不仅是农业生产经营市场化、规模化、产业化的过程，同时也是农业风险规模化、集中化的过程，需要农业保险产品创新发展以满足其风险保障的需求。但是，具体应该如何进行农业保险产品创新？本书以探寻能够契合新型农业经营主体风险异质性需求的农业保险产品创新策略和方案为根本目的，在研究过程中力求达到如下目标：

第一，分析新型农业经营主体培育与农业保险产品创新的互动耦合机理，从理论上厘清新型农业经营主体培育与农业保险产品创新之间的关系，为后续研究奠定理论基础和分析框架。

第二，剖析新型农业经营主体风险异质性的成因，对以专业大户、家庭农场、农民专业合作社、农业龙头企业为代表的新型农业经营主体的风险异质性进行实证分析。通过建立风险结构方程模型（SEM），对新型农业经营主体的风险异质性作出评价，为其风险量化与风险管理提供科学依据。

第三，基于风险异质性，分析新型农业经营主体对农业保险的需求，通过与我国农业保险产品供给现状的对比，寻找到农业保险供需失衡的症结点，为我国农业保险产品创新提供决策依据。

第四，指出我国农业保险产品创新的可能方向，从承保对象、保险责任、保障水平、费率厘定、区域划分等方面，对我国农业保险产品创新提出切实可行的设计方案。

1.2.2 研究意义

新型农业经营主体是推进农业农村现代化、实施乡村振兴战略的主力军。新型农业经营主体的培育与发展离不开农业保险的支持与保障。深入研究新型农业经营主体风险异质性条件下农业保险产品创新的方向与策略，对于构建框架完整、措施精准、机制有效的新型农业经营主体风险保障体系，具有极其重要的理论和现实意义。

（1）有利于丰富和充实新型农业经营主体与农业保险关系研究的理论体系。目前关于新型农业经营主体与农业保险关系的研究中，学者们普遍将研究重点放在农业保险对于新型农业经营主体的风险保障功能，忽视了新型农业经营主体的培育与发展为农业保险产品创新所提供的机遇和动力。本书明确提出了新型农业经营主体培育与农业保险产品创新之间存在着互动耦合机制，以新型农业经营主体的风险异质性作为农业保险产品创新的根本出发点，通过分析新型农业经营主体的需求与农业保险产品供给之间的非均衡，探寻农业保险产品创新的方向。上述研究有利于完善并深化新型农业经营主体与农业保险之间关系的理论支撑。

（2）有利于完善新型农业经营主体的风险评价机制。准确认识风险并评价风险是新型农业经营主体风险管理的首要环节。新型农业经营主体与传统农户存在着风险差异，这是非常容易观察到的现实。但是，这种风险差异性是如何产生的？如何度量这种差异性？现有文献对这类问题鲜有研究。本书明确提出了新型农业经营主体具有风险异质性，深入剖析了新型农业经营主体风险异质性的成因及特征，通过构建多组结构方程模型（SEM）实证分析了新型农业经营主体风险异质性，为新型农业经营主体风险评价提供了新思路和新方法。

（3）有利于在实践中进一步把握农业保险产品创新的方向。产品缺乏创新是制约我国农业保险发展的重要瓶颈。从实践价值而言，本项研究可为我国农业保险产品创新提供决策依据，以利于保险行业根据新型农业经营主体的风险特性，开发具有针对性的保险产品。本书所提出的农业保险产品创新方向与方案设计可为政府决策部门制定农业保险发展政策提供决策参考，还可为保险公司进行农业保险产品设计与创新提供思路与依据。

1.3 国内外研究现状述评

1.3.1 国外研究现状

“新型农业经营主体”这一概念是在实现中国特色农业现代化的背景下提出的，因此，国外并没有与之相关的文献研究。但是，有学者对农业生产经营规模化、产业化与农业保险之间的关系进行了研究。早期的学者如 Halcrow（1949）指出，农业的集约化生产经营有利于降低投保人的逆选择，并且购买后的行为受道德风险的影响较小。Young，Vandeveer and Deal（2001）认为，种植作物规模越大，农业生产者购买保险的意愿度就越高。一些学者认为，随着农业生产规模的不断扩大，源于巨灾的风险具有更强的系统性，这一事实推动了农业保险市场的创新以及保险风险资本化（如 Cummins，2008；Cohen and Siegelman，2010；Glauber，2013）。

发达国家特别是美国的农业保险产品较为丰富，一些学者对不同类别的农业保险产品进行比较，以寻求更有效率的农业保险产品。Miranda（1991）指出，地区产量保险比独立产量保险的风险保障效果更好。Hennessy，Babcock and Hayes（1997）对收入保险与价格和产量保险组合的效率进行比较后发现，收入保险的成本比价格和产量保险低，地区指数收入保险比单个指数收入保险成本低。Breustedt，Bokusheva and Heidelbach（2008）使用哈萨克斯坦1980—2002年的小麦产量数据，对天气指数保险、区域产量保险和个体农场保险的风险降低效应进行了对比分析。研究结果显示，区域产量保险的风险降低效应最好，天气指数保险比个体农场保险更有效。Kenny等（2014）使用美国13个乳制品生产区2001—2011年的月度玉米、牛奶等期货价格和市场价格数据，对奶牛收入保险的减损效果进行了实证分析，结果表明奶牛收入保险能够降低参保者28%～39%的收入损失，奶牛收入保险减轻养殖者损失的效果明显。Falco等（2014）以意大利大型农场面板数据集为基础，研究不确定性气象条件下保险的作用后发现，对保险产品的需求可能随着气候条件的变化而增加，保险的使用降低了风险暴露的程度。

一些学者注意到农业保险合同中存在的缺陷，提出通过创新来优化农业保险产品设计。Mahul（1999）提出，最优合同设计取决于农场产量对地区产量的敏感性。Skees（2001）认为，由于农业生产者风险的变化，为了提高参保率并且解决道德风险、逆选择和运营成本等问题，农业保险产品必须创新。Vedenov等（2004）实证分析了天气指数保险在美国玉米、棉花和大豆最大的六个主产区的效率。结果表明，不同作物和地区的天气指数保险的最佳结构差异很大，最优天气指数需要非常复杂的天气变量组合以实现天气和产量之间的合理匹配。Barnett（2014）分析了美国多重风险保险（Multiple－peril Crop Insurance，MPCI）的成本与收益，认为在大多数情况下MPCI的精算经验较差，需要大量的保费补贴来激励购买，该产品需要改进。Woodard（2014）提出在天气指数保险产品设计中，使用条件韦伯分布方法来模拟天气、技术和其他变量与概率产量结果的相互作用，以提高产品风险评价的准确性。Chen and Goodwin（2015）提出，将收益保护保险和区域风险保护保险的保险期限由一年延长至多年，从而使得一年中的不良收益率可以被另一年更好的收益抵消，进而使精算公平保费率下降，降低保险成本。Klein and Krohm（2016）指出，美国联邦农作物保险具有结构缺陷，使得农民在经济上作出不合理的投资和生产选择，对农业经济和环境产生连锁效应，需要进行改革。

1.3.2 国内研究现状

2012 年底，中央农村工作会议正式提出“着力培养新型经营主体”。此后，学术界关于新型农业经营主体的研究日益丰富，已有文献集中于如何培育和发展新型农业经营主体。目前，尚未发现专门研究“新型农业经营主体风险异质性”的文献，更没有将“新型农业经营主体风险异质性”与“农业保险产品创新”结合起来的文献。相关研究主要围绕以下几个方面。

1.3.2.1 关于新型农业经营主体风险的研究

新型农业经营主体培育与发展过程中面临着多种风险。黄闯（2015）认为，新型农业经营主体生成发展过程中面临着损害农民利益、主体经营失败、土地规模化陷阱和社会不稳定的风险，这些风险的化解需要放在城乡一体化的背景下进行。张燕媛等（2016）认为，除了不可抗力的自然风险，专业化、规模化、市场化的新型主体可能面临更多的市场风险、技术风险和社会风险，传统的、非正规的风险应对措施已不能完全满足其应对风险冲击的需求。徐功学（2019）通过对皖北地区土地规模经营中的风险点分析，指出新型农业经营主体规模扩大后，其风险点主要来自土地流转、产业选择、劳动用工和资本下乡。

部分学者注意到了新型农业经营主体的贷款风险。许秀川等（2019）通过构建一个新型农业经营主体与金融组织讨价还价的理论模型，在纳什议价均衡的基础上分析新型经营主体最优产出水平与其借贷能力、风险收益的关系。结果表明借贷能力不足是新型农业经营主体经营效率下降的主导因素，新型农业经营主体的主要风险还包括组织化程度不高、负责人经验和能力不足等。王素琴、汪婧（2019）认为，金融产品缺乏、贷款融资困难是制约新型农业经营主体发展的重要因素，提出设立贷款风险补偿基金以解决新型农业经营主体贷款融资困难。

还有少量学者对新型农业经营主体的风险态度进行了研究。衡霞（2011）认为，农业产业化经营主体与其他社会主体一样，在生产经营过程中表现为风险规避、风险中立、风险偏好三种态度。每种态度又取决于经营主体在追求超额报酬时的风险偏好、预算约束以及与其他类型风险防范的优先顺序。李胜连等（2012）实证研究后发现，农业产业风险管理的不同主体之间的风险认知存在一定程度的差异性，对涉农企业而言，风险主要集中于“天气、气候等自然原因”“农产品市场价格波动”“市场信息判断不准确或不明确”“政策变动”。

在对专业大户的风险研究中，周波、张旭（2014）基于对江西省16个县1077户种稻大户的调研数据，运用多元有序Logistic模型对影响种稻大户风险偏好的主要因素进行计量分析。刘欣等（2015）运用对比分析和Crosstabs检验方法，对湖南和黑龙江2省4县679户微观调查数据实证分析后发现，种粮大户经营风险主要来源于生产前风险、经营中风险和市场风险，不同地区、不同规模种粮大户对风险来源认知存在显著差异性。江激宇等（2016）运用Logit模型，使用安徽省21个产粮大县403个种粮大户的问卷调查数据，对种粮大户的风险感知水平及其影响因素进行了实验检验。结果显示，技术培训频率、重大亏损经历和家庭务农人口对种粮大户风险感知水平产生显著正向影响，盈利动机强度、政策鼓励、家庭成员态度、农田基础设施完善程度、规模经营经验、市场风险应对能力、当期盈利对种粮大户风险感知水平产生显著负向影响。王振华等（2017）认为，对种粮大户而言，通过技术示范可降低其风险预期，提高预期收益，进而会提升种粮大户采用保护性耕作技术的概率。张士云等（2019）认为，自然风险和市场风险对种粮大户规模行为选择具有较强的约束效应，而政策风险表现出诱惑效应，但不显著；资产专用性风险对种粮大户行为选择的诱惑效应占主导，经营管理风险以约束效应为主，财务风险表现为约束效应，但不显著。

在对家庭农场的风险研究中，张悦、刘文勇（2016）认为，家庭农场经营面临过度规模化、雇佣劳动力缺乏、生产成本上涨、经营结构单一、社会化服务落后、议价能力低等诸多风险。刘畅等（2018）运用因子分析法和似不相关回归模型测度家庭农场经营风险，结果表明家庭农场经营风险的关键性程度排序为：市场风险 > 自然风险 > 社会风险 > 融资风险 > 政策风险 > 技术风险。伍耀规、任红（2019）根据自然风险、社会风险、市场风险、政策风险等构建了家庭农场经营风险评估指标体系。付剑茹、吴程灵（2019）认为，背景风险因子和家庭农场特征因子均会显著影响家庭农场面临资金需求紧迫的概率。

在对农民专业合作社的风险研究中，蒋辉（2016）认为，不同类型的合作社面临的运营风险各不相同，在一定经济社会条件和区域环境下，针对某种合作社有效的机制不一定适用于其他类型。李延敏、穆庆贺（2017）认为，不能准确评价信贷风险是农民专业合作社融资的主要障碍，提出冲量模型可以识别农民专业合作社的信贷风险。陈丽等（2018）对农民合作社农户风险共担认知和行为进行分析后认为，导致农户风险共担不足的原因不是农户的风险共担认知水平不高，而是农户自身资源有限，即收入水平较低、合作社中占股较少和身份边缘化是其采取风险共担行为的主要障碍。张梅等（2018）指出，在新农产品价格体制下，合作社面临的风险发生变化。从单项指标看，销售渠道、管理能力和市场价格影响较大；从综合指标看，管理与财务风险、自然风险、市场和政策风险影响较大。

1.3.2.2　关于新型农业经营主体与保险的研究

将新型农业经营主体与保险结合起来进行研究的文献比较少，在中国知网（cnki.net）中以“新型农业经营主体”和“保险”为检索词，检索出来的论文仅有16篇。

一部分论文关注的是农业保险对新型农业经营主体具有风险保障功能。白文、周陆畅（2018）认为，新型农业经营主体易遭受巨大损失，需要农业保险服务的全覆盖。盛和泰（2016）探究了保险服务新型农业经营主体的路径和机制。

还有一些学者对新型农业经营主体的保险需求进行了分析。张燕媛等（2016）认为，多种农业经营主体共存并且对农业保险真实需求存在较大差异的现实情况下，急需对农业保险需求和作用的定位进行重新考虑和调整。王洪波（2017）认为，随着规模化经营的逐步推进，新型农业经营主体对农业保险的需求更为强烈，但其多样化、高保障的保险需求并未得到满足。王国军、李京徽（2018）实地调研发现，新型农业经营主体对于农业保险的需求呈现出主动化、多元化、高标准化及隐性化的特点，但是农业保险供给却相对不足。叶明华、朱俊生（2018）提出，新型农业经营主体普遍意识到农业保险是灾后风险融资的重要方式，对农业保险的购买意愿和愿意支付的保费水平显著高于传统小农户。顾建强、薛庆根（2018）认为，政策性农业保险的认可度对政策性农业保险采用有直接的影响，风险认知、保险认知和政策支持通过保险认可度间接地影响政策性农业保险采用。朱云霞、龙文军（2019）基于安徽省120户新型农业经营主体的问卷调查分析得出结论，新型农业经营主体对农业保险的潜在需求旺盛，现有的保险产品和保障水平完全不能满足其需求，亟须加快农业保险产品服务的创新。

1.3.2.3 关于农业保险产品创新的研究

我国关于农业保险产品创新的研究近几年才起步，研究成果并不多，已有研究主要集中于三个方面：

一是论述农业保险产品创新的重要性。关伟等（2005）认为，我国农业保险的发展需要产品及制度创新。黄英君、蒲玥成（2015）认为，道德风险和逆向选择等问题是传统农业保险固有缺点，要克服这些缺点需对传统农业进行改进和创新，开发新型的农业保险产品，比如天气指数保险、产量指数保险等。庹国柱（2018）认为，我国农业保险基本制度已经确立，除了顶层设计还需要继续完善之外，最重要的任务之一就是努力进行产品创新和服务创新，在农业保险的广度和深度两个维度上向前推进。顾红（2018）提出，我国政府部门应当充分认识到加强农业保险供给侧改革的必要性和重要性，不断优化种植业补贴，并出台有效的扶持政策，从而丰富农业保险产品种类。

二是对我国农业保险产品创新提出对策建议。黄正军（2016）认为，中国农业保险产品的创新与发展需要系统性规划，并结合保障需求及销售环节，加强实验或试点和风险区划等工作。周帮扬、李攀（2018）提出，应从平衡产品供给与市场需求、强化损失保障与风险管理、规范产品运行与赔付责任三个方面，保障我国农业经营主体分化下的指数型农业保险产品创新发展。王勇等（2016）提出，通过引入农业保险来为家庭农场生长中的农产品提供风险保障，并通过保单抵押的方式将农产品的预期收入转化为可间接抵押的资产。尹成杰（2015）指出创新农业保险品种要实行因地制宜、因时制宜、因标的制宜、因参保主体制宜、分级分档的农业保险品种结构，促进保险险种多元化，使险种更加适应参保主体的需要。

三是关于指数保险产品创新的研究。巴曙松（2013）认为在农业保险产品创新方面，应加强金融衍生工具创新，如天气指数保险、气候指数保险创新、订单农业保险创新。指数保险和期货市场的深度结合加深了农业保险市场化程度。但创新的农险产品并不适用于每个地区，应根据不同地区的新型农业经营主体的特殊风险，研发有针对性、多元化的创新农业保险产品。朱俊生（2016）认为，我国应该借鉴印度农业保险经验，主要以区域产量保险和天气指数保险取代当前的物化成本保险。熊旻、庞爱红（2016）采用江西省南昌县1980—2014年35年的早稻单产统计数据、暴雨灾害记录和逐日降水观测数据，在提出“致损暴雨”的基础上，综合主要暴雨要素设计出暴雨气象指数。张静等

(2017) 综合农业气象灾害的可保性和可保区的质心迁移分析得到，在南方双季稻种植区，选择冷害指数实行天气保险的可行性最大。王月琴、赵思健（2019）以山西沁县谷子为例展开综合天气指数保险研究。

1.3.3 简要述评

新型农业经营主体的发展引起了越来越多学者的关注与研究兴趣。研究者已经认识到新型农业经营主体培育与发展过程中面临着多种风险，一些研究者注意到了新型农业经营主体的风险与传统农户存在差异性。但是，这种差异性产生的根源是什么？新型农业经营主体之间是否存在风险差异性？如何测量这些差异性？上述问题的解决对于准确识别新型农业经营主体的风险，进而采取有效的风险管理措施具有重要意义，而我国目前还缺乏对上述问题系统性、深层次的研究。

在新型农业经营主体与保险关系的研究中，农业保险对新型农业经营主体具有风险保障功能得到了一致认可。一些学者指出了新型农业经营主体对农业保险的需求旺盛，但是农业保险供给却相对不足的问题。但是，面向新型农业经营主体的农业保险供给与需求非均衡点在哪里？造成供需失衡的根本原因是什么？如何解决供需失衡？这些问题尚待解决。

关于农业保险产品创新的研究中，农业保险产品创新的重要性毋庸置疑，相关对策建议的研究能够从一定程度上为解决农业保险产品创新中面临的问题提供参考意见。目前农业保险产品创新迫切需要明确创新的具体方向，设计出切实可行的新产品。新型农业经营主体的培育与发展为农业保险产品创新提供了新的机遇，这一领域具有很大的研究发展空间。

1.4 研究思路、内容与方法

1.4.1 研究思路

新型农业经营主体的培育与发展，既对我国农业保险产品创新提出了现实要求，也为我国农业保险产品的创新发展提供了大好机遇。当前，迫切需要解决的问题是如何进行农业保险产品创新。本书以新型农业经营主体培育与农业保险产品创新的互动耦合机理作为理论基础，对新型农业经营主体的风险异质性进行理论与实证分析，通过与我国农业保险产品供给现状的对比分析，寻找农业保险产品供求失衡的症结点，提出我国农业保险产品创新的方向与设计方案。

本书的总体思路如图 1－1 所示。

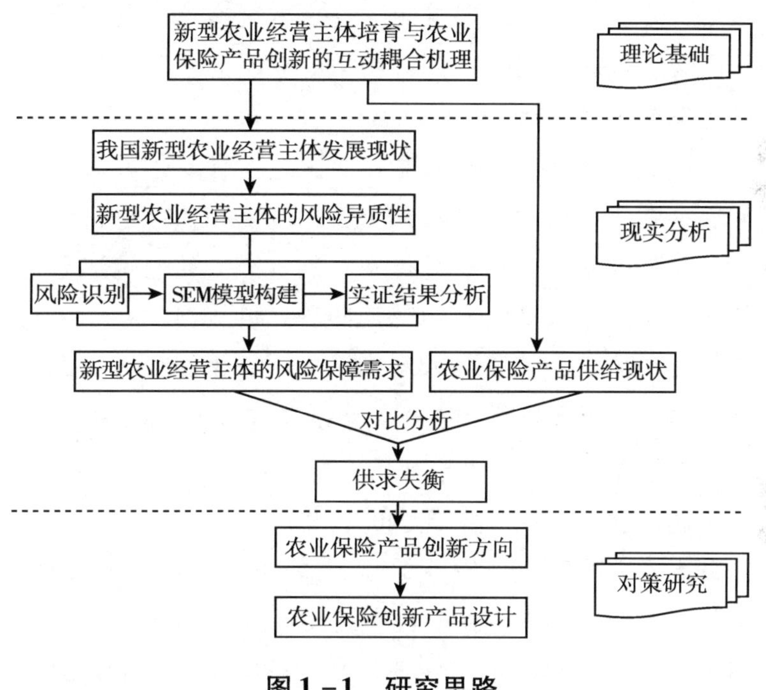

图 1－1 研究思路

1.4.2 研究内容

本书主要由以下八个部分构成：

第 1 章：绪论。介绍研究背景、研究目的及意义，国内外研究状况，研究思路、内容与方法，本书的主要创新与不足之处。

第 2 章：新型农业经营主体培育与农业保险产品创新的互动耦合机理。本章通过要素供给变化分析新型农业经营主体的形成，阐述了新型农业经营主体的功能与作用。以金融创新理论为基础，分析了农业保险产品创新的动因。在解析新型农业经营主体培育与农业保险产品创新互动耦合关系的理论基础上，采用耦合相关理论构建了二者的动态耦合模型并分析其演化过程。本章从理论上厘清新型农业经营主体培育与农业保险产品创新之间的关系，为后续研究奠定理论基础和分析框架。

第3章：我国新型农业经营主体发展现状。我国新型农业经营主体发展的现状是分析其风险异质性的基础，对其农业保险产品需求起着决定性的影响。本章从总体和分类两个层面对我国新型农业经营主体的发展现状进行了分析。在总体层面，集中分析了我国新型农业经营主体的增长速度、经营特征和发展效果。在分类层面，分别对家庭农场、农民专业合作社、农业龙头企业等新型农业经营主体的发展情况进行了分析。

第4章：新型农业经营主体的风险异质性。本章阐述了农业生产中的一般风险，着重对新型农业经营主体风险异质性的成因和特征进行识别和分析。新型农业经营主体风险异质性实证研究是本章的重点。通过构建多组结构方程模型（SEM）实证分析新型农业经营主体风险异质性，目的在于检验：新型农业经营主体与普通农户的风险因子结构和因子关系是否有显著差异，不同类型新型经营主体之间的风险因子结构和因子关系是否有显著差异。

第5章：我国农业保险产品供给现状。本章从供给的主体、种类、规模和保障水平等方面分析了我国农业保险产品的现状。

第6章：新型农业经营主体农业保险产品供求失衡与创新方向。从农业保险产品设计与服务两个方面调查新型农业经营主体对农业保险产品供给的评价，进而分析农业保险产品供给与新型农业经营主体需求失衡的症结点。在此基础上，提出我国农业保险产品的创新方向，主要包括多层次保障水平型产品、收入保障型产品、指数型产品、信用增进型产品和农业产业链综合型产品。

第7章：新型农业经营主体农业保险创新产品设计。提出了区域产量保险、农业收入账户制保险、农业信贷连结指数保险的产品创新设计方案。其中，区域产量保险的创新设计重点在于控制基差风险，农业收入账户制保险、农业信贷连结指数保险则属于全新的设计理念。本章从产品创新的出发点、产品设计方案（包括承保与理赔规则、保险费率厘定、保障水平等）、产品特色和产品创新设计的难点等方面对每一个产品创新提出了具体构想与规划。

第8章：结论与研究展望。对主要研究结论进行了归纳与总结，提出了有待进一步研究的问题。

1.4.3 研究方法

在研究过程中，采取了规范分析与实证分析相结合、定性分析与定量分析相结合的研究方法，综合运用保险学、农业经济学、计量经济学、统计学等多学科领域知识，并将这些学科知识融会贯通，进行了跨学科的协同研究。除了上述研究方法外，还使用了以下研究方法：

（1）结构方程模型（SEM）分析法。对新型农业经营主体风险异质性进行实证分析时，使用了结构方程模型（Structural Equation Model，SEM）分析法。它是一种融合了因素分析和路径分析的多元统计技术，优势在于对多变量间交互关系的定量研究。本书运用结构方程模型（SEM）分析法测算出不同农业经营主体的风险因子结构和因子关系，然后通过对比分析反映其异质性。

（2）动态耦合分析法。在解析新型农业经营主体培育与农业保险产品创新互动耦合关系的理论基础上，采用耦合相关理论构建了二者的动态耦合模型并分析其演化过程。借助一般系统论中的系统演化思想构建动态耦合模型进行分析，使得新型农业经营主体培育与农业保险产品创新相互作用的内在机理更加明晰。

（3）问卷调查法。在进行新型农业经营主体风险异质性的实证分析时，采取李克特（Likert）7 级量表法设计问卷的方式，以 21 个观测变量对农业风险的影响程度为考核内容，分别以专业大户、家庭农场主、农业合作社负责人、农业龙头企业负责人和普通农户为调查对象，对农业风险影响因素进行评价。此外，在分析新型农业经营主体对农业保险产品供给的评价时，从农业保险产品设计与服务两个方面进行了问卷调查。

1.5 研究的创新与不足

1.5.1 创新之处

本书的主要创新之处体现为以下几点：

（1）研究对象属于新生事物。本书以新型农业经营主体的风险异质性作为切入点，探寻面向新型农业经营主体的农业保险产品供求失衡症结点，为我国农业保险产品创新提出切实可行的方向和设计方案。新型农业经营主体是现代农业发展中出现的新生事物，尚处在发展的初始阶段；相对于现有产品，农业保险产品创新本身也属于新生事物。本书将两者结合起来研究，更加具有新意。

（2）研究视角更加全面。已有研究通常关注农业保险对新型农业主体的保障作用，却忽视了新型农业经营主体培育为农业保险产品创新提供机遇和动力。本书全面梳理了新型农业经营主体培育与农业保险产品创新的互动耦合机理，使得研究视角更加全面，研究体系更加具有系统性，有利于丰富和充实新型农业经营主体与农业保险关系研究的理论体系。

（3）明确提出了新型农业经营主体具有风险异质性。已经有一些研究者注意到了新型农业经营主体的风险与传统农户不同，但是却没有对这种差异性产生的根源、特征、大小进行深入分析。本书明确提出了新型农业经营主体具有风险异质性，分析了风险异质性的成因和特征，并进行了实证分析。在上述分析的基础上，得出了结论：不仅普通农户与新型农业经营主体的风险因子结构和因子关系具有显著差异，而且不同新型农业经营主体之间的风险因子结构和因子关系也有显著差异。

（4）为新型农业经营主体的风险评价引入了新的研究方法。新型农业经营主体面临着多元化、复合化的风险，这些风险之间相互作用，形成了复杂的风险关系。如何进行风险评价是摆在研究者面前的一个现实难题。本书将结构方程模型分析法引入新型农业经营主体的风险评价中，该方法的应用可为农业生产经营主体进行风险的量化、预警和控制提供科学依据。

（5）对农业保险产品创新方向进行了系统分析。我国关于农业保险产品创新的研究尚处于初始阶段，相关研究并不多，已有研究较为零散，缺乏系统性。本书以新型农业经营主体的风险异质性为切入点，对农业保险产品创新的理论基础与动因、创新的方向、创新产品设计进行了全面、系统的分析，提出我国农业保险产品的创新方向，主要包括多层次保障水平型产品、收入保障型产品、指数型产品、信用增进型产品和农业产业链综合型产品。

（6）提出了两种全新的农业保险产品设计方案。本书针对我国新型农业经营主体的风险保障需求，在农业保险产品创新中提出两种全新的设计方案，即农业收入保险账户制和农业信贷指数连结保险。其中，农业收入保险账户制最突出的特点是投保人拥有账户所有权，农业信贷指数连结保险则将农业信贷与指数保险连结在一起，创新了农业贷款抵押担保机制，减少了保险和信贷的交易成本。

1.5.2 不足之处

保险产品的创新是一项复杂且艰巨的工作，一款新的保险产品从创意到实践往往需要数年的时间。本书所提出的农业保险产品创新方向有待时间和实践的检验。受时间、数据资料及研究能力的限制，本书所提出的三种农业保险创新产品设计方案属于产品创意，要想使其真正进入市场还需要获取大量数据，进行更深层次的实证研究。

第2章　新型农业经营主体培育与农业保险产品创新的互动耦合机理

培育新型农业经营主体，发展形式多样的适度规模经营，是实现乡村振兴战略的重要举措，也是加快农业现代化的现实选择。新型农业经营主体培育与农业保险产品创新之间存在着互动耦合机制。一方面，农业保险产品创新能够为新型农业经营主体提供与之相适应的风险保障；另一方面，新型农业经营主体培育为农业保险产品创新提供机遇和动力。本章从理论上厘清新型农业经营主体培育与农业保险产品创新之间的关系，为后续研究奠定理论基础和分析框架。

2.1　新型农业经营主体的形成与功能定位

如何界定"新型农业经营主体"？新型农业经营主体有哪些类型？它们在我国农业现代化进程中发挥着什么样的功能和作用？对上述问题的明确论述是本书研究的逻辑起点。

2.1.1　新型农业经营主体的概念与类型

2.1.1.1　新型农业经营主体的内涵

农业经营主体是指直接或间接从事农产品生产、加工、销售和服务的任何个人和组织。确立农业经营主体是为了解决农业生产中"谁来从事农业生产"这一核心问题。纵观历史上农业经营主体的演变，每一次经营主体的转变都与当时的农业生产条件和政府的农业政策密不可分。

进入 21 世纪，随着工业化、城镇化、信息化和农业现代化的迅速发展，我国农业生产技术和农业机械化水平显著提升，大量农村劳动力从土地中解放出来，政府所实施的放活农村土地经营权政策，进一步推动了农业规模化经营。2008 年 10 月，中国共产党十七届三中全会通过的《中共中央关于推进农村改革发展若干重大问题的决定》中首次提出："有条件的地方可以发展专业大户、家庭农场、农民专业合作社等规模经营主体。"我国学者黄祖辉、俞宁（2010）① 较早地使用了"新型农业经营主体"的概念，提出有别于以往的分类研究，将农业专业大户、农民专业合作社和农业企业纳入新型农业经营主体这一范畴。

2012 年，党的十八大报告中第一次提出"新型农业经营体系"的概念，明确指出"培育新型经营主体，发展多种形式规模经营，构建集约化、专业化、组织化、社会化相结合的新型农业经营体系"。2012 年底，中央农村工作会议正式提出"着力培养新型经营主体"。此后，党的十八届五中全会、"十三五"规划纲要、十九大报告、中央一号文件等中央政策文件（见表 2－1）都强调要加快培育新型农业经营主体，构建新型农业经营体系，并对此作出了战略部署。

表 2－1　2013—2019 年与新型农业经营主体相关的中央政策文件

时间	文件名称	"新型农业经营主体"相关表述	简析
2013 年 1 月	中央一号文件《中共中央国务院关于加快发展现代农业进一步增强农村发展活力的若干意见》	着力构建集约化、专业化、组织化、社会化相结合的新型农业经营体系。坚持依法自愿有偿原则，引导农村土地承包经营权有序流转，鼓励和支持承包土地向专业大户、家庭农场、农民合作社流转，发展多种形式的适度规模经营	明确提出构建新型农业经营体系，"家庭农场"的概念首次在中央一号文件中出现
2014 年 1 月	中央一号文件《中共中央国务院关于全面深化农村改革加快推进农业现代化的若干意见》	扶持发展新型农业经营主体。鼓励发展专业合作、股份合作等多种形式的农民合作社……按照自愿原则开展家庭农场登记……鼓励发展混合所有制农业产业化龙头企业……加大对新型职业农民和新型农业经营主体领办人的教育培训力度	提出扶持发展不同类型新型农业经营主体的基本原则

① 黄祖辉，俞宁. 新型农业经营主体型农业经营主体：现状、约束与发展思路——以浙江省为例的分析［J］. 中国农村经济，2010（10）：16－26.

续表

时间	文件名称	“新型农业经营主体”相关表述	简析
2015 年 2 月	中央一号文件《中共中央国务院关于加大改革创新力度加快农业现代化建设的若干意见》	加快构建新型农业经营体系。……鼓励发展规模适度的农户家庭农场，……引导农民专业合作社拓宽服务领域，……推进农业产业化示范基地建设和龙头企业转型升级。引导农民以土地经营权入股合作社和龙头企业。鼓励工商资本发展适合企业化经营的现代种养业、农产品加工流通和农业社会化服务	提出加快构建新型农业经营体系的具体措施
2015 年 10 月	十八届五中全会通过《中共中央关于制定国民经济和社会发展第十三个五年规划的建议》	稳定农村土地承包关系，完善土地所有权、承包权、经营权分置办法，依法推进土地经营权有序流转，构建培育新型农业经营主体的政策体系	强调构建培育新型农业经营主体的政策体系
2016 年 1 月	中央一号文件《中共中央国务院关于落实发展新理念加快农业现代化实现全面小康目标的若干意见》	积极培育家庭农场、专业大户、农民合作社、农业产业化龙头企业等新型农业经营主体。支持多种类型的新型农业服务主体开展代耕代种、联耕联种、土地托管等专业化规模化服务	支持新型农业经营主体和新型农业服务主体成为建设现代农业的骨干力量
2016 年 3 月	《中国国民经济和社会发展第十三个五年规划纲要(2016—2020)》	培育新型农业经营主体。健全有利于新型农业经营主体成长的政策体系，扶持发展种养大户和家庭农场，引导和促进农民合作社规范发展，培育壮大农业产业化龙头企业，大力培养新型职业农民，打造高素质现代农业生产经营者队伍。鼓励和支持工商资本投资现代农业，促进农商联盟等新型经营模式发展	明确新型农业主体包括种养大户、家庭农场、农民合作社、农业产业化龙头企业和新型职业农民
2017 年 1 月	中央一号文件《中共中央国务院关于深入推进农业供给侧结构性改革加快培育农业农村发展新动能的若干意见》	大力培育新型农业经营主体和服务主体，通过经营权流转、股份合作、代耕代种、土地托管等多种方式，加快发展土地流转型、服务带动型等多种形式规模经营	以推进农业供给侧结构性改革为主线，积极发展适度规模经营

续表

时间	文件名称	“新型农业经营主体”相关表述	简析
2017 年 5 月	中共中央办公厅、国务院办公厅《关于加快构建政策体系培育新型农业经营主体的意见》	在坚持家庭承包经营基础上，培育从事农业生产和服务的新型农业经营主体是关系我国农业现代化的重大战略。加快培育新型农业经营主体，加快形成以农户家庭经营为基础、合作与联合为纽带、社会化服务为支撑的立体式复合型现代农业经营体系，对于推进农业供给侧结构性改革、引领农业适度规模经营发展、带动农民就业增收、增强农业农村发展新动能具有十分重要的意义	首次明确了支持新型农业经营主体培育的政策框架，并从财税政策、金融信贷、保险支持、人才引进等六方面提出具体举措
2017 年 10 月	十九大报告《决胜全面建成小康社会夺取新时代中国特色社会主义伟大胜利》	构建现代农业产业体系、生产体系、经营体系，完善农业支持保护制度，发展多种形式适度规模经营，培育新型农业经营主体，健全农业社会化服务体系，实现小农户和现代农业发展有机衔接	发展多种形式适度规模经营，培育新型农业经营主体，是实施乡村振兴战略的重要途径
2018 年 1 月	中央一号文件《中共中央国务院关于实施乡村振兴战略的意见》	统筹兼顾培育新型农业经营主体和扶持小农户，采取有针对性的措施，把小农生产引入现代农业发展轨道	注重发挥新型农业经营主体带动作用
2019 年 2 月	中央一号文件《中共中央国务院关于坚持农业农村优先发展做好“三农”工作的若干意见》	突出抓好家庭农场和农民合作社两类新型农业经营主体，启动家庭农场培育计划，开展农民合作社规范提升行动，深入推进示范合作社建设，建立健全支持家庭农场、农民合作社发展的政策体系和管理制度	将发展农民合作社和家庭农场，作为培育农业新型经营主体的重点

虽然中央文件中多次反复提及“新型农业经营主体”这一概念，但是官方文件中并没有对新型农业经营主体的内涵与边界进行明确界定。究其原因，“新型农业经营主体”强调的是“新”，而“新”具有相对性，需要联系农业经营主体所处的时代背景进行分析。

现阶段，我国新型农业经营主体的“新型”主要体现在：一是经营规模上，相对于传统的小规模农户家庭经营，新型农业经营主体解决了其缺乏规模经济、生产要素利用效率低的问题，具有适度规模经营的特点。二是组织形式上，区别于传统半自给自足、碎片化的家庭农户经营，新型农业经营主体一般是有组织、有一定规模的，形成生产、加工和销售完整产业链，同时采用科学的经营管理模式的现代农业组织形式。三是生产方式上，新型农业经营主体是在实现农业现代化和“四化同步”的背景下提出的，具有较高的技术、机械装备水平和现代化的经营管理水平。四是生产目的上，新型农业经营主体以农产品商品化和市场化为生产主要目标，以市场需求为导向安排农业生产活动，生产效益和利润更高。五是生产劳动力上，新型农业经营主体中有文化、懂技术、会经营的新型农民取代了传统“靠天吃饭”、简单劳作的农民。

综上所述，可以把“新型农业经营主体”定义为：适应我国农业农村发展新形势，从事专业化、集约化生产经营，组织化、社会化程度较高的现代农业生产经营主体。这些经营主体生产经营规模适度，具有较高的技术、机械装备水平和现代化的经营管理水平，以农产品商品化和市场化为生产主要目标，劳动生产、资源利用和土地产出率较高。新型农业经营主体以及它们之间的联结机制构成了“新型农业经营体系”。

2.1.1.2　新型农业经营主体的类型

“农业经营”的含义较广，既涵盖农产品生产、加工和销售各环节，又包括各类生产性服务，是产前、产中、产后各类活动的总称。因此，新型农业经营主体既包括从事农业产品生产、加工和销售的主体，也包括从事生产性服务的各类组织。按照农业经营的组织形式和属性，可以将新型农业经营主体分为家庭经营类、合作经营类、企业经营类和社会服务类四大类。2017 年，中共中央办公厅、国务院办公厅印发的《关于加快构建政策体系培育新型农业经营主体的意见》中，列出了五种新型农业经营主体，即家庭农场、种养大户、农民合作社、农业产业化龙头企业和农业服务组织①。

结合中央政策文件和相关文献研究，本书认为目前我国新型农业经营主体

① 《关于加快构建政策体系培育新型农业经营主体的意见》第二条：发挥政策对新型农业经营主体发展的引导作用（四）引导新型农业经营主体多元融合发展。支持发展规模适度的农户家庭农场和种养大户。鼓励农民以土地、林权、资金、劳动、技术、产品为纽带，开展多种形式的合作与联合，积极发展生产、供销、信用“三位一体”综合合作，依法组建农民合作社联合社。支持农业产业化龙头企业和农民合作社开展农产品加工流通和社会化服务，带动农户发展规模经营。培育多元化农业服务主体，探索建立农技指导、信用评价、保险推广、产品营销于一体的公益性、综合性农业公共服务组织。大力发展农机作业、统防统治、集中育秧、加工储存等生产性服务组织。发挥供销、农垦等系统的优势，强化为农民服务。促进各类新型农业经营主体融合发展，培育和发展农业产业化联合体，鼓励建立产业协会和产业联盟。

主要包括专业大户、家庭农场、农民专业合作社、农业龙头企业和农业社会化服务组织等五种类型（见图2-1）。

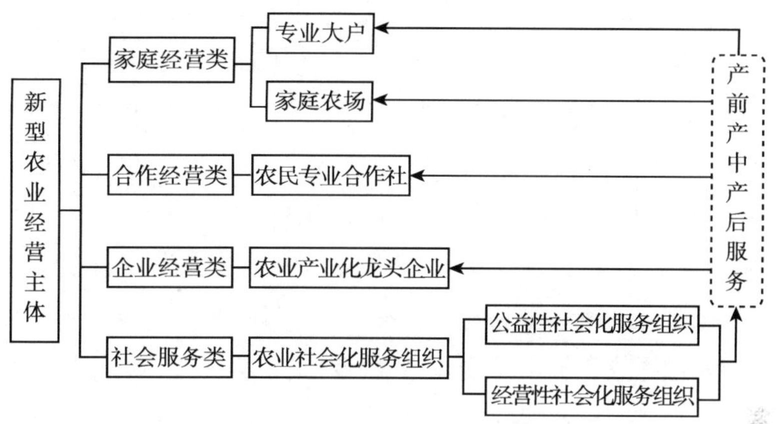

图2-1 新型农业经营主体的类型

（1）专业大户。专业大户通常也被称为种粮大户、养殖大户、种养大户等，是指那些以种植或养殖的专业化生产为主，生产规模明显大于当地传统农户的专业化农户。由于我国各地区农业自然资源的禀赋差异较大，国家没有发布统一的专业大户评判标准，部分市县制定的专业大户认定标准差别较大。在现有的专业大户中，有相当部分仅仅是经营规模的扩大，集约化经营水平并不高。

（2）家庭农场。家庭农场是指以家庭成员为主要劳动力，农业收入为家庭主要收入来源，农业生产经营具有规模化、集约化、商品化特点的微观农业经营组织。目前，我国家庭农场需符合以下条件：第一，家庭农场经营者应具有农村户口（即非城镇居民）。第二，以家庭成员为主要劳动力，即无常年雇工或常年雇工数量不超过家庭务农人员数量。第三，以农业收入为主要收入来源，农业净收入占家庭农场总收益的80%以上。第四，经营范围以谷物、蔬菜、水果、园艺作物或其他农作物种植以及水产养殖为主要经营项目，可以种养结合或兼营相应的农场休闲观光服务。第五，经营规模达到一定标准①并保持相对稳定。

家庭农场与专业大户的主要区别在于：第一，家庭农场经营者必须具有农村户口，专业大户的经营者则不限于农民。第二，家庭农场以家庭成员为主要

① 从事稻谷、小麦、玉米等谷物种植的，土地经营规模应为100亩以上；从事蔬菜、水果、园艺作物或其他农作物种植的，土地经营规模应为30亩以上；从事水产养殖的，土地经营规模应为50亩以上；从事种养相结合的，其土地经营规模应当达到上述标准下限的70%以上。

劳动力，专业大户则不限于家庭成员，并且对雇工人数没有限制。第三，家庭农场可以从事多种经营，专业大户主要从事某一行业、某一环节的专业经营。第四，家庭农场一般都是独立的农业法人，专业大户以自然人为主。

（3）农民专业合作社。“农民专业合作社”简称“农民合作社”，《中华人民共和国农民专业合作社法》① 第二条明确指出：“农民专业合作社，是指在农村家庭承包经营基础上，农产品的生产经营者或者农业生产经营服务的提供者、利用者，自愿联合、民主管理的互助性经济组织。”

农民专业合作社以农民为主体，以其成员为主要服务对象，提供农业生产资料的购买，农产品的销售、加工、运输、贮藏以及与农业生产经营有关的技术、信息直至网上交易等服务。农民专业合作社采取“入社自愿、退社自由”的原则，实行民主管理，盈余主要按照成员与农民专业合作社的交易量（额）比例返还。专业合作社规模优势明显，把农户联系起来，解决了小规模农户的不规模经济缺陷，通过集体的力量推进资金和技术等方面的合作，促进集约化生产，节约成本，同时提高农民的市场地位。

（4）农业产业化龙头企业。“农业产业化龙头企业”简称“农业龙头企业”，是指以农产品加工或流通为主，通过各种利益联结机制与农户相联系，带动农户进入市场，使农产品生产、加工、销售有机结合、相互促进，在规模和经营指标上达到规定标准并经政府有关部门认定的企业。农业龙头企业包括国家级龙头企业、省级龙头企业、市级龙头企业和规模龙头企业。

一方面，农业龙头企业作为连接农户与市场的纽带，负责农产品的加工与销售，实现其附加价值；另一方面，农业龙头企业作为企业主体，可充分发挥其在资金、人才、技术、管理理念等方面的优势，实现生产专业化和管理组织化。因此，农业龙头企业不仅是带动农民增收的中坚力量，也是按照规模化、集约化、组织化方式引导农民、帮扶农民、提升农民的骨干力量。

（5）农业社会化服务组织。农业社会化服务组织是指在家庭承包经营的基础上，为农业产前、产中、产后各个环节提供服务的各类机构和个人。

按照服务内容划分，农业社会化服务包括物资供应、生产服务、技术服务、农工服务、信息服务、金融服务、保险服务，以及农产品包装、运输、加工、

① 《中华人民共和国农民专业合作社法》于2006年10月31日在第十届全国人民代表大会常务委员会第二十四次会议上通过，2017年12月27日第十二届全国人民代表大会常务委员会第三十一次会议修订。修订后的《中华人民共和国农民专业合作社法》自2018年7月1日起施行。

贮藏、销售等内容。按照服务性质划分，农业社会化服务可分为公益性社会化服务和经营性社会化服务。公益性社会化服务，指用于满足“三农”公共需要而提供的具有一定排他性和非竞争性的社会服务，农业技术推广站、畜牧兽医站、林业站、农经管理站、水力电力排灌站等属于公益性社会化服务组织；经营性社会服务，指以市场服务为导向，收取一定费用并追求利润的服务。经营性社会化服务组织包括病虫害防治专业合作社、动物诊疗机构、农机作业服务组织、农机维修厂及维修点、农机经销点、农机供油点、沼气服务站、各类中介服务组织、专业服务公司等。

2.1.2 新型农业经营主体形成的要素供给

在农业经营主体发展演变的过程中，农业生产要素发挥着决定性的作用，农业经营主体形式的变化是农业生产要素组合调整与优化的结果。根据美国学者迈克尔·波特的观点[①]，劳动力、土地、资本和技术等是决定某个行业竞争力的主要因素，这四个要素之间相互影响、相互促进，当它们达到帕累托最优时，该行业取得成功的概率最大。在这四个要素之外，还存在两个重要变数，即政策和机遇。其中，政策的影响尤为关键，因为它不仅决定着行业的发展方向，还影响了行业的发展机遇。劳动力、土地、资本、技术等生产要素的新变化激发了农业经营组织形式创新发展的动力，为新型农业经营主体的产生提供了现实基础（见图2-2）。

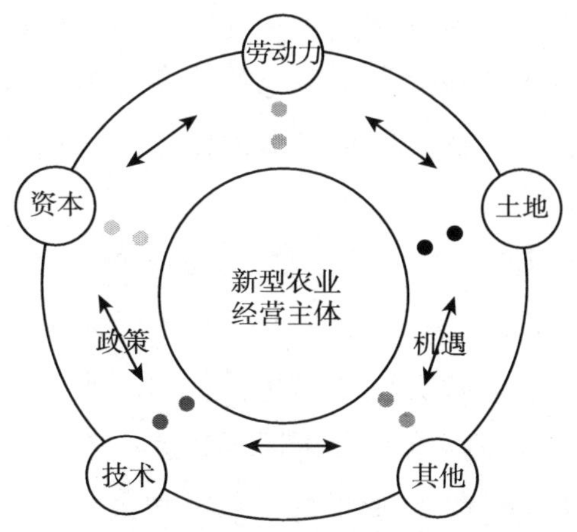

图2-2 新型农业经营主体形成的要素供给体系

① ［美］迈克尔·波特. 竞争战略［M］. 北京：华夏出版社，2005：61-70.

（1）劳动力要素。劳动力要素是生产过程中最重要的经济资源，是价值创造的主体。随着我国工业化和城镇化进程的加快，农业发展相对落后，农民不满足现有生产收益。大量农村青壮年劳动力向非农产业转移，农户越来越依靠非农收入生活，自给自足的小农经济逐渐瓦解，家庭农户数量越来越少。这种劳动力的自由流动为新型农业经营主体提供了大量自由的、可雇佣劳动力，有利于新型农业生产经营各环节细化分工。同时在劳动力的质量上，受过教育、有一定文化水平的新型农民数量越来越多，也为新型农业经营主体的发展提供便利。

（2）土地要素。土地的分散化、细碎化生产是农业经营实现规模效益的一大阻碍，新型农业经营主体区别于传统经营主体的一大显著特点就是土地规模大，实现了规模经营。随着社会经济的发展，农村劳动力结构变化和农业副业化现象的出现必然造成大量闲置土地。在市场的自发调节下，土地要素向新型农业经营主体聚集。同时政府对土地流转制度的完善，鼓励土地经营权的流转，都使得土地流转日益顺畅。土地要素的流转为大规模、专业化生产经营的新型农业主体提供了必备基础。

（3）资本要素。农业资本是农业生产活动中获取其他生产要素的重要来源。随着经济社会的发展和政府重农、惠农政策的推动下，农业投资水平不断上升，其中新型农业经营主体成为农业投资资本的主要流向。民营资本看到了新型农业经营主体的巨大潜力，在市场力量推动下投向新型农业经营主体。与此同时，政府相关财政补贴、减税和银行贷款支持等政策的实施，更使得大量农业生产性资本集聚于此。由此促进了新型农业经营主体的建立，并满足了其在发展过程中土地规模扩大、基础设施建设和资源设备购置等的资金需要，为农业生产规模化、机械化和集约化创造条件。资本的投入以获利为目的，也会促进农业生产的市场化进程。

（4）技术要素。技术要素是公认的促进事物变革最直接的要素，它直接作用于生产效率和产出效益。随着农业生产的科学技术应用形式的发展、技术水平的日益进步，农业生产能够实现从作物选择、培育、收获到加工每一过程都有现代科技参与，新品种、新设备、新材料和新技术的应用使得农业生产实现机械化、自动化和科学化，极大地提高了产量和生产效率，传统小农生产无法跟上现代技术的步伐，由此向规模化、专业化和集约化新型农业经营主体转变，更充分地释放出劳动力、土地和资本的全部活力。

（5）其他要素。其他要素主要包括制度、管理水平、市场环境等。制度是指国家制定的农业生产相关政策法规，当前我国高度重视“三农”问题，每年颁布相关文件和实施各种措施积极推进和支持新型农业经营主体的发展。在管理要素方面，管理人才和先进管理理念在专业大户、龙头企业等新型农业经营主体的成长中有着关键用处。在市场方面，随着我国农业市场的发展，农产品直接和加工销售的途径增多，农产品流转程度提高。此外，拓宽国内外市场，农业产品与市场关系更加密切，都加深了农业生产经营的市场化程度。

综上所述，农业生产要素的丰富与调整为新型农业经营主体的产生和发展创造了充分的基础和良好的条件。在新型农业经营主体的形成过程中，土地要素的集聚是基础前提，劳动力要素和资本要素是重要保证，技术要素的进步是关键动力。劳动力要素的流动释放了土地要素，土地流转改变了农村的劳动力结构；在资本要素的协助下，土地要素和技术要素更充分地发挥了作用。各种要素相互促进，互为补充，为新型农业经营主体的形成奠定了基础。

2.1.3　培育新型农业经营主体的必要性

“三农”问题是我国社会经济发展过程中必须解决的问题。加快新型农村建设，培育新型农民，构建农业产业化大生产，始终是我国农业发展的大方向。我国从 2002 年开始推进新农村建设，十几年来取得了显著的成就，公路“村村通”、农业税取消、加大种粮补贴力度等措施，极大地调动了农民的生产积极性。然而，城镇化加快背景下，农村劳动力人口持续外流，以家庭为单位的联产承包责任制面临挑战，劳动力老龄化，土地和其他农业生产要素配置的不平衡限制我国农业进一步发展。解决这一难题的关键在于农业领域的进一步改革，通过“三权分置”，土地逐渐向单个农户集中，发展新型农业经营，实现生产规模化和精细化，进而降低农业生产成本，提高农产品生产专业化和标准化水平，增强农业竞争能力和抗风险能力。当前，我国农业机械化水平超过 66%，土地流转接近 30%，农业基础设施逐步完善，培育新型农业经营主体的条件逐渐完备，这为家庭农场、专业合作社以及龙头企业等新的农业经营发展提供了机遇。在新的时期，我国要加快发展和完善新型农业经营主体，这是实现农业持续稳定发展的战略抉择。

2.1.3.1　培育新型农业经营主体是实现“四化同步”的必然要求

党的十八大明确提出，国民经济的任务是建设“四化”，即工业化、信息化、城镇化和农业现代化。早在1954年第一次全国代表大会上，我国就作出了农业现代化建设的决策，60多年来，尽管我国采取了大量措施推进农业现代化建设，并且取得了举世瞩目的成就，但农业现代化的实现仍然任重道远。显然，与农业化、信息化、城镇化发展相比，农业现代化相对滞后，成为我国现阶段经济社会发展不平衡、不协调、不可持续的短板。农业现代化建设作为我国经济发展中的基础性任务，对国民经济的健康运行举足轻重，但农业领域的复杂性和社会发展的时代性决定了农业政策需要因时制宜，而非一成不变。根据广义农业现代化理论，农业现代化的特征包括六个方面，即传统农业向现代农业转型、农业效率和农民收入持续提高、农民福利和生活质量的改善、农业增加值和农业劳动人口比例下降、农业科技和制度的发展、国际农业体系和国家农业地位变化。其中，农业转型发展、农业效率提升以及农民个人发展是农业现代化的三大战略要点。所谓农业转型不仅仅是制度上的变化，还包括农业生产观念以及农业结构的调整；农业效率的提升包括资源配置效率、土地生产率和综合生产率等；农民个人发展则包含农民素质的提升和收入增加等因素。现阶段我国农业现代化建设的战略要点如图2－3所示。

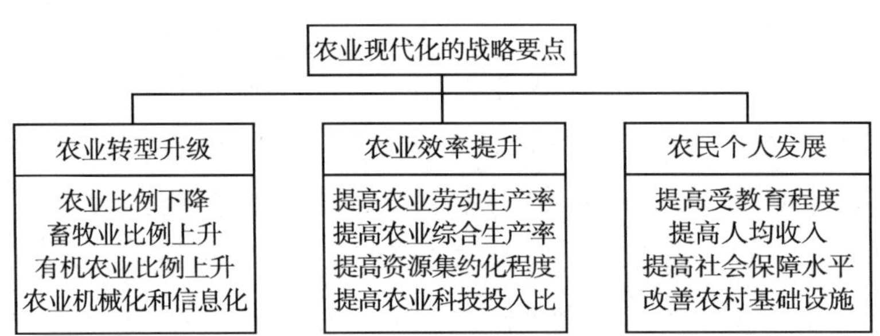

图2－3　我国农业现代化的战略要点

农业现代化不仅仅是农业生产力的变革和农民收入的提升，还包括组织形式的调整，从而为农业现代化发展创造条件。我国农业现代化指标体系（见表2－2）展示了我国现代化建设水平。

表2－2　　2018年我国农业现代化指标体系

指标名称	单位	1997年	2018年	起步阶段标准	初步实现阶段标准	基本实现阶段标准
人均可支配收入	美元	730	9900	800	1500	3000
农村人均可支配收入	元	2090	14617	3000	6000	10000

续表

指标名称	单位	1997 年	2018 年	起步阶段标准	初步实现阶段标准	基本实现阶段标准
农村就业占社会就业比重	%	49.9	45.3	40	20	10
科技进步贡献率	%	40	57.5	45	60	80
农业机械化率	%	32.4	66.7	40	60	80
农业人均 GDP	美元	490	1407	600	1000	2000
农业人均生产农产品量（粮食当量）	吨	2.6	4.32	3	6	10
每公顷耕地农业产值	元	2300	7530	2500	5000	8000
森林覆盖率	%	13.5	21.66	15	20	25

资料来源：根据农业部经济研究中心、2018 年中国统计年鉴相关数据整理而来。

虽然从收入的角度来看，我国已经实现了农业现代化，但从科技进步贡献、机械化水平等关键变量来看，我国仍处于农业现代化的起步阶段，原因在于以小农经营为主体的农业生产受限于知识素养、传统意识等因素限制了农业现代化步伐。同时，“四化”建设中出现了相互竞争的关系，这不仅在于城镇化建设过程中人口转移导致的农业劳动力不足，还包括信息化、工业化发展中吸引了大量的资源导致农业投资不足，特别是农业现代化建设中过分依赖政府投资，难以调动农村的经济活力，始终处于弱势地位。因此要实现“四化”同步发展，就必须激发农业领域“自主造血”功能，使农业经济参与市场过程中，享受经济发展带来的红利。

培育和发展新型农业经营主体是实现“四化”同步的必然要求。当前 5G 技术的研发和应用标志着我国的信息化发展走在世界前列，淘汰落后产能与人工智能机器人的大量使用则表明我国正在进入工业化中后期。2018 年，我国城镇化率达到 59.58%，较上一年增长 1.06%。但我国农业生产中，小农经营仍占较大比重，农业基础不牢固，农业现代化建设任重道远。新型农业经营主体的生产经营方式摆脱了土地对农业经济支撑作用的限制，能够利用科技创新和科学的管理方法引领现代农业不断实现对农业要素的突破，实现农业现代化。在家庭经营基础上推进新型农业经营主体的发展，适应了当前供给侧改革背景下农业生产规模化、结构化的要求。发展新型农业经营主体不仅为传统农业发展指明了方向，也为“四化”相互融合、互为依托创造了条件。因此，培育新型农业经营主体，是加快农业现代化建设、实现“四化”同步的必然选择。

2.1.3.2　培育新型农业经营主体是破解农业发展难题的有效措施

改革开放以来，我国大规模的城镇化和工业化进程，加快了经济发展的步伐，但也导致城乡二元结构突出，收入差距扩大。大量的农村劳动力向城市流动，造成农村劳动人口老龄化和劳动力不足。同时，农村长期存在的土地碎片化、农业兼业化问题制约了农业生产力的发挥。土地由广大农户承包经营可以满足农民对土地的渴望，从而调动农户的生产积极性，但是由于农民外出打工的常态化，持有小规模土地经营的农户更多地将种地作为一种副业，使得土地的生产潜力很难被充分发掘出来。因此，国家适时制定的支持新型农业经营主体发展战略，加快了土地流转，鼓励部分农户和集体成为新型农业经营者，对于解决当前农业发展面临的问题具有重要意义。

第一，有利于解决土地碎片化问题。20 世纪 70 年代末开始实行的家庭联产承包责任制，将土地由集体分配给个人，使农户能够自主经营，调动了农户的积极性。这一政策有力地促使了我国的粮食产量大幅增加，粮食供求基本实现均衡。但是，这也导致了土地细、碎、散的问题。除部分地区外，全国大部分农户家庭平均承包的耕地面积不足 0.6 公顷，远远小于美国、俄罗斯等农业大国，农业经营收入增长受限，不利于农业生产的进一步扩大。培育新型农业经营主体，加快土地流转，使得部分农户可以获得更多可供生产的土地，有利于将分散的土地生产力集中起来，充分运用机械化水平和先进的生产技术，改善农业经营，进一步发掘土地的生产潜力，增加农业经营收入。

第二，有利于解决农业兼业化问题。农业兼业化问题产生的根源，不仅仅在于纯农业收入难以满足农民更高层次的生活需求，还在于固化的土地制度导致的农户生产力无法得到充分释放。另外，我国长期以来自给自足的农业生产经营模式使大部分农户缺乏市场意识，农作物的种植依赖于传统习惯和政策导向，这对于在新时期将我国农业生产提高到更高的层次来说极为不利。这也导致了大量的农村青年劳动者开始进入城市，通过在其他行业的工作来弥补农业个人收入的差距。2017 年底，我国纯农户数量为 1.72 亿户，有兼业行为的为 4673 万户，专业化农户为 2113 万户，分别占农户总数的 65.9%、17.9%、8.5%。要改变目前农业生产中的“兼业化”和“边缘化”问题，需要在政策激励的导向下培育和发展以专业大户、家庭农场、农民专业合作社和农业龙头企业为代表的新型农业经营主体，培育职业化的农民。

第三，有利于解决农业从业人员的老龄化问题。农村人口老龄化现象是一个十分严重的现实问题。从源头来看，这是由计划生育政策和城市化进程加快所导致的。2004 年以来，我国农业从业人员年均减少 1000 多万人；2016 年，全国第三次农业调查报告显示，全国农业生产经营人员为 31422 万人，较第二次农业调查（2008 年）下降 68. 99%。第二次农业调查显示，51 岁以上的农业从业人员占比为 25%，而第三农业调查报告中，55 岁以上的农业从业人员占比为 33. 6%。最近一次调查对于农业老龄化人口的标准相对于上一次增加了 4 岁，老龄人口比重竟然比前一次还高，甚至占全部农业人口的 1/3，这表明我国农业人口老龄化速度较快。推进新型农业经营模式是立足于农业劳动人口不断减少背景下的必然选择。在我国工业化、信息化取得重大成果的前提下，新型农业经营者可以将这一成果转化为优势，利用先进的科技提高机械化水平，合理配置农资投入，充分提高个人劳动生产率水平。同时，这将吸引部分年轻人返乡创业，减轻农村人口老龄化压力。

第四，有利于解决农村空心化问题。农村空心化问题的产生与城镇化的推进相关。2017 年末，我国有 5. 7 亿人口居住在农村，农村人口占比为 41. 48%，较前一年下降 1. 17%。然而这一统计数据包含了部分实际居住在城市的农村户籍人口和外出务工的流动人员，这就意味着实际的农村常住人口数量可能更少。农村产业的单一化结构和农业生产的低回报率，使得广大农村地区并不具备留下人才的优势。解决这一问题的关键在于吸引外出的农村人口返乡，需要通过发挥农村的传统优势，利用土地流转相对集中化，构建农业合作社等措施，让农户具备更多的自主经营的空间和政策优惠。发展包括龙头企业的新型农业经营主体，在调动生产力的同时，增加农村就业岗位，这对于缓解当前农村的空心化趋势，缩小城乡二元结构作用显著。

2. 1. 3. 3　培育新型农业经营主体是促进农民收入增长的主要途径

城乡收入差距过大是影响农业现代化建设的不利因素。2018 年，城镇居民人均可支配收入为 39251 元，农村居民人均可支配收入为 14617 元，城乡收入差距接近两倍。农民收入主要来源于经营性收入和工资性收入，2018 年农民的工资性收入为 6500 元，超过了经营性收入（见图 2 – 4）。预计未来几年，农民工资性收入占比将会持续增加。农民经营性收入的过低也是农业兼业化、空心化、老龄化问题产生的主要原因。

当前农村经济发展和农民收入增加面临着两方面困境：其一，农户的经营

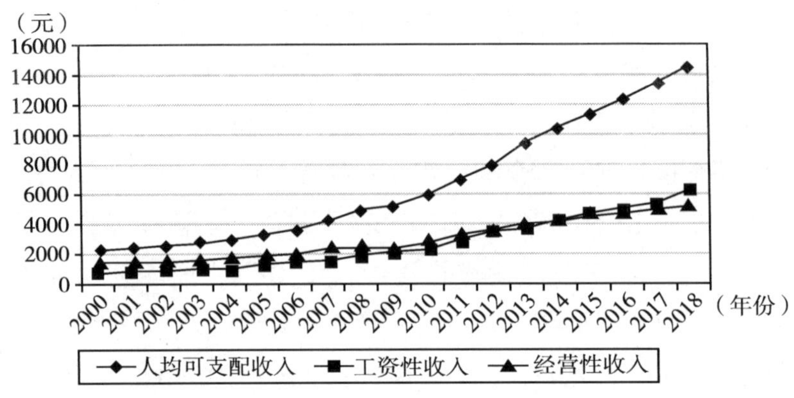

图 2－4　2000—2018 年我国农村居民收入

规模过小，农民经营性收入不高。小规模农户经营“不经济”“非理性”的现象经常出现，进而造成农户经营模式的固化、生产效率低下、生产成本增加，降低了对农村经济发展和市场需求变化进行及时调整的反应速度。虽然工资性收入的增加可以改善农民生活，但对大多数农民而言，由于其他技能的缺乏，工资性收入并不意味着长期稳定的收入来源，只有经营性收入的增加，才能使农户真正实现收入稳定。其二，农资投入成本的增加与农业技能的限制，影响了农户实际利润的增加。长期以来，农民的农业生产技能源于代代传承和相互学习，大部分农民缺乏新技术培训，粮食的增产依赖于气候因素和粮食品种的改良，农业生产的周期性较长，成本回收慢。近年来，物价上涨，农业生产资料成本、农业用工成本的增加，严重影响了农民农业生产的实际利润。农民不得不降低农资投入，减少使用先进技术，甚至为满足生活消费需求，向外转移劳动力。

培育新型农业经营主体能够调动农业生产者的积极性，促进农民收入增长。首先，新型农业经营者能够有效聚集生产要素，降低农业生产的直接成本和间接成本，有利于提高农民的单位盈利水平。其次，新型农业经营主体具有组织能力强和生产规模大的优势，能够提高农业生产率和土地产出水平，延长农业产业链，进而增加农业收入。此外，新型农业经营主体中的龙头企业对接农户与市场，有利于吸引农业生产中的剩余劳动力和多余产出，推动农户收入增长和农村经济发展。

2.1.3.4　培育新型农业经营主体是保障粮食安全的重要渠道

得益于 20 世纪 80 年代土地经营方式的转变，我国粮食产量稳步抬升，至上世纪 90 年代中期，基本实现了自足。2004—2015 年粮食产量 12 连增，突破 6 亿吨，2018 年粮食产量虽然较上一年有所下降，但仍然达到 6.57 亿吨。虽然农业领域取得了可喜的成就，但农业基础不牢靠，农业生产能力在持续提高的过程中仍面临诸多困难。

第一，我国粮食生产的供给问题突出，结构性问题显著。2018 年，我国的粮食自给率只有 85%，低于国际安全标准 95%，供求之间存在巨大的缺口。相比于美国、加拿大等农业大国的自给率 100%—200%，人口大国印度自给率超过 90%，我国的农业安全问题依然严峻。农业生产中粮食结构过于单一，每年三大主粮产量占比超过 90%，进口占比只有 2%，而其他作物品种产量严重依赖进口。以大豆为例，2017 年大豆产量为 1489 万吨，进口量达 9553 万吨，占比超过 87%（见图 2-5）。我国目前积极推进农业供给侧改革，旨在解决粮食总量和结构性问题，这需要改革传统粗放模式，加强农业资源约束，做好生产规划，提高生产力。

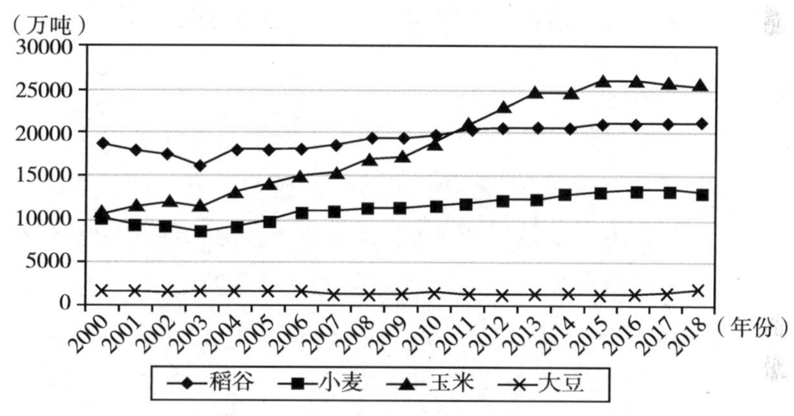

图 2-5 2007—2018 年我国粮食生产结构

第二，耕地资源持续减少，土地肥力下降，水资源条件恶化，生产成本快速增加，农业环境问题突出等，导致未来我国农业生产面临着严峻的挑战。我国人口增速虽然放缓，但人口基数大，每年新增人口数量依然较多，粮食总需求将持续增加。预计到 2020 年，我国粮食需求大约为 14000 亿斤，还有 2000 亿斤左右的缺口。与之相对，耕地资源有限，2018 年我国人均耕地面积为 0.08 公顷，较 1990 年下降两成，不足世界平均水平的 1/2，远低于美国巴西等农业大国，甚至低于印度，仅高于日本（见图 2-6）。其他农业资源除人均牧场外，均远低于世界平均水平，我国粮食增产空间局限性越来越大。

第三，农业国际竞争风险增加。长期以来，我国在粮食价格方面实行临时收储政策，通过制定收储价格和政府补贴方式使粮食价格保持稳定，这保障了农户的权益，但也使得我国的粮食价格面对国际市场变化始终处于弱势。由于供给侧

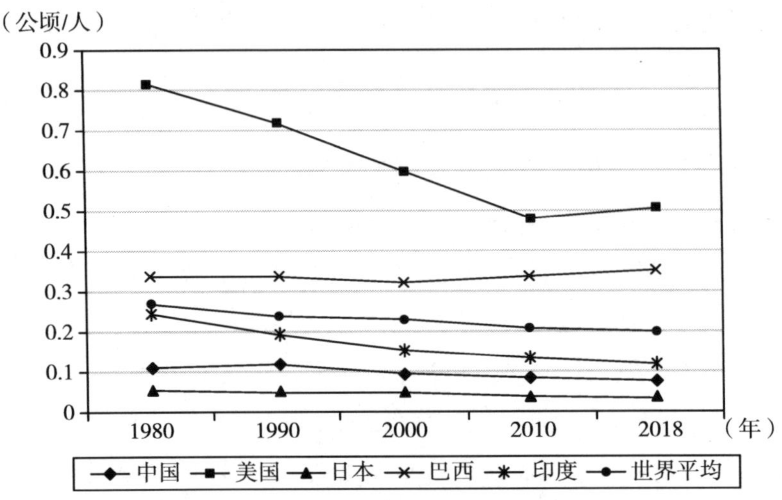

图 2－6　1980—2018 年人均耕地面积国际比较

改革的推进，粮食价格持续下跌，农民种粮不赚反亏。2015 年开始粮食种植面积减少，总产量由逐年递增转为持续下跌；2018 年粮食总产量较上一年下降 2.2%，上半年粮食进口量 6289 万吨，同比增长 4.8%。我国粮食价格高的原因在于农业生产成本过高，即便经历了下跌仍高于国际粮价，这使得我国粮食价格在国际市场中毫无优势可言，进口增长和粮价下跌对我国粮食生产的稳定性构成威胁。

第四，粮食质量问题不容忽视。以小农经营为主的农业生产者，不当使用农药和化肥等农资以扩大粮食产量，使得粮食的质量处于较低水平。我国正处于传统农业向现代农业的转型过程中，农业生产对于质量的要求将会更为严格，农业生产由劳动密集型和低端化向绿色农业发展，建立从餐桌到田头的质量追溯体系，从而引致专业分工的发展和农业生产的变迁。

因此，为了使农业领域的供给侧改革得到落实，保障粮食质量安全和增加我国农产品的竞争地位，需要加快引导新型农业经营主体发展。新型农业经营主体能够运用政策优势，加强科技投入，提高农业生产效率和粮食产量，在保障质量、效益的同时，提高国际竞争力；另外，培育新型农业经营者主体有利于促进农业生产的规模化、集约化，通过农资投入的调整，进行科学化和绿色生产，从而实现农业稳步发展，保障粮食供给和国家粮食安全。

2.1.4　新型农业经营主体的功能定位

各种新型农业经营主体具有不同的生产经营特点，在农业生产经营体系中承担着不同的责任、具有不同的功能定位（见表2-3）。它们相互协作、相互促进、相互补充，共同构成了以农户家庭经营为基础、合作与联合为纽带、社会化服务为支撑的立体式复合型现代农业经营体系。

表2-3　　　　新型农业经营主体的功能定位

类型	主要环节	生产经营特点	主要功能
专业大户	生产	以某一农业产品的专业化生产为主，雇佣长期或短期劳动力，以自然人为主	改变传统的零散种养殖作业模式，发挥对小规模农户的示范效应
家庭农场	生产、销售	以家庭成员为主要劳动力，可以从事多种经营，具有法人地位	调动以家庭为单位的农业劳动者的生产积极性，提高农民家庭收入，促进小农经营向农业现代化转变
农民专业合作社	生产、加工、购销、融资及生产性服务	以农民为主体，以其成员为主要服务对象，提供农业生产资料的购买，农产品的销售、加工、运输、贮藏以及与农业生产经营有关的技术、信息直至网上交易等服务	将分散的农民、土地和农业资源集中起来，共同配置，优化生产；向农户传递市场信息，协调生产，增加收益
农业龙头企业	商品化农产品的生产、加工、流通及生产性服务	以农产品加工或流通为主，具有雄厚的资金、技术、人才优势，在规模和经营指标上达到规定标准，通过各种利益联结机制与农户相联系，带动农户进入市场，实现农产品生产、加工、销售有机结合	提高农业生产经营的专业化、商品化、规模化以及组织化水平；提高农产品的市场竞争力，增强农产品市场开拓能力，扩大农产品的销售网络，延伸农业产业链条，实现产加销一体化。促进农业新技术、新品种的发明、应用和推广，推动产业扶贫，打造农产品品牌，带动农村就业
农业社会化服务组织	社会化服务	为农业产前、产中、产后各个环节提供各种服务，包括物资供应、生产服务、技术服务、农工服务、信息服务、金融服务、保险服务，以及农产品包装、运输、加工、贮藏、销售等	为农业生产经营提供配套服务，帮助农业生产者解决单个个体难以完成的问题，从而降低农业生产经营成本，提高资源使用效益

（1）家庭农场和专业大户的功能定位。家庭农场和专业大户是直接参与农业生产的主体，在农业生产中处于基础性地位。这类主体兼具小农经营的精细化与现代农业的集约化，是农业发展由分散经营向规模化经营的关键力量。一方面，促进农业资源的合理配置，发展绿色农业和科技农业；另一方面，提高劳动效率和土地产出率，保障粮食安全。家庭农场和专业大户是构筑我国未来农业发展的基础，逐步替代小农经营的粮食供给功能。

（2）农民专业合作社的功能定位。农业生产合作社是自我管理、自我服务、共同生产的互助性经济合作组织，集小农生产和新型农业经营于一体，是连接传统农业与市场化的纽带。一方面，将分散的农民、土地和农业资源集中起来，共同配置，优化生产；另一方面，向农户传递市场信息，协调生产，增加收益。农业合作社能够运用集体优势，推进科技助农、保险保农，既弥补了单个农户生产的人力不足，也促进了规模化经营。

（3）农业龙头企业的功能定位。农业龙头企业具有较高的生产经营专业化、规模化及组织化水平，不仅能够促进农产品精深加工，提高农产品的市场竞争力，增加农业比较收益；而且能够增强农产品市场开拓能力，扩大农产品的销售网络，延伸农业产业链条，实现产加销一体化。除此之外，农业龙头企业还可以通过强大的仓储运输能力和营销网络、品牌号召与其他农业经营主体结成收益与服务一体的联盟，减少市场交易成本，降低和分散市场风险；凭借雄厚资金实力和现代化经营方式促进农业新技术、新品种的发明、应用和推广，并在产业扶贫、打造农产品品牌和带动农村就业等领域发挥作用。

（4）农业社会化服务组织的功能定位。农业社会化服务组织能够为农业生产经营提供配套服务，帮助农业生产者解决单个个体难以完成的问题，从而降低农业生产经营成本，提高资源使用效益。因此，农业社会化服务组织的核心功能是：以专业化的服务，促进农业生产效率的提高。它的派生功能是：降低农业生产经营主体的专用资产购置成本和闲置成本，提高资产使用率；运用市场化手段解决政府职能在农业生产领域的弱化问题；推广农业科技，提高农业生产者的技术水平；减少农业市场的信息不对称性，促进土地流转二级市场的发展。

专业大户、家庭农场、农民专业合作社和农业龙头企业都具有农业生产的功能，而农业社会化服务组织以社会化服务为主，不具有农业生产功能。因此，本书的研究对象以专业大户、家庭农场、农民专业合作社和农业龙头企业为主。

2.2　农业保险产品创新的理论基础与动因

熊彼特关于创新发展思想的基本观点和金融创新相关理论，为农业保险产品创新提供了重要的思想来源，不仅有利于对农业保险产品创新动因的理解，还为创新实践提供了理论依据。

2.2.1　农业保险产品创新相关概念界定

2.2.1.1　农业保险产品的概念

2012 年国务院发布的《农业保险条例》中，第二条规定："本条例所称农业保险，是指保险机构根据农业保险合同，对被保险人在种植业、林业、畜牧业和渔业生产中因保险标的遭受约定的自然灾害、意外事故、疫病、疾病等保险事故所造成的财产损失，承担赔偿保险金责任的保险活动。本条例所称保险机构，是指保险公司以及依法设立的农业互助保险等保险组织。"

美国现代营销学之父菲利普·科特勒（Philip Kotler）对"产品"的定义是："能够向市场供给，被人们使用和消费，并且能够满足人们某种需求或欲望的任何东西，包括有形的物品和无形的服务。"①

将"农业保险"与"产品"的定义相结合，本书的"农业保险产品"定义为：保险机构提供给市场，用于满足农业生产经营者在种植业、林业、畜牧业和渔业生产中风险保障和损失补偿需求的工具。农业保险产品给消费者带来的效用就是预期的心理上的保障和物质上的损失补偿。它实质上是一种无形的农业风险保障与损失补偿服务，保险合同是它的具体形式，保险条款是它的核心。

2.2.1.2　农业保险产品创新的内涵

"创新理论"的鼻祖美籍奥地利经济学家约瑟夫·熊彼特（Joseph Alois Schumpeter）于 1912 年在其著作《经济发展理论》中提出，所谓创新就是要

① Kotler Philip. Marketing Management: Analysis, Planning, Implementation and Control [M]. Prentice - Hall, 1994: 28.

"建立一种新的生产函数"，即"生产要素的重新组合"①。可见，"创新"是一个经济概念，而不是一个技术概念，它与"发明创造"有着严格的区别。

熊彼特将"新组合"分为五种情况：①采用一种新产品或一种产品的新特征；②采用一种新的生产方法；③开辟一个新市场；④掠取或控制原材料或半制成品的一种新的供应来源；⑤实现任何一种工业的新的组织。人们将这五种情况归纳为五个创新，即产品创新、技术创新、市场创新、资源配置创新和组织创新。

基于熊彼特的创新理论，本书将"农业保险产品创新"界定为在农业保险领域，对构成农业保险产品的要素进行重新组合或革新的过程。农业保险产品的构成要素通常包括保险对象、风险因素、费率、经营方式、功能等，因此，新的农业保险产品应具有以下一项或几项特点：①具有新的目标市场或保障对象；②承保新的风险因素，即保险责任或除外责任的改变；③费率的计算方法发生变化；④采取新的经营方式，例如保费交付方式、保险期限、保险赔款方式等的变化；⑤具备新的功能，例如在损失补偿功能之外增加资金融通功能。

2.2.2　金融创新理论

自20世纪70年代开始，层出不穷的金融创新活动引起了西方经济学家的广泛关注，形成了多元而丰富的金融创新理论成果。金融创新理论从不同角度提示了金融创新的动因，其中具有重大影响力并对研究农业保险产品创新动因具有启发意义的主要有几下以种。

2.2.2.1　约束诱导理论

约束诱导理论从供给的角度解释金融创新的成因，认为金融创新是寻求利润最大化的微观金融机构为减少其所面临的内部约束和外部约束而采取的"自卫"行为。

该理论的代表人物是美国经济学家西尔柏（W. L. Silber）。西尔柏（1983）从追求利润最大化的金融机构创新最积极这一表象入手，运用微观经济学对金融机构创新行为进行解析。他认为，金融机构之所以进行金融产品、交易方式和管理服务等方面的创新，是为了摆脱或减轻其所面临的金融压制。金融压制

---

① ［美］约瑟夫·熊彼特. 经济发展理论［M］. 北京：商务印书馆，1990：73－76.

源自两个方面：其一是外部约束，以政府的控制管理为主；其二是内部约束，即金融机构自身制定的各种指标（如利润率、增长率、流动资产比率等）和规章制度（如资产负债管理制度）。当金融机构所处环境发生变化时，金融机构为了实现利润最大化将采取创新行为来规避压制。因此，金融创新的实质是一种“逆境创新”。

2.2.2.2　财富增长理论

财富增长理论从需求的角度研究金融创新的原因，认为经济的快速发展导致财富的迅速增长，财富的增长加大了人们对金融资产和金融交易的需求，进而促发了创新。

该理论的代表人物是美国经济学家格林包姆（S. I. Greenbum）和海沃德（C. F. Haywood）。他们在对美国金融业的发展历史进行研究时发现，随着财富的增加，人们避险的愿望增强，金融资产日益增加，金融交易更加频繁，金融创新随之产生。因此，财富增长是决定金融创新需求的关键要素。

2.2.2.3　制度改革理论

制度改革理论认为金融创新是制度创新的一部分，是与经济制度相互影响相互制约的制度改革。由此可知，金融创新可以是一切与金融体系内部制度变革相关的变动，任何金融体系内部的制度改革变动都视为金融创新。因而监管部门为实现金融稳定防止收入分配不均采取的金融方面的改革都可以划归为金融创新。

该理论的代表人物包括戴维斯（ Lance E. Davies）、沃利斯（Allen Wallis）和诺斯（ Duoglass C. North）。其中，沃利斯曾在艾森豪威尔、尼克松、福特和里根执政期间担任白宫经济顾问，诺斯因提出了“制度变迁理论”而获得1993年诺贝尔经济学奖。这些学者主张从经济发展史的角度来研究金融创新，并且认为政府行为的改变会引发金融制度的变化，而金融体系内的所有制度改革都可归为金融创新。因此，金融创新是与社会制度紧密相连的，而不是新技术发展时代的产物。

2.2.2.4　交易成本理论

“降低交易成本是金融创新的决定因素。”这一观点是交易成本理论的核心命题。该命题有两层含义：首先，降低交易成本是金融创新的首要动机，交易成本的大小决定了金融业务和金融工具的创新是否具有实际价值；其次，金融创新实质上是对科技进步降低交易成本的反应。

该理论的代表人物是1972年诺贝尔经济学奖得主、英国牛津大学教授希克斯（John R. Hicks）和美国经济学家、霍普金斯大学教授尼汉斯（Jurg Niehans）。他们把交易成本和货币需求、金融创新联系在一起，从而得到如下逻辑关系：交易成本是作用于货币需求的一个重要因素，不同的需求产生对不同类型金融工具的要求。交易成本降低的趋势使货币向更为高级的形态演变和发展，从而产生新的交换媒介、新的金融工具。不断降低交易成本会刺激金融创新，改善金融服务。因此，金融创新的源泉是金融微观经济结构变化引起的交易成本下降，金融创新的过程就是不断降低交易成本的过程。

2.2.2.5　技术推进理论

技术推进理论从技术进步的角度研究金融创新的原因，把金融创新界定为在信息技术（计算机、互联网、云计算、大数据等）基础之上，提供新金融产品和服务，开发新金融业务流程、方法和工具，开辟新金融资源渠道，开拓新金融市场的一系列相关过程。

最早提出这一理论的代表性人物是韩农（T. H. Hannon）和麦道威（J. M. McDowell）。这两位经济学家通过实证研究发现，新技术（电脑和电信）的发明及其金融领域的应用是20世纪70年代美国银行业金融创新的主要动因，高科技促成了金融业务的电子计算机化和通信设备现代化，为金融创新提供了物质上的保障和技术上的保证。国际清算银行前首席经济学家怀特（William White，1997）把美国金融创新的快速发展归因于两项重要的技术进步——数据处理技术和电信业务。1997年诺贝尔经济学奖获得者、美国著名经济学家莫顿（Robert C. Merton，1995）认为，计算机和交易技术的进步引发了金融市场的变革，促使金融机构设计出新的金融产品和新的交易机制。

综上所述，金融创新理论从不同角度揭示了金融创新的动因，西方经济学家对这一问题的分析已经超出了金融机构本身，从金融产品的供给领域延伸至消费领域，并向金融市场一般均衡方向发展。

2.2.3　农业保险产品创新的动因

综合金融创新理论的研究成果，金融创新的动力主要来自金融机构自身、非金融机构需求和市场均衡。农业保险产品创新是市场需求、供给状况、制度变革和技术进步四大因素共同作用的结果。

2.2.3.1 需求拉动型创新

近年来，我国农业现代化建设取得巨大成就，保险服务农业现代化面临新形势、新需求。

一是农业综合生产能力大幅提升。2017年12月，国务院农普办和国家统计局发布的《第三次全国农业普查公报》显示，我国农业综合生产能力显著增强，2013年全国粮食总产量首次突破12000亿斤大关，2014—2017年连续四年稳定在12000亿斤以上，全国肉类总产量和水产品总产量稳居世界第一，棉花、油料、糖料、蔬菜、水果等主要经济作物保持较高产量水平。

二是农民收入持续较快增长。2008年，我国农村居民人均可支配收入5153元，城镇居民人均可支配收入17175元。2018年，我国农村居民人均可支配收入14617元，同比名义增长8.8%，扣除价格因素，实际增长6.6%；城镇居民人均可支配收入39251元，同比名义增长7.8%，扣除价格因素，实际增长5.6%[①]。10年间，我国城乡居民收入比由2008年3.33∶1降至2018年2.69∶1，农村居民人均可支配收入年均实际增速比城镇居民高1.5个百分点，扭转了城乡居民收入增长差距扩大的趋势。

三是农业物质基础不断夯实。当前我国农业生产已从主要依靠人力畜力转向主要依靠机械动力的新阶段，农业机械化发展也进入了新时期。农机制造水平稳步提升，农机装备总量持续增长，农机作业水平快速提高。2018年，全国农作物耕种收综合机械化率超过67%，其中主要粮食作物耕种收综合机械化率超过80%。机耕、机播、机收、机械植保和机电灌溉作业面积合计超过63亿亩，农机化服务总收入5400亿元[②]。

四是新型农业经营主体大量涌现。随着城镇化的推进，农村土地流转政策的落实，农业生产逐步产业化、规模化、集约化，形成种植大户、农业合作社和家庭农场主等新型农业经营主体。第三次全国农业普查显示，2016年末，全国规模农业经营户398万户；农业经营单位204万个，农业经营单位数量较10年前增长417.4%。截至2018年底，农业产业化龙头企业8.7万家，在工商部门登记注册的农民合作社217万个，家庭农场60万个。

农业生产能力的提升、农民收入的增长、农业物质基础的夯实有力地促进

① 国家统计局. 2018年居民收入和消费支出情况，国家统计局网站，http://www.stats.gov.cn/tjsj/zxfb/201901/t20190121_1645791.html，2019-01-21.

② 中华全国供销合作社. 2018年全国农作物耕种收综合机械化率超过67%，中国供销合作网，http://www.chinacoop.gov.cn/HTML/2019/01/03/147203.html，2019-01-01.

农业生产经营者物质财富的增加，使农业生产经营者对农业保险产生更多的风险保障需求和更高的支付意愿，增加了农业保险的有效需求。与传统农业生产者相比，新型农业经营主体在现代农业发展中呈现出了新特点和新风险，其规模化经营对农业保险的风险分散能力和保障水平提出更高要求，其风险的多样性对农业保险提出了多元化的需求。这些新的需求成为农业保险产品创新的源泉。

2. 2. 3. 2　供给推动型创新

1982 年，我国只有一家保险公司即中国人民保险公司经营农业保险，当年农业保险保费收入仅 23 万元。2007 年，中央财政拨出 10 亿元专项补贴资金，对六省区五大类粮食作物保险予以补贴，此举对我国农业保险的发展起了有力的促进作用。2007—2016 年的 10 年间，我国农业保险提供风险保障从 1126 亿元增长到 2. 16 万亿元，年均增长 38. 83%；农业保险保费收入从 51. 8 亿元增长到 417. 12 亿元，增长了 7 倍；承保农作物从 2. 3 亿亩增加到 17. 21 亿亩，增长了 6 倍，玉米、水稻、小麦三大口粮作物承保覆盖率已超过 70%[①]。2018 年农业保险原保险保费收入为 572. 65 亿元，同比增长 19. 54%；农险保额 3. 46 万亿元，同比增长 24. 23%。农业保险开办区域已覆盖全国所有省份，承保农作物品种达到 211 个，基本覆盖农、林、牧、渔等各个领域。

在农业保险快速发展的同时，我国农业保险经营主体也不断增加。2007 年，政策性农业保险刚刚试点时，经营农业保险业务的保险公司主要有 8 家（人保财险、中华联合、安华农业保险、安信农业保险、国元农业保险、华农财产保险、安盟保险、阳光相互农业保险），这 8 家公司的农业保险市场份额达 96% 以上。2018 年，农业保险经营主体达到 35 家，市场集中度显著下降。随着经营主体的增加，农业保险覆盖面的快速扩大，传统农业保险的承保空间日趋饱和。农业保险试点阶段提出的“低保费、低保障、广覆盖”的发展思路已不适应农业现代化进程中广大农户和新型农业经营主体多样化的风险需求，业务发展过快、管控能力和服务能力滞后所引发的矛盾也日益凸显。新常态下，围绕习近平总书记关于供给侧结构性改革有关要求，立足“三农”的实际需求，服务农业现代化是农业保险转型升级的必然方向。当前，农业保险供给侧改革的内外部因素已经具备：一方面，农业保险经营模式将逐步向精细化、专业化转变；

① 江帆. 我国农业保险很给力. 经济日报，http：//paper. ce. cn/jjrb/html/2017 -06/20/content_336644. htm，2017 -06 -20.

另一方面，通过农业保险产品创新探索服务农业现代化的新路径、新模式，着力提高农业保险服务的质量和效率，增强服务经济社会能力已成为主要任务。

2.2.3.3　政策激励型创新

自从 2004 年以来，中共中央、国务院每年以“农业、农村、农民”为主题发布“一号文件”，其中无一例外地对农业保险的发展提出了政策指导。在政策目标上，对于农业保险的定位从提供灾后经济补偿单一目标向完善农业支持保护体系、服务农业现代化、服务扶贫开发等多重目标转变。与政策目标的转变相适应，农业保险不断被赋予和加载新的功能作用，从基础的经济补偿功能向防灾减灾、社会管理、担保增信和辅助市场调控等综合功能拓展。

这些政策文件指明了农业保险的发展方向，激励了农业保险产品的创新。例如，2017 年中央一号文件提出“开发满足新型农业经营主体需求的保险产品”。2017 年 5 月，财政部发布《关于在粮食主产省开展农业大灾保险试点的通知》，在全国 200 个产粮大县开展试点，开发面向适度规模经营农户的专属农业大灾保险产品，保障水平覆盖“直接物化成本 + 地租”，提高农业保险保障水平。2018 年 1 月，中央“一号文件”《中共中央国务院关于实施乡村振兴战略的意见》提出“探索开展稻谷、小麦、玉米三大粮食作物完全成本保险和收入保险试点，加快建立多层次农业保险体系”。2018 年 8 月，财政部、农业农村部和银保监会发布《三大粮食作物完全成本保险和收入保险试点工作方案》，在内蒙古、辽宁、安徽、湖北、山东、河南等六个省份试点完全成本和收入保险，提高农业保险的保障水平。2018 年 9 月发布的《乡村振兴战略规划（2018—2022 年）》将农业保险列入“农业支持保护制度”，提出“提高农业风险保障能力”的总要求，并指明了现阶段农业保险发展方向——设计多层次、可选择、不同保障水平的保险产品，积极开发适应新型农业经营主体需求的保险品种。

2.2.3.4　技术推进型创新

科技进步从两个方面推进农业保险产品创新：

一方面，科技在现代农业生产中的应用对农业保险产品提出了新的保障要求。《中国农业农村科技发展报告（2012—2017）》显示，我国农业科技进步贡献率由 2012 年的 53.5% 提高到 2017 年的 57.5%，主要农作物良种基本实现全覆盖。在品种上，2012 年以来我国选育推广了超级稻、节水抗旱小麦等一大批稳产高产新品种，主要农作物种子质量合格率稳定在 98% 以上，对农业增产的贡献率达到45%；在技术上，面向全国发布推广了粮食稳产增产、农业防灾减灾、农机农艺融合、农产品储运保鲜等先进实用的技术，水稻、小麦、玉米等主要农作物全生育期作业机械已基本形成规模。《全国农业现代化规划（2016—2020年）》提出，到“十三五”末，力争主要农作物测土配方施肥覆盖率达到90%以上，绿色防控覆盖率达到30%以上。主要农作物耕种收综合机械化水平达到70%，农业科技进步贡献率达到60%，多种形式土地适度规模经营占比达到40%。新品种、新技术、新设备的运用伴随着新的风险，需要农业保险为之保驾护航；农业高新技术产业不断壮大，促进农业生产经营专业化、标准化、规模化、集约化，带动农村新产业新业态蓬勃发展，这也需要农业保险转型升级。

另一方面，科技在农业保险领域的应用为农业保险产品创新提供了技术支持。2017年被誉为“保险科技元年”，大数据、区块链、人工智能等新科技也融入了农业保险领域，深刻影响了农业保险产品研发、营销、核保和理赔等业务环节。例如，运用数据挖掘、云计算等技术对农业、农村数据进行多维度综合分析，有利于解决农业保险中的逆选择问题；运用3S技术（遥感技术RS、地理信息系统GIS、全球定位系统GPS）进行承保地块的空间信息入库，可以科学定位不同灾害等级的分布区域，及时估测理赔风险；运用无人机及手持终端设备进行精准核损，提高了理赔的效率；牛脸识别、猪脸识别等技术的应用大大减少了重复索赔、非承保标的冒充承保标的的骗保行为。毫无疑问，科技发展加速了农业保险产品的创新。

2.3 新型农业经营主体培育与农业保险产品创新的互动关系与耦合演化过程

新型农业经营主体培育需要农业保险产品创新为之提供风险保障，同时新型农业经营主体培育也为农业保险产品创新创造了空间，两者之间存在着互动耦合关系。本书在解析新型农业经营主体培育与农业保险产品创新互动耦合关系的理论基础上，采用耦合相关理论构建了二者的动态耦合模型并分析其演化过程。

2.3.1　新型农业经营主体培育与农业保险产品创新的互动关系

明确新型农业经营主体培育与农业保险产品创新的互动关系是建立二者动态耦合模型的基础，这里所指的互动关系是二者在动态发展过程中相互影响和联系、彼此作用的过程，即农业保险产品创新推进新型农业经营主体培育的同时，新型农业经营主体培育也促进了农业保险产品创新。

2.3.1.1　农业保险产品创新推进新型农业经营主体培育

由于农业生产的风险特殊性和对国民经济的重要性，农业保险成为我国支持和保护农业发展和维护社会稳定的政策工具。同时，随着我国农业产业化进程的逐步推进，农业保险产品的创新也显得日益重要，并从多个方面促进我国新型农业经营主体培育的发展和完善。

（1）农业保险产品创新为新型农业经营主体培育提供全方位的风险保障。传统的农业经营主体面临着两大主要风险，即自然风险和市场风险。在面临自然风险时，农业经营主体可以通过政策性农业保险来分散或转移风险，从而为农业经营提供经济保障，而面临市场风险时，主要依靠产业化组织本身或政府指导下的行业组织去应对。但当传统农业经营主体逐步产业化，转向新型农业经营主体培育时，农业经营主体所面临的风险也发生了较大的变化。其中最大的变化在于增加了技术风险，由于新型农业经营主体由家庭农场、专业大户、农民专业合作社、农业龙头企业、经营性农业服务组织构成，农业主体所面临的风险也由独立、分割的个体风险向集体化、产业化的风险转变。对于传统的个体农业经营主体而言，农业生产的方式缺乏专业性和技术性，更大地依赖于先辈积累和留存下来的传统和经验，并且采用以人力、畜力、工具等为主的手工劳动方式。而新型农业经营逐步走向了产业化道路，逐步引进大规模的先进技术和设备，运用科学技术手段来进行产业化生产，这就对农民或使用者的知识和素质有了较高的要求，同时大大增加了技术风险的发生。在这个背景下，如果因为操作失误等技术问题造成了经济损失，那么通过农业保险产品的创新有望得到有效的保障。

随着新型农业经营主体的发展，经营主体逐步市场化、集约化，因此造成市场风险也会显著增加。逐步走向农业产业化和农业现代化的新型农业经营主体，将不可避免地面临着市场机制为主导的资源配置。在市场中，农产品供需的不平衡和价格的波动以及经济周期的影响都将极大地干扰着新型农业经营主体的运营，也将出现更多传统农业经营本身缺乏或不具备的风险暴露。因此，这就对农业保险产品的创新提出了更大的需求。农业保险产品的创新，将为新型农业经营主体的市场化运营提供更全面的保障。

无论是自然风险、市场风险还是技术风险，甚至是有可能产生的社会风险，如果没有对应的新型农业保险产品的出现，新型农业经营主体将可能面临着更大的损失，对于走向农业现代化的新型农业经营主体而言无疑是一大发展阻碍，而农业保险产品的创新将为新型农业经营主体的发展保驾护航。

（2）农业保险产品的创新促进新型农业经营主体内部实现利益联结。在传统农业经营主体转型为新型农业经营主体过程中，农业产业化龙头企业和一线生产的农户之间形成利益联结机制显得非常重要。在没有农业保险创新的背景下，如果农业生产受到自然风险、技术风险或者市场风险的冲击时，一方面，农户的损失是最直接的，严重破坏了农户的收入水平和生产的积极性；另一方面，由于农产品供给的短缺，龙头企业的加工和流通会产生巨大障碍，从而造成企业的巨大损失。

在农业保险保障下，如果保费仅仅由某一方承担，那么对于另一方而言，有可能存在潜在的道德危险。例如，如果保费全部由龙头企业承担，对于一线生产的农户而言，即便发生损失也有相应的赔偿，自身无需任何风险承担，这必将大大削弱农户的生产积极性，从而进一步加大风险发生的可能性，产生道德风险。因此，通过农业保险的创新，实现保费由龙头企业和农户共同承担的机制，将大大削弱道德风险的发生，并且当损失发生时，可以在减少农户损失的同时，减少龙头企业的损失，促进产业链的快速恢复，从而达成利益的一致性。这种利益的一致性将大大促进和增强新型农业经营主体的利益联结，形成利益共同体。

（3）农业保险产品创新是农业产业化进程的一部分。新型农业经营主体的培育是农业产业化进程的重要目标。换言之，逐步实现以市场为导向，以经济效益为中心的产业化、规模化、集成化的现代农业生产模式，目标在于提高农业生产效率、农业生产积极性以及农业组织化程度。农业保险通过补偿农业主体的经济损失，提高农业生产效率和积极性以及农业的组织化程度。从本质上来看，农业保险产品创新本身就是农业产业化进程的一部分，也是新型农业经营主体培育的重要保障。

2.3.1.2　新型农业经营主体培育促进农业保险产品创新

新型农业经营主体培育是传统农业生产模式向现代化农业生产模式发展的目标，因此也将成为未来农业保险保障的主体。农业现代化、产业化进程的不断推进，毫无疑问将推动农业保险产品的创新和发展。具体推动作用可以归纳为以下几点：

（1）新型农业经营模式是推动农业保险产品创新的需求动力。在市场经济体制下，消费者的需求很大程度上决定了产品的供给，保险产品也不例外。保险产品的有效需求一般包含两个维度，即保险欲望和投保能力，而个体是否拥有保险欲望，在很大程度上取决于该个体是否具有较强的保险意识。对于传统的农业经营个体而言，个体农户的生产规模较小、文化素质较低、拥有侥幸心理等因素，导致传统的农业经营个体的保险意识较为淡薄，从而直接导致农业保险产品投保率较低，大大降低了农业产品保险创新的积极性。

新型农业经营主体采用的是一种产业化、集约化的生产模式，拥有较大的生产规模、更高的生产技术以及更复杂的风险种类，再加上管理者或决策者一般拥有较高的文化素质和有较高的风险规避要求，从而产生较高的保险意识。保险意识的形成促进了保险欲望的产生，在投保能力允许的范围内将极大地提高保险需求，从而激发保险产品创新的活力与积极性。因此，新型农业经营模式是推动农业保险产品创新的需求动力。

（2）新型农业经营主体培育有利于提高农业保险的有效供给。保险需求是否有效一般取决于两个维度：一个维度是保险欲望，新型的农业经营主体拥有较高的保险意识，从而较传统农业经营个体而言拥有更多的保险欲望；另一个维度则是投保能力，投保能力更多的是指一种经济能力。对于传统农业经营个体而言，较低的经济能力往往导致较低的投保能力，那么即便拥有投保的欲望最终也无法满足真正的保险需求。新型农业经营主体建立在产业化、集约化生产的基础上，拥有一条完整的、从农产品生产到销售的产业链，因此一般都积累了相当的资本，拥有较强的经济能力，从而可以大幅度提升农业保险的投保能力。据调查显示，只要政府或企业提供 1/3 左右的保费补助，新型农业经营主体就可以承担相应的保费支出。

在农业保险拥有了有效需求的前提下，新型农业经营主体建立了农业生产者之间的合作机制，产业组织内部的信息不对称性将大大降低，同时成员之间形成了更加有效的监督和约束机制，从而可以降低农业保险产品的道德风险，提高了农业保险的有效供给。农业保险的有效需求激发了保险产品创新的积极性，而有效供给为保险产品创新提供了良好的、稳健的保险环境，二者相辅相成，促进了农业保险产品的创新。

（3）新型农业经营主体培育有利于促进农业保险产品多样化创新。新型农业经营主体相比于传统的农业经营主体而言，面临着更多、更加复杂的风险，传统的农业保险产品很难实现有效、全面的保障，造成新型农业经营主体的经济损失，甚至降低农户生产的积极性以及产业链的恢复，带来极为严重的后果。而农业保险的目标是在国家政策扶持下，维持农业的持续稳定发展，解决农产品特别是粮食的自给和基本自给，从而实现社会的基本稳定。对于新型农业经营主体培育过程中暴露的更加复杂且多样化的风险，要求多样化的新型农业保险产品的出现并赋予有效的保障，从而促进了农业保险产品的多样化创新。

2.3.2 新型农业经营主体培育与农业保险产品创新的耦合演进过程

“耦合”这一概念具有两层重要的内涵：第一，耦合系统中的主体之间必然存在着一定的关联；第二，耦合系统中的主体都会随着耦合的演化而发生或多或少的属性改变①。借助一般系统论中的系统演化思想构建动态耦合模型进行分析，将使得新型农业经营主体培育与农业保险产品创新相互作用的内在机理更加明晰。

2.3.2.1 动态耦合模型

新型农业经营主体培育与农业保险产品创新构成通过一定的作用机理相互制约和促进，从而形成一个相互关联和作用的系统。借鉴物理学中的耦合模型，构建两者之间耦合评价模型如下：

$$C=\sqrt{\frac{\text{Index1}\times\text{Index2}}{(\text{Index1}+\text{Index2})\times(\text{Index1}+\text{Index2})}} \tag{2-1}$$

其中，C 表示新型农业经营主体培育与农业保险产品创新的耦合测度，Index1 和 Index2 分别代表新型农业经营主体培育和农业保险产品创新的单一指标。考虑到当 Index1 和 Index2 的数值均处于较低位时，耦合测度也可能呈现虚高的

① 刘友金，胡黎明，赵瑞霞. 创意产业与城市发展的互动关系及其耦合演化过程研究［J］. 中国软科学，2009（1）：155.

现象，因此将耦合模型进行如下改进：

$$C_{improve} = \sqrt{C \times W} \tag{2-2}$$

$$W = \alpha Index1 + \beta Index2 \tag{2-3}$$

式（2-2）、式（2-3）中，$C_{improve}$表示改进后的耦合测度，W 为引进的耦合协调指数，其中的 α 和 β 分别代表新型农业经营主体培育与农业保险产品创新单一指数的权重，若二者具有同等的地位，则有 α = β = 0.5。改进后的模型可以成功地避免之前存在的问题，通过$C_{improve}$的大小可以对二者的耦合度大小进行测量和评价。

通过耦合系统作用图可以对耦合机理进行更加直观的描绘（见图2-7）。新型农业经营主体培育和农业保险产品创新共同组建成耦合系统，而彼此又分别成为两个独立的子系统，两个子系统之间相互作用和影响，不断循环，从而推

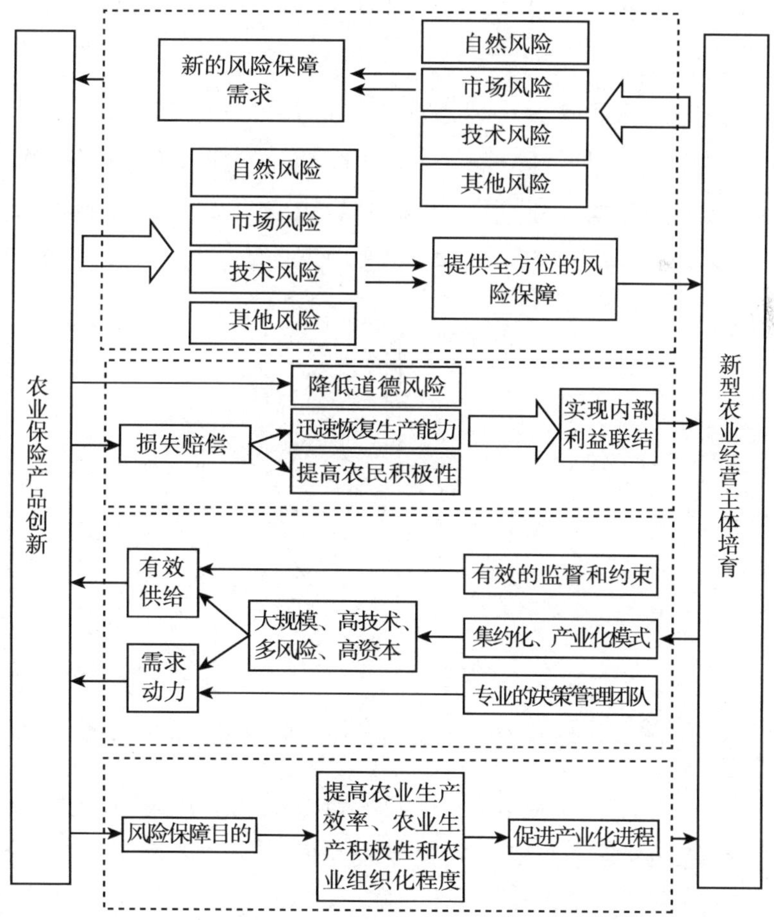

图2-7　新型农业经营主体培育与农业保险产品创新的耦合系统图

动整个耦合系统不断地发展。新型农业经营主体培育为农业保险产品创新提供有效供给和需求动力，促进农业保险产品多元化，进而极大地促进了农业保险产品的创新发展；而农业保险产品创新的发展又给新型农业经营主体培育提供风险保障，促进利益共同体形成以及促进农业产业化进程，将新型农业经营主体培育的进程推向另一高度，每进行一次循环都将推动整个耦合系统的综合效率上升一个台阶。

2.3.2.2　耦合演化过程

基于以上分析，进一步探讨新型农业经营主体培育和农业保险产品创新形成的复合系统。根据一般系统论的演化思想，可以假设 V1 代表新型农业经营主体培育子系统的演化速度，V2 代表农业保险产品创新子系统的演化速度，V 代表二者形成的复合系统的演化速度。由于两个子系统之间相互影响并且共同促进了系统的演化，那么可以得知系统的演化速度 V 是两个子系统演化速度 V1 和 V2 的函数，可以表达为 f（V1，V2）。

假设该系统的演化满足 S 型发展机制，即可以假设新型农业经营主体培育和农业保险产品创新的耦合过程呈现周期性变化，子系统间相互影响和作用，一次又一次推动系统整体周期性变化。将 V1 和 V2 的演化轨迹用二维平面（V1，V2）来表示和分析，假定该演化轨迹为圆形轨迹，如图 2－8 所示。

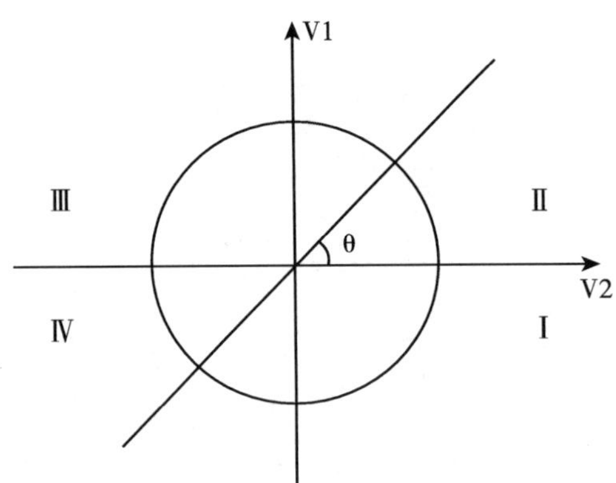

图 2－8　新型农业经营主体培育和农业保险产品创新耦合演化投影图

图 2－8 中，横坐标和纵坐标分别表示新型农业经营主体培育和农业保险产品创新两个子系统的演化速度，Ⅰ到Ⅳ表示四个不同的时期，θ 表示 V1 和 V2 的耦合关系，即耦合度，和上述的耦合测度$C_{improve}$是一个概念，都可以用来衡量整个系统间的耦合程度以及演化状态，其中 θ 满足 $\tan\theta = V1/V2$ 的条件。

根据系统演化和周期性发展的思想，在一个循环周期内，系统将经历 4 个阶段，分别是低级协调共生时期（Ⅰ）、协调发展时期（Ⅱ）、极限发展时期（Ⅲ）和螺旋上升时期（Ⅳ）。这 4 个时期与农业产品创新相对应：在第Ⅰ阶段，农业保险产品创新发展较为缓慢；在第Ⅱ阶段，农业保险产品逐步进入了快速发展创新阶段；在第Ⅲ阶段，农业保险产品进入了创新发展的极限期；在第Ⅳ阶段，农业保险产品完成了该阶段的创新，即将转入下一个循环发展阶段。具体分析如下：

（1）当 $-90° < \theta \leqslant 0°$ 时，$V1 \leqslant 0$ 且 $V2 \geqslant 0$，此时的 $\tan\theta \leqslant 0$，系统正处于低级协调共生阶段。此时的农业保险产品创新发展缓慢，新型农业经营主体培育的进程还处于前一阶段的水平，二者的相互作用较小。此时新型农业经营主体培育需要政策或市场的刺激和支持，激发新型农业经营主体的进一步发展和演化。

（2）当 $0 < \theta \leqslant 90°$ 时，$V1 \geqslant 0$ 且 $V2 \geqslant 0$，此时的 $\tan\theta \geqslant 0$，无论是农业保险产品创新发展的子系统还是新型农业经营主体培育的子系统都在快速发展。新型农业保险经营主体的进一步发展为农业保险产品增大有效需求和供给，激发农业保险产品的多样化创新；而农业保险产品创新的发展反过来为新型农业经营主体的培育保驾护航，并且促进其内部利益共同体的形成和产业化进程。二者相互促进和影响，系统处于协调发展时期。此时二者相互刺激和作用，推动彼此进一步发展。

（3）当 $90° < \theta \leqslant 180°$ 时，$V1 \geqslant 0$ 而 $V2 \leqslant 0$，此时的 $\tan\theta \leqslant 0$，系统开始进入极限发展阶段。由于 $V1 \geqslant 0$，此时的新型农业经营主体培育的发展依然处于高速阶段，各类经营主体迅速崛起，农业经营逐步规模化、产业化、集约化。而由于发展到了一定阶段，由于政策、创新环境、人才要求等因素的发展要求越来越高，农业保险产品创新发展逐步进入瓶颈期，系统发展逐步到了极限。此时的系统演化将面临两种情况：一是没有新的政策出台或新的创新环境支持，那么系统将停止演化，新型农业经营主体的发展也会逐步趋于稳定；二是得到了新的政策以及新的创新环境或新的市场环境支持，系统将进入更高级的一个循环阶段，即将开启下一个演化周期。

（4）当 $-180° < \theta \leqslant -90°$ 时，此时的 $V1 \leqslant 0$ 且 $V2 \leqslant 0$，$\tan\theta \geqslant 0$，系统进入了螺旋上升时期。在这一时期，由于第Ⅲ阶段中的农业产品创新得到了有效的政策或环境的支持，新型农业经营主体培育的发展和农业保险产品创新的发展都达到了更高级别的协调共生阶段，并完成了一次循环过程，即将进入下一阶段的耦合发展周期。

第3章　我国新型农业经营主体发展现状

分析如何进行农业保险产品创新以满足我国新型农业经营主体的需求是本书的主要思路与目标。我国新型农业经营主体发展的现状是分析其风险异质性的基础，对其农业保险产品需求起着决定性的影响。

3.1　我国新型农业经营主体总体发展情况

党的十八大以来，我国新型农业经营主体发展呈现数量增加、类型多元、规模适度、产业化水平和市场竞争能力显著提升的新态势。

3.1.1　我国新型农业经营主体的发展概况

近年来，我国新型农业经营主体快速发展，总体数量和规模水平不断提高，产业整合趋势和发展带动能力显著增强。

3.1.1.1　新型农业经营主体总量增速较快

我国的新型农业经营主体主要有专业大户、家庭农场、农民专业合作社和农业龙头企业4大类。在国家大力支持新型农业经营主体发展的大环境下，新型农业经营主体逐渐在农业经营体系中占据一席之地，全国很多省份、地区的农业生产中都有新型农业经营主体的身影，其经营面积已达全国耕地面积的30%以上。以传统家庭农户为基础，同时鼓励其他形式经营主体迅速发展的新型农业经营体系渐渐形成。

2016年，我国新型农业主体总量达到280万个。其中，家庭农场数量为87.7万个，半数左右已取得国家农业部门认定，且由国家农业部门认定的家庭农场数量增长速度较快，较2015年增长了29%，已达到44.5万个；全国共有38.6万个产业化组织，其中农业产业化龙头企业约占34%，数量约13万个，农业产业化龙头企业的数量较2015年增加了1.27%，1131个龙头企业被列入国家合格重点龙头企业名单。2017年，取得县级以上农业相关单位认定的产业化龙头企业的数量已达到8.7万个。其中被列入国家合格重点龙头企业名单的有1242家，较2016年增加了近10%。有8000家年销售收入超过1亿元，有60多家年销售收入超过100亿元。2016年，有179.4万个农民专业合作社在国家工商局依法登记注册，全国农户当中有44.4%选择入社。2018年农民专业合作社的数量已达到217.3万个，较两年前增长了21.13%。

3.1.1.2 新型农业经营主体产业融合趋势明显

在追求现代农业绿色生产的进程中，新型农业经营主体从事的产业不仅仅局限在第一产业，而是逐渐向第二、三产业进军，农产品加工和产业的融合促进了产业间的协调发展，在增加产业收益的同时，拓展了更为丰富的农业功能。例如有些家庭农场在从事种植业的同时还从事养殖业，种养结合的经营方式增强了家庭农场的市场竞争力。有些种养结合的经营主体在此基础上继续开发农业观光、采摘、旅游、餐饮等休闲旅游农业，以一种具有创新性的经营方式拉动消费者需求，促进农户增收，同时也增强了农村田园景观的建设水平，有助于打造农村绿色优美的生态环境。除了所经营的产业出现融合趋势外，新型农业经营主体的种类之间也存在复合化的趋势。各新型农业经营不再仅仅局限于自身单一独立的主体类型，而是在经营生产过程中通过复合实现双赢或多赢的目标。例如有些专业大户创办了农民专业合作社，这种情况使主体间的组织关系更复杂、内部联系更紧密，产生的相互作用更多，更易实现优势互补，从而进一步增强主体的盈利能力和市场竞争力；另外，新型农业经营主体的经营理念也在复合化。大量工商企业将资金注入农业产业，同时将企业的经营理念与农业的经营方法进行结合，不仅使农业产业的运作资本更加充沛，也为传统农业经营理念的发展带来了新的思路。

3.1.2 我国新型农业经营主体的发展特征

与传统农户相比，新型农业经营主体在人力资源、生产经营方面优势突出，特征明显。

3.1.2.1 人力资源方面的特征

人力资源是新型农业经营主体发展的核心动力。现阶段，我国新型农业经营主体在人力资源方面呈现以下特征：

第一，经营管理者的文化程度有所提高。相较于传统的家庭农户生产主体，新型农业经营主体负责人的文化程度更高，但是不同类型的经营管理者文化水平存在较大差异。在家庭农场、农民专业合作社和龙头企业三类新型农业经营主体中（见表3－1），文化水平最高的是龙头企业负责人，其大专及以上学历者占比达38.26%，其次为农民专业合作社负责人，大专及以上学历者占比较龙头企业低25.05%，最后是家庭农场负责人，大专及以上学历者占7.29%。而我国第六次人口普查数据显示，我国18岁以上的乡村人口中仅有2.43%的人拥有大专及以上学历。由此可见，新型农业经营主体拥有的人才质量高于国内平均水平。

表3－1　新型农业经营主体负责人文化程度表

人群		大专及以上学历占比
新型农业经营主体负责人	家庭农场	7.29%
	农民专业合作社	13.21%
	龙头企业	38.26%
乡村中18岁以上人口		2.43%

资料来源：中国农业新闻网。

第二，年龄结构年轻化，性别结构均衡化。统计局公布的第三次全国农业普查主要数据公报显示，2016年，新型农业经营主体负责人的年龄，60岁以下者占比高达93%，60岁及以上者仅有7%，其中，负责人最年轻的新型农业经营主体类型是龙头企业，60岁及以上者占比仅为5%，其次为农民专业合作社占比为7%，最后为家庭农场占比为8%（见图3－1）。在性别结构方面，各新型农业经营主体的负责人男性比例较大，达到80%以上。其中，农民专业合作社负责人男性占比为87%，家庭农场为83%，龙头企业为81%。2016年，规模农业经营户的农业生产经营人员（包括本户生产经营人员及雇佣人员）为1289万人，其中女性609万人，占比为47.2%；农业经营单位的农业生产经营人员为1092万人，其中女性444万人，占比为40.6%[①]。

① 国家统计局. 第三次全国农业普查主要数据公报（第五号）［Z］. 国家统计局网站 http://www.stats.gov.cn/tjsj/tjgb/nypcgb/qgnypcgb/201712/t20171215_1563599.html，2017－12－16.

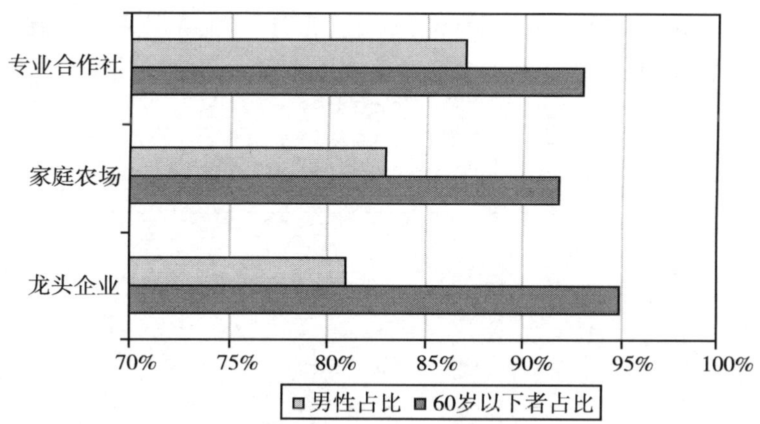

图3-1　我国新型农业经营主体负责人性别及年龄结构图

资料来源：根据统计局公布的第三次全国农业普查主要数据公报整理而来。

第三，社会资源创造力强。新型农业经营主体在经营活动中，凭借较为丰富的人力资源可创造出更多的社会资源，如在政治方面的建树、在商业方面的接洽、在金融领域的投融资等，这为更好地解决农业发展中普遍存在的问题，如市场联结性弱、融资困难等提供了帮助。调查显示，平均7位伙伴、2位来自政府或金融机构人员为新型农业经营主体的发展提供了较大支持。其中，表现最活跃的是龙头企业，平均44.44位商业伙伴、11.30位来自政府或金融机构工作人员为企业的发展提供了较大支持①。

3.1.2.2　经营方面的特征

第一，经营规模大，盈利能力强。2015年，我国新型农业经营主体总资产的平均价值为746.17万元，均值为361.00万元，较2014年增长7.74%。其中，资产规模最大的新型农业经营主体是龙头企业，2015年的平均总资产为6393.54万元。2015年，新型农业经营主体平均利润为68.76万元，较2014年增长了26%。其中，家庭农场的销售净利润率最高，加权平均值为53%；种养大户排名第二，为52%；农业产业化龙头企业排名第三，为42%；农民专业合作社排在第四，为40%（见图3-2）。四类新型农业经营主体销售利润率平均在47%的水平，与其他农业上市公司相比获利能力更强。出现亏损状况的新型农业经营主体很少，2014年亏损主体比例为1.79%，2015年减少至1.41%。农业产业化龙头企业平均盈利额最高，达502.82万元。农民专业合作社、家庭农场平均

① 经济日报社中国经济趋势研究院. 新型农业经营主体发展指数调查［Z］. 中国经济网，http://paper.ce.cn/jjrb/html/2017-07/11/content_338630.htm，2017-07-11.

盈利较低，分别为51.42万元、21.38万元，其中龙头企业和农民专业合作社的盈利情况呈显著上涨趋势，龙头企业和农民专业合作社2015年的平均利润与2014年相比分别上涨了48%和52%。

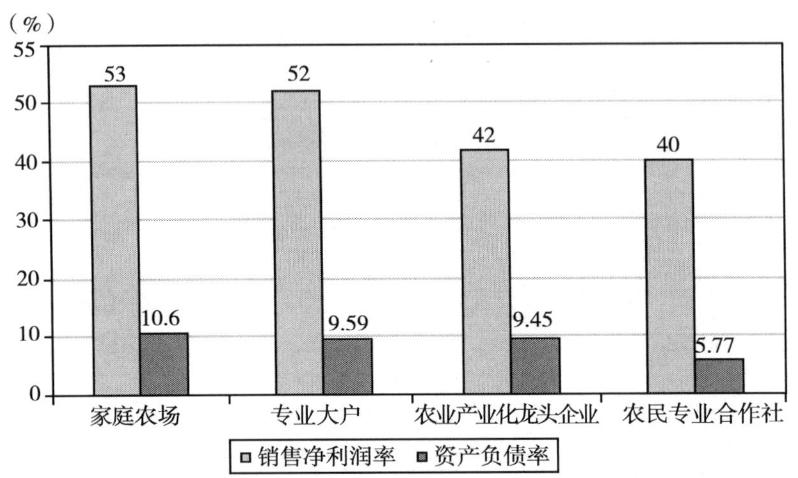

图3-2　新型农业经营主体销售净利润率与资产负债率

资料来源：经济日报社中国经济趋势研究院《新型农业经营主体发展指数调查》。

第二，偿债能力较强，资产周转率较高。新型农业经营主体整体上具有较低的资产负债率，且各主体的资产负债水平基本持平，差异不大。2015年家庭农场、专业大户、农业产业化龙头企业、农民合作社资产负债率分别为10.6%、9.59%、9.45%、5.77%。但其中值得注意的是，龙头企业的资产负债率近几年来有增长趋势，据2017年农民日报发布的最新数据显示，被调查且反馈取得有效数据的736家龙头企业资产负债率平均值达40.99%，超过49%的企业的资产负债率在此平均值之上，均值达到了50.66%。2011年至2013年，我国农林牧渔业上市公司的平均资产周转率为43%，2015年我国新型农业经营主体平均资产周转率为59.97%，较以往增长了16.97%。

第三，信息技术发展程度高，产品网络销售渠道广。互联网技术为众多新型农业经营主体提供了快速发展的机会，网页、手机APP等现代信息技术工具加快了市场上信息交互的速度，拓宽了产业营销渠道，营销过程也变得更加方便快捷。经济日报2016年发布的数据显示，新型农业经营主体更善于将互联网科技运用于农业生产经营中，拥有的计算机数量较多且使用率较高，信息技术发展水平高于全国平均水平，近95%的新型农业经营主体家庭区域或工作场所实现了宽带网络连接或无线网络连接，人均计算机拥有量比国内平均水平高出1.52 倍。四类新型农业经营主体计算机拥有量从大到小依次为龙头企业、农民专业合作社、家庭农场、专业大户，人均计算机拥有量分别为 7.0631 台、0.7399 台、0.3855 台、0.3389 台。由此可见，在四类新型农业经营主体中，龙头企业拥有更好的数字化办公环境，技术硬件设备更为齐全。另外，和普通农户相比，新型农业经营主体积极拓展网络销售渠道来扩大经营，例如构建自己的营销网站，开发手机 APP，入驻第三方网销平台等。其中，入驻第三方平台的新型农业经营主体最多，占比达 54.25%，开发手机 APP 的占比为 28.76%，网络营销平台构建数量最少，新型农业经营主体拥有自己网站的比例仅为 14.89%，与 2014 年中国企业互联网 41.4% 的建站水平相比低 26.21%。

第四，创新意识较强，注重品牌建设。我国新型农业经营主体普遍具有较强的创新意识，部分主体品牌建设获得一定成绩。2013—2015 年，家庭农场、农民专业合作社、专业大户中有 13.57% 的经营单位创建品牌或注册商标，对废旧设备进行更新的企业占 90.05%，超过半数以上的龙头企业在研发方面投入了资金。在 2017 年被调查的 537 家龙头企业中，科研总投入资金为 226.58 亿元，较 2016 年增长了 10.59%。在国家政策更好的扶持下，新型农业经营主体的发展将是光明且充满希望的。

3.1.3　我国新型农业经营主体的发展效果

新型农业经营主体作为农业产业体系中的一分子，在推动乡村振兴战略的落实方面起到一定积极作用，为打造新型城乡关系、促进农业产业繁荣与农民增收、打造良好的乡村生态、加快农业农村现代化建设、构建新型农业产业体系及全面建成小康社会提供了新的动力和支撑。

在发展现代农业方面，新型农业经营主体更易实现农业机械化运作。国家统计局数据显示，我国农业机械数量和水利设施数量大幅提升，截至 2016 年末，全国拖拉机数量达 2690 万台，播种机数量为 652 万台，联合收获机数量为 114 万台，村内可以使用的机电井数量为 659 万眼，可以用来灌溉的水塘及水库数量为 349 万个。各类农机设备的利用大大提升了农作物的耕种和收获效率，同时提高了农业生产的专业化水平。

在辐射带动方面，新型农业经营主体促进了较大规模的农户增收，提升了农村居民的就业率。据经济日报报道，2015 年我国农村人口约 60346 万人，新型农业经营主体提供的就业岗位共计 19990.79 万个，占全部农村人口的 33.13%，每个新型农业经营主体平均拥有员工数为 42.18 人，可见新型农业主体在增添农村活力、提升农村居民的就业水平上作出了贡献。2015 年新型农业经营主体平均带动 248 个农户，带动形式丰富多样，大多表现在资金支持或技术帮助、购买生产资料、销售农产品等方面。其中，20% 左右的家庭农场为农户提供了借贷支持，农户收到的借贷款平均金额为 38.86 万元，惠及人数平均为 9.76 人；25% 左右的家庭农场为农户开展了农业技术培训，平均培训次数为 54.90 次。45% 的农民专业合作社向入社农户提供了融资支持，28% 为入社农户提供了金融中介服务。除向入社农户提供服务外，农民专业合作社向非入社农户提供的服务种类和数量也具有一定规模。其中，向非入社农户提供农产品销售和农业科技知识培训的占比最多，二者均为 37%，提供良种引进及推广的占 26%，提供农业生产资料购买的占 25%，提供农产品加工服务和农产品运输及储藏服务的占比较少，分别为 13% 和 17%。龙头企业为农户提供的生产资料购买服务平均金额约为 298 万元，平均向 20 户农户提供了信贷担保，在本县域为农民提供平均 5 次农业技术文化培训。

在农业用地方面，新型农业经营主体的发展可以加快农村土地流转速度，缓解土地流转滞后问题，进一步保证粮食及其他重要农产品的供给。据农业部和相关研究数据显示，我国土地经营权流转的规模逐年增加，2007 年仅 0.64 亿亩，截至 2016 年底已增加到 4.7 亿亩，占家庭承包经营耕地面积的 35.1%（见表 3-2）。85% 以上的新型农业经营主体会在一定程度上参与土地流转。2016 年流转进农户的面积最多，达 2.8 亿亩，且农户大多数属于种养大户或家庭农场，流转进企业的面积最少，为 0.4 亿亩。

表 3-2　　2016 年我国家庭承包耕地流转情况表

面积及比例	流转去向			
	农户	专业合作社	企业	其他主体
流入面积（亿亩）	2.8	1.0	0.4	0.5
流入面积占流转面积比例	59.6%	21.3%	8.5%	10.6%

资料来源：中国农业统计资料。

在新农村建设方面，新型农业经营主体不仅向农村供给大量的公共物品，而且也推动了农村社会事业的进步。2013—2015年，农村公共物品有26.83%来源于家庭农场，家庭农场在公共物品方面平均投入了6.78万元；农民专业合作社提供的社会公共事业帮助较多，具体来看，提供社区公共服务、贫困救助、基础设施建设、文化建设的比例依次为44%、23%、21%、10%；2015年，农业产业化龙头企业投入农村基础设施建设方面的资金支持平均为35.6万元，投入到扶贫、教育、卫生、文化等社会事业方面的资金支持平均为16.96万元。

在农村新业态发展方面，新型农业经营主体发挥了一定程度的助推作用。18.34%的家庭农场实行了产业的融合经营，半数或半数以上的家庭农场和农民专业合作社实现了标准化生产。此外还出现了农业新业态的农民专业合作社，2017年，49%的合作社发展生态农业，30%发展休闲农业，37%发展循环农业，11%发展籽种农业。

3.2　我国新型农业经营主体分类发展情况

从分类发展情况来看，不同类型的新型农业经营主体按照各自的功能定位，在发展模式、产业领域和服务方式上呈现多元化，不断迸发新活力。

3.2.1　家庭农场发展情况

截至2016年底，全国各类家庭农场数量约为87.7万个（见表3-3），地处南方的家庭农场数量比地处北方的多，被县级以上农业部门录入管理系统的数量为44.5万个，较上一年增长29.74%，经营耕地面积共5675.0万亩，其中22.7%的耕地来源于家庭承包经营耕地，70.8%来源于土地流转，其他来源占6.5%。每个家庭农场平均耕地面积在170亩以上，每个家庭农场平均劳动人数为6人，盈利趋势良好。来自农业部的监测数据显示，家庭农场2016年的农产品销售总值为1481.9亿元，单个家庭农场的农产品销售总值约为33.3万元，将销售总值分为10万元以下、10万—50万元、50万—100万元、100万元以上四个段位，各段位比重分别为34.6%、44.5%、14.4%、6.5%。年均纯收入和劳均纯收入比普通农户高，分别约为 25 万元和 8 万元，远高于普通农民人均 1.3 万元的纯收入。

表 3-3　　经国家认定的家庭农场数量及年增长率

	2013 年	2014 年	2015 年	2016 年
数量（万个）	7.23	13.9	34.3	44.5
年增长率（%）	—	92.25	146.76	29.74

资料来源：中国产业信息网（http://www.cinic.org.cn/hy/ny/386909.html）相关数据资料整理。

此外，我国家庭农场综合水平在不断提升，因发展模式的不同，在全国已经形成了一些具有代表性的家庭农场，如吉林省的延边家庭农场、湖北省的武汉家庭农场、上海市的松江家庭农场等。来自农业部 2016 年的家庭农村专项调查数据显示，在观测到的 44.5 万个家庭农场内有 13.9% 被评为示范性农场，示范性农场所占比重较 2015 年增长了 2.5%，数量约为 6.2 万个，较 2015 年增加了两倍多。

在经营产业的种类方面，从事种植业的家庭农场数量最多，60.8% 的家庭农场经营种植业，19.5% 经营畜牧业，5.6% 经营渔业，9.9% 种养结合，4.2% 经营其他类型（见表 3-4）。其中，种养结合类的农场增长的速度较快，数量上较 2015 年增长了 43.6%，这也表明农村产业融合速度加快。

表 3-4　　我国家庭农场经营产业及占比情况表

年份	产业				
	种植业	畜牧业	渔业	种养结合	其他
2014	61.24%	23.16%	4.75%	7.82%	3.04%
2015	61.90%	19.26%	5.90%	8.96%	3.97%
2016	60.80%	19.50%	5.60%	9.90%	4.20%

资料来源：中国产业信息网（http://www.cinic.org.cn/hy/ny/386909.html）相关数据资料整理而得到。

在获得的财政扶持方面，得到资金支持的家庭农场数量较少，金额较低。截至 2016 年末，仅有 6.5% 的家庭农场（2.9 万个）获得了资金支持，共计 15.5 亿元，其中 48.2% 来自省级，13.8% 来自市级，38.0% 来自县级，享受到资金扶持的家庭农场平均每个获得 5.7 万元。另外，有 2.9 万个家庭农场获得贷款支持，共计 45.6 亿元，65.1% 的家庭农场（1.9 万个）获得贷款的额度在 20 万元及以下，每个家庭农场平均获得的贷款支持为 15.7 万元。

3.2.2　农民专业合作社发展情况

截至 2018 年，全国加入农民专业合作社的农户占比达 49.1%，数量超过 1 亿个，每个农民专业合作社平均拥有 60 户成员。随着社会的发展与进步，农民专业合作社的经营领域和服务范围扩大到农业生产的不同阶段与各个环节，不仅可以促进农村产业之间的融合，也在很大程度上解决了传统农户资源分散、经营规模小的问题，有效带动了农村农业经营向组织化和市场化方向发展。

从数量上看，近几年农民专业合作社数量始终呈增长态势（见图 3－3）。在国家工商部门登记的农民合作社数量从 2010 年的 37.91 万个增加到 2018 年的 217.3 万个，8 年内增加了 179.39 万个，增幅达 4 倍以上，平均增长率约为 28.51%，其中 2013 年的增长率最高，达到了 42.60%，随后逐渐回落，呈低增长态势，这与农民专业合作社起初迅速发展，重速度而轻质量，后来逐渐加强对其发展规范水平的管控有关。

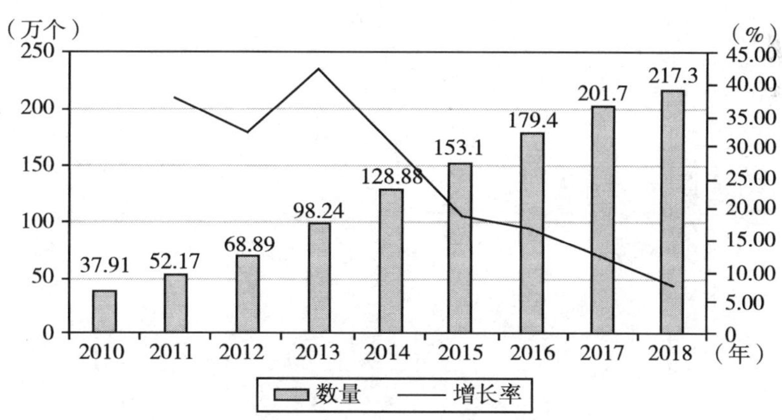

图 3－3　2010—2018 年我国农民专业合作社数量及增长率

资料来源：根据国家工商总局发布的相关数据整理。

从经营情况上看，农民专业合作社的资产规模和营收规模日渐庞大。农民日报社发布的调查结果显示（见表 3－5），在被调查的 555 家有效样本中，2017 年农民专业合作社的平均营业收入约为 2329.07 万元，较 2016 年的 1857.52 万元增长了 25% 左右，平均可分配盈余为 338.48 万元，较 2016 年增长 72% 左右。平均盈余返还额为213.91万元，平均期末贷款余额为138.33万元。其中，每个合作社约拥有入社农民263个，每个合作社平均可以为约2618个农户提供服务①。

表3-5　2017年农民专业合作社主要财务指标一览表　单位：万元

主要财务指标	金额
平均营业收入	2329.07
平均分配利润	338.48
平均盈余返还额	213.91
平均期末贷款余额	138.33

资料来源：农民日报网，http：//szb.farmer.com.cn：81/detail? record=123&ChannelID。

在经营的产业门类方面（见图3-4），有60.7%的农民专业合作社同时经营两个或两个以上的产业。其中经营种植业的合作社最多，占比为77.1%，经营养殖业的排名第二，占比为34.9%，另外，从事农畜产品加工的占比为12.8%，从事农副产品加工利用的占比为19.4%，从事营销类的占比为18.9%，从事农资经销类的占比为14.4%，从事休闲观光农业的占比为18.3%，从事农机或农技服务类的占比为19.1%，从事电子商务运营平台、乡村旅游服务及其他活动的合作社比例分别为7.9%、6.9%和3.4%。

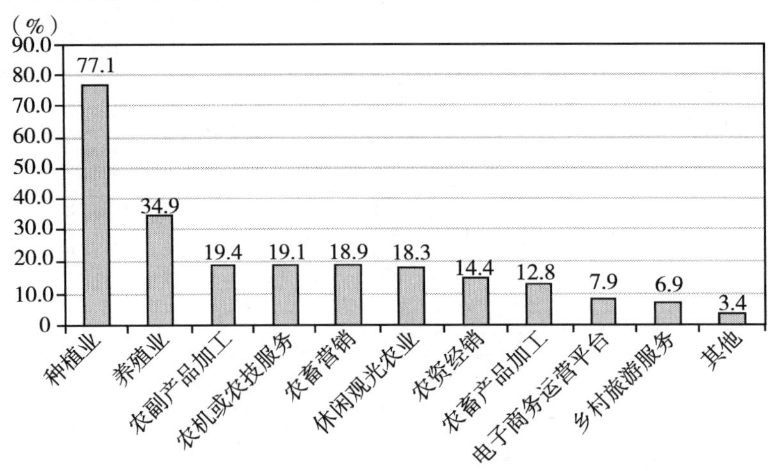

图3-4　2017年农民专业合作社经营的产业门类及占比

资料来源：农民日报网，http：//szb.farmer.com.cn：81/detail? record=123&ChannelID。

① 农民日报. 基于农民合作社的调查和数据［Z］. 农民日报网，http：//szb.farmer.com.cn：81/detail? record=123&ChannelID，2019-02-23.

在带动农民增收方面，农民专业合作社表现出较明显的效果。2016年，以带动农户增收金额为准，将被调查的农民专业合作社分成2000元以下、2001—4000元、4001—6000元及6000元以上四个段位，各段位对应的合作社比例分别为18.1%、40.2%、16.9%、24.9%。共有65%以上的农民专业合作社带动农民增收水平超过4000元，提高了农户的整体收益。

一些组织合理、运营有序、效益显著、社会影响力大的合作社在发展中不断出现。来自农民日报社《2018中国新型农业经营主体排行榜》的数据显示，在参加排名的23个省市区中，以2016年营业收入60%、利润30%、入社农户数10%的权重为衡量标准对农民合作社进行排名，四川省共42家合作社入围，排在入围数量之首。此外，排在第一位的是梅河口市曙光农民专业合作社，第二位是温岭市玉麟果蔬专业合作社，第三位是天门市华丰农民专业合作社。

在农民专业合作社向入社农户提供的服务方面，服务类型繁多，比重相差较大，根据《农民日报》提供的数据显示，截至2018年，大多数合作社提供的服务类别及占比与上一年水平相当，并无明显的差异。其中，提供与农产品销售相关的服务的占比最高，达到了80%以上，其次为与农业技术培训相关的服务，占比为78.9%，还有与农业生产资料的购买相关的服务，占比为73.5%。提供农产品加工服务的合作社较少，占比为46%。值得关注的是，虽然合作社为社员提供了较多类型的服务，但购买农业保险的比例较小，仅有20%左右。

3.2.3　农业产业化龙头企业发展情况

农业部统计数据显示，2016年底，我国拥有农业产业化组织共计41.7万个，较2015年底增加了8.01%。其中，农业产业化龙头企业的数量达13.03万个，同比增加了1.27%。2016年农业产业化龙头企业的固定资产约为4.23万亿元，年销售收入约为9.73万亿元。2017年底，得到县级以上农业产业化部门认定的龙头企业已达到8.7万家，其中80%左右为民营企业，10%左右为国有企业。有1242家为国家级重点龙头企业，较上一年增长10%左右，投资于农产品加工业的固定资产累计近4万亿元。

从企业营业收入来看，我国农业产业化龙头企业正在不断发展壮大。中国农业新闻网发布的《2019中国农业产业化龙头企业500强排行榜》数据显示（见图3-5），以2017年的营业收入和利润为标准对我国龙头企业进行排序，在全国31个省（市、区）参加评比的819家龙头企业里，营业收入入围下限为6.7亿元，营业收入在10亿元以下的企业有107家，营业收入在10亿—49亿元的龙头企业的数量最多，共有288家，营业收入在50亿—99亿元的龙头企业有43家，营业收入超过100亿元的龙头企业有62家：整体格局未发生改变，依然是中间多两头少。排在第一位的龙头企业是福建省厦门象屿股份有限公司，营业收入达2032.9亿元，第二位是河南省万邦国际农产品物流股份有限公司，营业收入为913亿元，第三位是四川省新希望集团有限公司，营业收入为729亿元，上一年居榜首的江西省正邦集团有限公司排名第四，营业收入为706亿元。

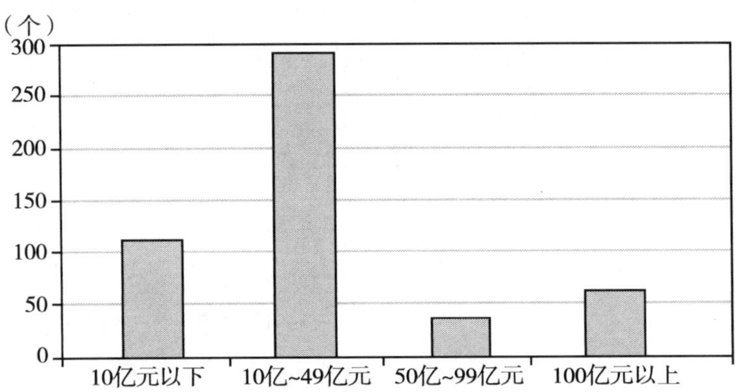

图3－5　2017年我国农业产业化龙头企业营业收入分布图

资料来源：根据中国农业新闻网发布的相关数据整理。

从企业分布区域来看（见图3－6），在数量上，我国重点农业产业化龙头企

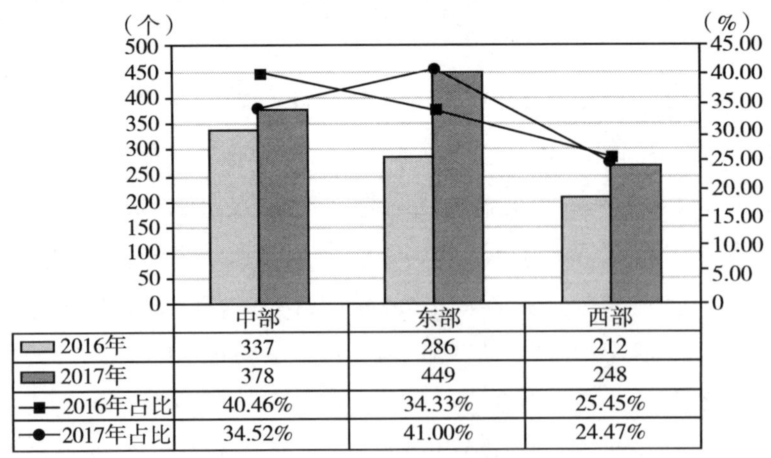

	中部	东部	西部
2016年	337	286	212
2017年	378	449	248
2016年占比	40.46%	34.33%	25.45%
2017年占比	34.52%	41.00%	24.47%

图3－6　国家级农业产业化龙头企业地区分布图

资料来源：根据中国农业新闻网发布的相关数据整理。

业主要集中于东部地区，企业数量为 449 家；其次为中部 378 家，西部 268 家。与以往相比，东部区域数量反超中部区域，但整体上各区域之间差距没有扩大，西部地区不论是在数量上或规模上始终同东部和中部地区差距较大。从省份来看，山东、河南、四川、江苏、广东五个省份企业数量较多，其中，山东省企业数量最多，为 83 家，其余四个省企业数量分别为 52 家、51 家、51 家、50 家。与以往格局相同，国家级重点龙头企业主要集中在东部沿海地区和传统农业大省，二者占比之和达到 76%。

第4章　新型农业经营主体的风险异质性

自从家庭联产承包责任制实施以来，小规模分散经营的“小农户”一直是我农业生产经营的主力军，“大国小农”仍是我国的基本国情。作为我国农业经营主体的新生力量，新型农业经营主体的生产经营模式不同于传统小农户，所面临的风险有其自身特征，即具有风险异质性。

4.1　农业生产中的一般风险

农业风险是人们在从事农业生产和经营过程中遭受的能够造成损失的不确定性事件。一般说来，根据风险的成因可以把农业风险划分为自然风险、市场风险、技术风险和社会风险。

4.1.1　自然风险

农业生产活动主要在露天进行，极易受到自然环境的影响，自然风险是农业生产中最为典型和具有普遍意义的风险。自然风险是指由于自然力的不规则变化引起的种种物理化学现象，从而给农业生产者造成损失的风险。我国地域辽阔，地形复杂多样，气候变化多端，是自然灾害高发区。自然灾害每年都造成农作物大面积受灾（见图4-1）。我国的自然灾害主要有水灾、旱灾、台风、冰雹、沙尘暴等气象灾害，水土流失、土壤荒漠化和沙化等生态灾害，病虫害、蝗灾等生物灾害。2018年，我国自然灾害以洪涝、台风灾害为主，干旱、风雹、地震、地质、低温冷冻、雪灾、森林火灾等灾害也有不同程度发生，农作物受

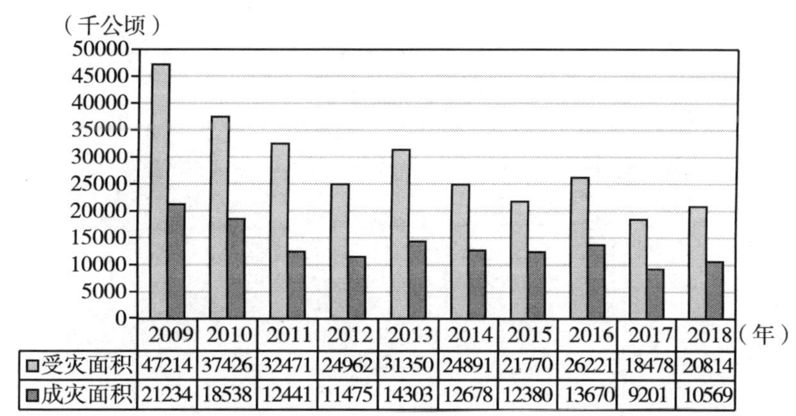

	2009	2010	2011	2012	2013	2014	2015	2016	2017	2018
□受灾面积	47214	37426	32471	24962	31350	24891	21770	26221	18478	20814
■成灾面积	21234	18538	12441	11475	14303	12678	12380	13670	9201	10569

图 4－1　2009—2018 年我国农作物受灾面积与成灾面积

资料来源：根据国家统计局发布的自然灾害数据整理。

灾面积 20814. 3 千公顷，其中绝收 2585 千公顷①。

4. 1. 1. 1　气象灾害

农作物生长发育需要一定的气象条件，不利的气象条件会造成农作物减产歉收，产生农业气象灾害。在我国，常见的农业气象灾害主要有以下几种。

（1）旱灾。旱灾在我国是高发的自然灾害。据统计，从公元前 206 年到 1949 年的 2155 年间，我国发生旱灾 1056 次，几乎每两年就发生一次。1950 年至 2009 年，全国农业平均每年因旱受灾 3. 26 亿亩，年均因旱灾损失粮食 158 亿公斤，占各种自然灾害造成粮食损失的 60% 以上。2009 年至 2018 年，全国农作物旱灾受灾面积年均约为 13260 千公顷，旱灾成灾面积年均约为 6288 千公顷（见图 4－2），每年因旱灾减产的粮食高达 300 多亿公斤，约占粮食总损失量的 60%。旱灾之所以如此多发，是因为我国主要气候类型属于季风气候，降水时空分布不均，降水年份和季节变化较大。东部地区长期以来将旱灾划分为“春旱、夏旱、伏旱、秋旱”四种类型。江淮地区多伏旱和秋旱，由于当地农作物生产多以水稻为主，因此当梅雨期缩短或降水减少时，容易产生大面积旱灾。黄淮地区则是春旱突出，经常多个年份春夏连旱，这一地区是我国长期以来的主要农业区，同时也是旱灾发生频率最高、最严重的区域。华南和西南地区的春旱发生频率高于其他地区，东北地区则由于农忙期较晚，春旱发生少，但夏旱发生频率较高。西北地区和青藏地区由于降水常年稀少，广泛种植耐旱作物，

① 应急管理部救灾和物资保障司. 应急管理部、国家减灾委办公室发布 2018 年全国自然灾害基本情况. 应急管理部网站，http：//www. chinasafety. gov. cn/xw/bndt/201901/t20190108_229817. shtml，2019－01－08.

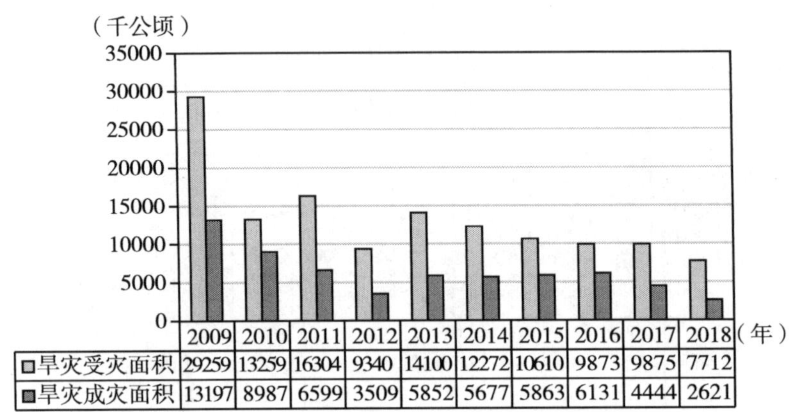

	2009	2010	2011	2012	2013	2014	2015	2016	2017	2018
□旱灾受灾面积	29259	13259	16304	9340	14100	12272	10610	9873	9875	7712
■旱灾成灾面积	13197	8987	6599	3509	5852	5677	5863	6131	4444	2621

图 4－2　2009—2018 年我国农作物旱灾受灾面积与成灾面积

资料来源：根据国家统计局发布的自然灾害数据整理。

农作物生产多依赖于冰川融水，旱灾发生频率较低。

（2）洪涝灾害。洪涝灾害是对洪水和雨涝造成灾害的统称，一般是由暴雨、冰雪融化、冰凌等带来的江河湖水位暴涨或排水不畅所导致的灾害。相比于旱灾来说，洪涝灾害发生时间短，破坏力大，对农业生产危害十分严重。我国洪涝灾害影响范围广，受灾面积大，每年造成农业生产巨大损失（见图 4－3）。根据洪涝发生的季节和灾害程度，一般可以将洪涝分为春涝、夏涝、夏秋涝、秋涝四种。春涝主要是冬季降雪融化和冰凌，多发生于东北、西北地区，这类灾害强度不是很大，对农业生产影响较小；夏涝和夏秋涝是对农业危害最严重的洪涝灾害，主要是由暴雨引发（西北地区则是冰川融化产生的洪水，强度相对

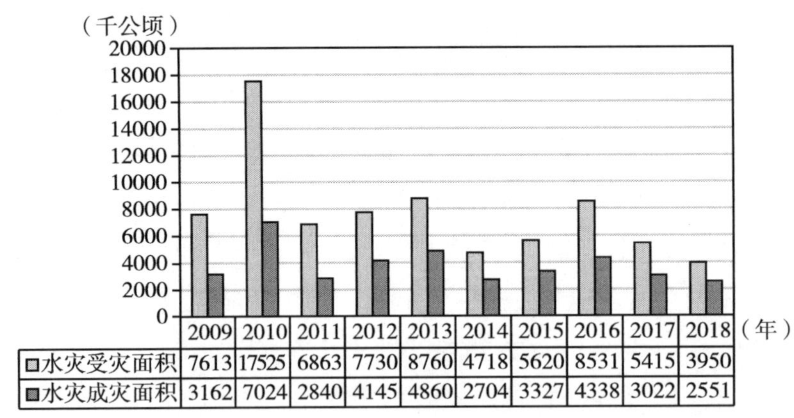

	2009	2010	2011	2012	2013	2014	2015	2016	2017	2018
□水灾受灾面积	7613	17525	6863	7730	8760	4718	5620	8531	5415	3950
■水灾成灾面积	3162	7024	2840	4145	4860	2704	3327	4338	3022	2551

图 4－3　2009—2018 年我国农作物水灾受灾面积与成灾面积

资料来源：根据国家统计局发布的自然灾害数据整理。

较弱）。秋涝多出现在东北或东南沿海地区，由于雨带北移和台风导致，对成熟期的农作物收获会产生较大影响。

（3）低温冷冻灾害。强冷空气和寒潮的入侵，造成持续多日气温下降，会使农作物受到损害而减产甚至于绝收，这种农业气象灾害被称为低温冷冻灾害（以下简称低温冻害）。低温冷冻灾害的类型以低温连阴雨、低温冷害、霜冻和寒潮为主。在我国，春季低温冻害多发生于长江流域及其以南地区，影响该地区早稻生产；秋季低温冻害，亦发生于上述地区，影响晚稻生产；夏季低温冻害，多发生于东北地区，影响该地区玉米、高粱、大豆等作物生产。我国每年都会发生低温冻害，给农业生产造成巨大损失。例如，2018 年 4 月，甘肃省兰州、白银、天水等 11 市（自治州）44 个县（市、区）遭遇大风降温和雨雪天气，气温下降 8℃至 10℃，因低温冻害农作物受灾面积 335.8 千公顷，其中绝收 101.7 千公顷，直接经济损失 87.6 亿元。2018 年，全国因低温冻灾造成农作物受灾面积 3412.6 千公顷①。

（4）台风。台风是我国东南沿海地区常见的一种自然灾害，台风的破坏性除了风力本身以外，还往往会带来强降雨，可能会导致洪涝发生并引发泥石流等次生灾害。我国是台风多发国家，每年平均会有 7 个台风登陆，引发自然灾害。2018 年我国大陆地区共有 10 个台风登陆，其中 2018 年 9 月 7 日第 22 号超强台风“山竹”给广东、广西、海南、湖南、贵州 5 省（自治区）造成严重损失，农作物受灾面积 174.4 千公顷，其中绝收 3.3 千公顷②。

（5）风雹灾害。风雹灾害又称风暴灾害，是指强对流天气引起的大风、冰雹、龙卷风、雷电等所造成的灾害。在我国，风雹平均每年发生近 1000 次，造成的损失占当年自然灾害总损失的 10% 左右，对农业生产危害尤为严重。风雹灾害对农业的影响主要有三个特点：第一是突发性。4—6 月为冰雹的多发季节，正在成熟期的冬小麦会因为突然而至的雹灾延缓或停止灌浆，直接导致农作物减产。由于雹灾属于异常天气，灾害发生时来不及采取措施，灾害造成的损失可能会进一步扩大。第二是群发性。龙卷风往往会在多个相邻地区相继发生，虽然时间短暂，但是对农作物的危害不小，会导致果树、橡胶等经济作物连根拔起，经济损失大。第三是集中性。雷雨大风天气发生时，冰雹等灾害有时随

① 应急管理部救灾和物资保障司．应急管理部、国家减灾委办公室发布 2018 年全国自然灾害基本情况．应急管理部网站 http：//www.chinasafety.gov.cn/xw/bndt/201901/t20190108_229817.shtml，2019-01-08．

② 应急管理部宣教办．应急管理部发布台风“山竹”灾情及救援救灾情况．应急管理部网站，http：//www.chinasafety.gov.cn/xw/zhsgxx/201809/t20180918_242517.shtml，2018-09-18．

之而来，造成了各种灾害集中出现，容易对农作物造成毁灭性破坏，可能使农户当年的农业收入大幅减少。2019 年 3 月 21—23 日，我国江南华南部分地区遭受雷暴、大风、冰雹、短时强降雨等强对流天气，引发风雹灾害，造成大棚蔬菜、油菜、烟叶、茶叶、果树等农作物受灾，部分养殖场损毁。福建、江西、湖南、广西 4 省（自治区）14 市 46 个县（市、区）23.1 万人受灾，农作物受灾面积 8.1 千公顷，其中绝收 400 余公顷，直接经济损失 8 亿元。

4.1.1.2 生态灾害

生态灾害是由人类的生产生活导致生态环境遭受破坏或发生改变，进而直接引发的自然灾害或生物多样性遭受破坏。我国的生态灾害主要包括水土流失、土地荒漠化、赤潮等，这类灾害的发生区域往往干旱少雨，或者地势崎岖，生态脆弱，如西北地区以及南方丘陵地带。生态灾害是我国长期以来面临的严重问题，不仅会导致农作物减产，还会破坏农作物的生长环境。

（1）水土流失。水土流失是由风力、重力、水力等外在因素以及地表风化破碎，植被稀疏等因素共同作用形成的。我国是世界上水土流失最为严重的国家之一，水土流失面广量大。截至 2017 年，我国水土流失面积达到 295 万平方千米，约占国土面积的 30%。水土流失对农业生产的危害十分严重，不仅会导致洪涝等次生灾害发生，还会使土壤肥力流失，农业产量下降。据统计，我国每年因水土流失损失 50 亿吨土壤，土壤中流失的氮磷钾肥估计达到 4000 万吨，相当于每年农业生产的化肥使用量。在水土流失比较严重的黄河流域，水土流失导致该地区河道淤积，土地贫瘠，最严重的黄土高原地区，地表支离破碎，成为黄河泥沙的主要来源地。

（2）土壤荒漠化和沙化。长时间以来，土壤荒漠化和沙化一直是困扰我国北方农业发展的难题，尤其是在西北地区和黄土高原地区，由于降水稀少，土壤风化严重，土质层破碎，植被稀疏等，土地退化和沙化问题突出。土壤荒漠化和沙化对农业的主要危害在于：一方面，这一灾害会随风移动进而侵占农田，扩大沙化面积；另一方面，土壤荒漠化和沙化会导致轻层土质流失、肥力下降，难以逆转。第四次《中国荒漠化和沙化状况公报》数据资料显示，截至 2014 年，我国荒漠化土地面积约 262.37 万平方千米，占国土总面积的 27.33%；全国沙化土地面积 173.11 万平方千米，占国土总面积的 18.3%[①]。

① 国家林业局. 中国荒漠化和沙化状况公报，中国林业网，http：//www.forestry.gov.cn/main/69/content-831684.html，2015-12-29.

（3）赤潮。赤潮是在特定的环境条件下，海水中某些浮游植物、原生动物或细菌爆发性增殖或高度聚集而引起水体变色的一种有害生态现象。赤潮的主要危害是破坏海洋环境，造成大量海洋生物和海水养殖生物死亡，对渔业、养殖业造成损失。赤潮本身是有毒藻类过度繁殖，并不能为养殖鱼类所食用，相反还会大量吸收水中的氧气导致鱼类缺氧而死。另外，赤潮导致水体变色，水质下降，鱼群不会在此聚集，对渔民来说不利于捕捞，严重影响渔业正常发展。2018 年，我国海域共发现赤潮 36 次，累计面积 1406 平方千米①。

4. 1. 1. 3　生物灾害

生物灾害是由有害的草、虫、鼠等生物所引发的灾害，我国农业生产中常见的生物灾害有病虫害、蝗灾和鼠灾。

（1）农作物病虫害。农作物病虫害是常发的农业灾害之一，一般发生在农作物生长期，具有种类多、影响大、爆发成灾的特点，对农业生产危害十分严重。如 2018 年是农作物病虫害多发的一年，全国受灾面积 2. 89 亿公顷次（43. 35 亿亩次），防治面积 3. 84 亿公顷次（57. 6 亿亩次）。三大主粮的每年发生的病虫害最为严重，水稻产区主要的病虫害包括稻飞虱、稻种卷叶螟、稻瘟病等，其中稻飞虱是水稻最常见的病虫害，2001—2018 年平均发生面积 2446 万公顷次；小麦产区主要病虫害主要是小麦赤霉病、小麦条锈病、蚜虫等，2011—2018 年小麦赤霉病年均发生 543 万公顷次，成为危害小麦生产的主要病虫害；玉米产区的病虫害则是玉米螟、黏虫以及玉米大斑病。其他农作物的病虫害种类相对较少，但危害依然很大，如棉铃虫、马铃薯晚疫病等。

（2）蝗灾和鼠灾。蝗灾和鼠灾是在农作物成熟期经常发生的一类病虫害，这类灾害的发生将直接导致粮食产量减少。蝗灾是我国历史上最严重的农业灾害之一，不仅会破坏植被，还会直接吃掉粮食，导致农民蒙受重大损失，鼠灾则同样会使农户减产甚至绝收。虽然近年来蝗灾和鼠灾发生率低，但适宜其暴发的基本自然条件并没有改变，因此预防这类灾害发生仍然不能掉以轻心。我国的蝗灾流行的区域包括 4 个地方：一是滨湖蝗区，发生于华北的部分区域以及西北的草原和农垦区；二是沿海蝗区，主要是山东、河北、辽宁部分沿海农牧区；三是内陆蝗区，主要位于华北的部分地区以及山东半岛的农业区；四是河泛区，处于黄淮地区和海河流域，历史上黄淮地区是我国的旱涝灾害多发的

① 中国自然资源部. 2018 年中国海洋灾害公报. http：//gi. mnr. gov. cn/201905/t20190510_2411197. html，2019 - 4 - 28.

地区，同时也是蝗灾发生最严重的区域之一。相比于蝗灾，由于大量天敌的存在，鼠灾对农业的影响相对较小，但同样会导致农业遭受损失，并且老鼠会传播疾病，对人类健康威胁较大。

4.1.2 市场风险

市场风险也称农产品价格风险，指由于市场机制作用而使农产品市场价格发生波动，进而导致农业生产经营者以低于预期价格出售农产品的一种可能性。市场风险主要源自以下两方面。

4.1.2.1 市场需求多样性风险

由于农作物的生长周期较长，当市场需求发生变动时，农户很难及时调整生产结构，这使得农户的供给与市场需求并不能恰当地匹配。除部分刚性需求的农产品外，消费者对于经济类的农产品需求一般随季节变化存在多样性，市场上同类农产品的替代品种繁多。如水果，除了国内生产外，许多进口的水果也大量存在于市场，使得农户生产的农产品进入市场后同类产品竞争激烈，收益减少甚至面临亏损。此外，农户的需求往往是多变的，随着经济水平的提高，我国居民收入的增加，消费结构发生了改变，由以往追求量的规模到如今质的提升，消费者更偏好绿色、安全、卫生的农产品。低端的农产品虽然需求大，但随着成本增加和价格缺乏竞争力，最终难以维持，以至于使农户遭受损失，因此市场需求的多样性和多变性风险对农户的生产经营带来很大的挑战。

4.1.2.2 价格不确定风险

农产品价格的形成不仅取决于市场需求，还与农产品的价格弹性有关。理论上而言，农产品市场化意味着农民可以根据市场需求调节生产，获得更多收益，但实际上“谷贱伤农”问题存在于中国社会发展的各个阶段，农民市场意识淡薄且容易发生“羊群效应”。而农产品生产周期长，当农产品市场价格发生变动时农户往往来不及调整生产规模，只能根据这一期的价格在下一期作出改变，生产的滞后性使得农产品价格机制形成存在偏差。农产品价格的形成机制与其他商品类似，都是通过市场供求的相互关系实现的。当农产品供不应求或供过于求时，潜在的供求均衡会先于市场供求均衡形成，一般情况下由于需求的变动不会太大，供给的改变会导致农产品市场价格会因供给大于需求而下降或供给小于需求而上升。因此，正是由于农业生产周期长且无法调整，农产品的价格机制形成就存在滞后性，价格波动成为导致农业市场风险的主要因素。

农产品供给与价格波动的原理可以通过蛛网模型进行解释。如图 4 - 4 所示，当农产品供给为 M2 时，供给平衡情况下的市场缺口为 M2 - M0，由于市场上对该类农产品的需求远大于供给，农产品价格上涨到 P2；此类农产品的高价刺激农户扩大生产，在下一期将农产品供给增加到 M1，但由于市场供求平衡时的需求量仍为 M0，为了将剩余的部分销售出去以减少损失，农户不得不降低价格以增加需求，此时潜在的供求平衡价格为 P1；遭受损失的农户在第三期减少对此类农产品的生产，以至于其供应量重新回到了 M2，由此刺激新一轮的价格和供给的波动，如此往复不已，形成了类似于蛛网的复合型价格波动。之所以产生该现象，是因为整个运行过程缺乏一种良好的收敛机制，尽管价格和产量在多轮的波动中不断调整，但始终无法达到均衡的产量和价格水平，即 M0 和 P0。此类价格复合波动在我国农业市场中经常出现，如大蒜、绿豆、生姜、白糖价格猛涨，被人们戏称为“蒜你狠”“豆你玩”“姜一军”“糖太宗”。实际上由于需求弹性较大，其价格波动蛛网模型是发散的，如果在政府缺乏监管的情况下，部分商户联合起来囤积农产品操纵价格，对广大农户造成的风险会更大。尽管谷物的需求弹性较低，蛛网模型是收敛的，但仍然无法实现完全的供求平衡，这是因为影响价格的因素不仅仅是市场的供求关系，产品的生产和流通环节也会对农产品的价格产生重要的影响。

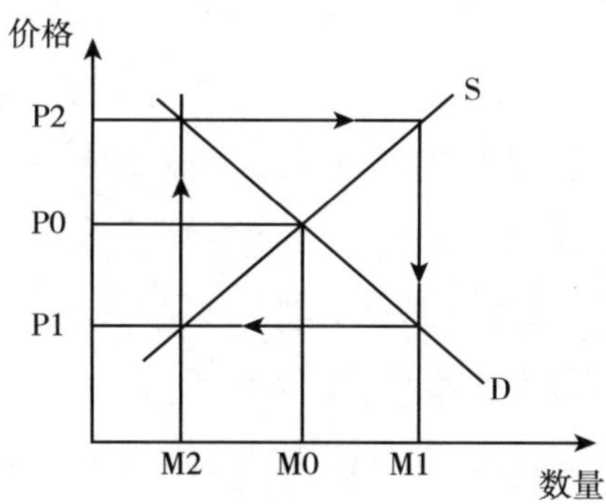

图 4 - 4　农产品价格波动蛛网模型

离散系数这一指标常被用于衡量农产品市场风险。离散系数越大，表明农产品市场离散程度越大，市场风险也就越高。图 4 - 5 显示了以五年为一组计算的农产品和粮食价格的离散系数，可以看出，2002—2015 年，农产品生产价格指数波动分为 3 个时间段：2005 年之前，农产品价格风险较小，价格指数较平稳；2006—2014 年，农产品价格风险有所上升，但波动不大；2015—2017 年，农产品价格风险有所上升。同期粮食价格指数的波动则在 2009 年逐渐下降，此后处于相对稳定状态，2015—2017 年粮食价格指数波动性增加。

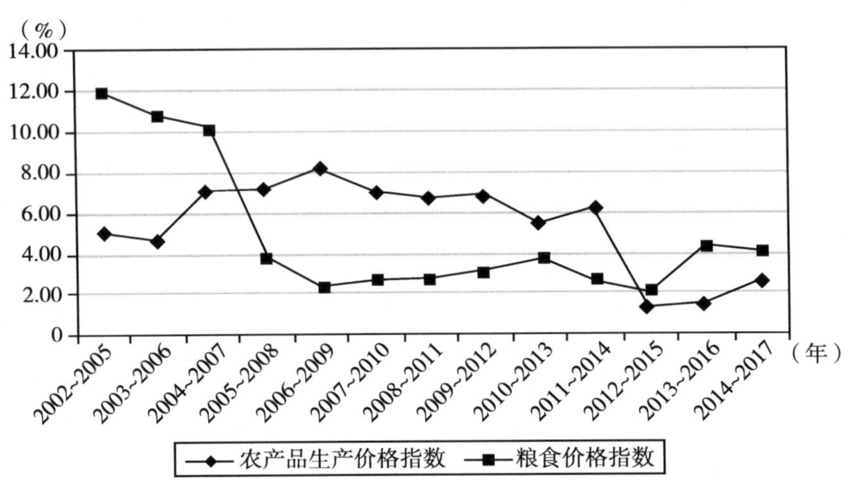

图 4-5　2002—2017 年我国农产品和粮食离散系数

2002—2017 年我国主要农产品的价格离散系数如表 4-1 所示。三大粮食作物中，水稻的价格波动幅度在近年来下降最快，2014—2017 年离散系数为 1.27%，远低于小麦和玉米；玉米的离散系数则是三大主粮中最大的，我国生产的玉米大多作为生产饲料或者工业产品的原料，因此国家对玉米价格的调整幅度相对薄弱，玉米的市场风险高于小麦和水稻。大豆、油料、棉花、水果的价格波动情况与农产品价格指数的波动类似，整体上呈倒“U”型分布，但分布区间有所不同。棉花的波动幅度远高于其他经济类农作物，2008—2011 年的波动幅度高达 27.25%，即便在 2012—2015 年离散系数最低为 7.6%，仍然高于水果的波动水平。由于人造纤维的大规模生产，棉花对纺织业的作用低于此前，这也是导致其价格频繁波动的重要原因。因此相对于自然风险来说，市场风险对棉花种植和生产的影响更大。大豆和油料的市场风险相似，这主要在于这两种农作物主要依赖于进口，国内价格受国际产量影响，市场风险显著增加。蛋类的价格指数离散系数走势相对平稳，在于这类产品生产周期短，供给稳定，市场风险较小。猪肉的市场风险同样呈倒“U”型变化，在高位稳定。由于生产周期长，流通成本高，猪肉价格本身较高，故价格波动高于一般的农产品。总的来看，刚性需求的农作物市场风险低于非刚性农产品，供给弹性较大的农产品的市场风险较高。

表 4 - 1　　2002—2017 年我国主要农产品价格离散系数

年度	小麦	稻谷	玉米	大豆	油料	棉花	水果	蛋类	猪肉
2002—2005	13.12%	14.71%	9.15%	11.08%	10.26%	18.56%	4.23%	4.17%	5.99%
2003—2006	12.79%	13.86%	6.59%	11.01%	10.26%	19.31%	4.66%	5.93%	8.04%
2004—2007	12.56%	13.02%	7.37%	11.79%	13.88%	12.89%	4.78%	7.04%	19.05%
2005—2008	4.62%	2.08%	5.91%	11.72%	14.96%	8.59%	4.05%	6.99%	19.70%
2006—2009	3.19%	1.62%	5.75%	12.31%	14.07%	8.59%	4.01%	7.34%	23.92%
2007—2010	1.11%	2.88%	6.47%	11.11%	13.11%	21.02%	6.70%	4.50%	22.31%
2008—2011	1.23%	3.30%	5.86%	9.13%	10.75%	27.25%	5.96%	3.67%	20.43%
2009—2012	1.97%	3.88%	5.89%	6.07%	6.95%	25.84%	5.35%	4.39%	19.90%
2010—2013	1.77%	4.62%	5.31%	0.85%	3.95%	26.49%	5.43%	4.05%	15.80%
2011—2014	1.29%	4.36%	3.70%	1.71%	4.35%	10.28%	0.97%	4.05%	16.98%
2012—2015	2.72%	0.92%	3.58%	2.75%	1.97%	7.60%	2.59%	3.67%	6.26%
2013—2016	4.93%	1.39%	6.03%	3.06%	0.89%	13.08%	5.63%	5.12%	9.75%
2014—2017	4.41%	1.27%	5.68%	1.71%	0.44%	12.97%	5.37%	5.13%	13.03%

资料来源：根据《中国农村统计年鉴》2003—2018 年相关数据整理。

4.1.3　技术风险

技术风险是指农业技术采用后的实际收益与预期收益发生背离的可能性。农业技术不稳定性、科学技术的副作用和农民素质状况是农业技术风险产生的主要原因。

在传统农业生产过程中，农户的生产技术主要来自“干中学”“传帮带”中的经验，技术水平升级缓慢，技术风险很低。进入 21 世纪以来，农产品品种的改良、机械化种植、高新技术研发与推广等农业新技术广泛用于农业生产经营中。1995—2000 年，我国农业科技进步贡献率的年平均值为 45%，2017 年则为 57.5%。2017 年农作物耕种收综合机械化水平达到 67%，比 2004 年提高 33 个百分点，其中主要粮食作物耕种收综合机械化率超过 80%[①]。农业科技的快速发

① 经济日报. 中国农业农村科技发展报告（2012—2017）：我国农业科技进步贡献率达到 57.5% [N]. 中国经济网，http://www.ce.cn/xwzx/gnsz/gdxw/201809/20/t20180920_30356092.shtml，2018 - 09 - 20.

展也加大了农业技术风险。

目前，我国农业技术风险体现在以下三方面：第一，农业技术的应用需要有适宜的外部环境，盲目应用会导致技术错配风险。以果树种植为例，每个新果品都对气候、土壤等自然环境有新的要求，如果品种特性与种植环境不相适应，则会导致果品品质差、产量低。第二，农业配套设施不完善，造成的实际产出低于预期产出甚至引起损失。例如，某农户采用了规模化养鸡新技术，却没有配套自动发电设备，夏季夜晚发生停电导致大量鸡被热死，损失巨大。第三，农业生产经营者对农业技术掌握不完全，造成农业技术应用失败。现代农业技术具有很强的综合性，涉及农业生产的多个环节。以果树种植为例，新技术的应用涉及从品种选择到肥培，从植保到灌溉，从修整到采摘，从包装到保鲜等多个环节，任何一个环节的技术没有掌握或错误使用，都可能会造成损失。

4.1.4 社会风险

社会风险又称行为风险，是指由于个人或团体的社会行为给农业生产经营者造成损失的可能性。根据行为主体的不同，可以将社会风险的来源分为产业关联者行为和非产业关联者行为两大类。

一是产业关联者行为。当今社会公众非常关心农产品质量与食品安全问题。一旦出现农产品质量或食品安全问题，就会引起消费者对同类或相关农产品的普遍质疑，从而产生农产品信任危机，使同一行业或相关行业的农业生产经营者受到牵连并遭受损失。

二是非产业关联者行为。与农业不相关的其他主体的行为，也可能给农业生产经营者造成损失，其中以环境污染最为严重。例如，工业污染和城市垃圾大量向农业环境转移，一些地区土壤遭到重金属污染，使生长其上的农作物重金属含量超标。据统计，中国每年有 1200 万吨粮食受土壤重金属污染，每年造成的损失可达 200 亿元。2013 年，广东省官方公布该省 10 个地市大米镉含量的抽检结果，共检出镉超标大米 120 批次，其中最严重的超标近 6 倍，而此次镉超标大米主要产自湖南。“镉大米”事件给湖南水稻种植户造成了巨大损失。此外，社会上与农产品相关的谣言传播，也会给农业生产者造成损失。例如，2017 年流传的“橘子生蛆”谣言，就造成柑橘销售量锐减，给柑橘种植户带来严重损失。

4.2　新型农业经营主体风险异质性的成因及特征

新型农业经营主体不仅受到一般农业生产中的风险因素影响，而且还面临新的风险，形成当前新型农业经营主体风险自有特征。这些新、旧风险因素并存，风险因子不断累积变化，直接后果是新型农业经营主体的风险敞口发生变化。为了更有效地防控新型农业经营主体所面临的风险，有必要对其风险异质性的成因和特征进行识别和分析。

4.2.1　新型农业经营主体风险异质性的成因

在农业经济发展的历史进程中，要素之间相对禀赋[①]和积累状态是决定农业经营主体变革的关键因素。农业生产中的要素禀赋主要包括土地、劳动、资本、技术和制度等。以等产量线与等成本线分析农业生产要素的最优组合，横轴表示土地、资本、技术和制度等生产要素，纵轴表示劳动（见图 4－6）。在传统的生产模式下，对于单个农户而言，在各种生产要素一定的条件下，等成本线 AB 与等产量线 Q_1 相切于点 E_1，此时要素的边际技术替代率与要素的价格比例相等，实现了生产要素的最优组合，并且达到产量最大化。

随着我国农业生产环境的变化，一方面，由于农业生产技术的进步，农业生产者可以运用新技术和新设备提高劳动生产率，实现了以技术替代劳动、资本，提高了单位面积的产出率，从而使等产量线由 Q_1 移动至 Q_2，并与等成本线 AC 相切于点 E_2（见图 4－6）；另一方面，农村土地流转政策的实施，土地使用权与经营权分离，使农业生产向集约化、规模化、产业化的方向发展，再加上农业资金投入的增加，生产要素的规模增长成为可能，等成本线 AB 可以平行移动至 EF，与等产量线 Q_3 相切于点 E_3（见图 4－7），此时产生了新的均衡，新型农业经营主体也应运而生。

---

① 农业经济中的要素禀赋是指农业生产经营者拥有的各种生产要素的数量。

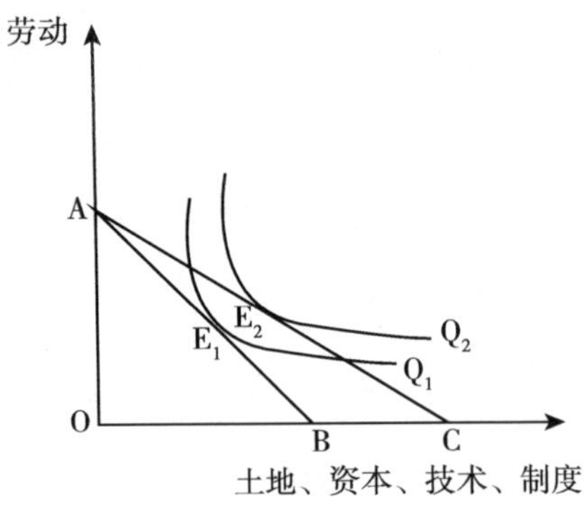

图4-6　技术进步导致的生产变化

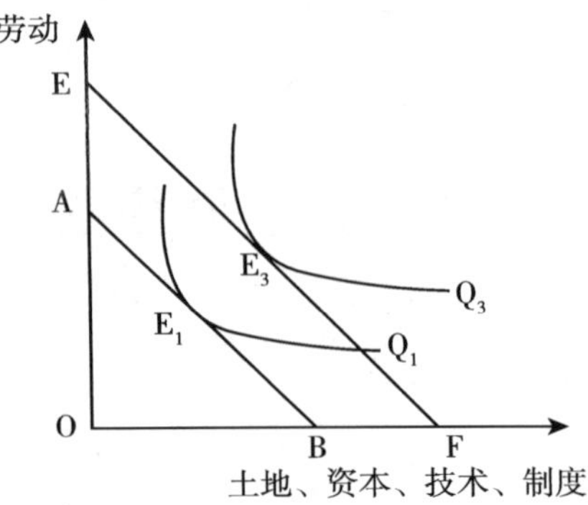

图4-7　土地、资本、制度要素规模增加导致的生产变化

要素禀赋差异（见表4-2）造成农业经营主体性质、功能、生产率等方面的差别，从而改变了农业生产的风险环境和农业风险的作用方式，这是新型农业经营主体风险异质性产生的根源。

表4-2　新型农业经营主体与普通农户的要素禀赋差异

要素	普通农户	专业大户	家庭农场	农民合作社	农业龙头企业
土地规模	以自有土地为主，分散化、小规模	既有自有土地，也有流转土地，一定规模	以流转土地为主，以自有土地为辅，较大规模	既有社员自有土地，也有流转土地，集中连片经营	主要靠租赁土地，大规模
劳动力构成	以自有劳动为主，偶有邻里间换工	以自有劳动为主，以雇佣劳动为辅	以家庭劳动力为主，季节性或临时雇工为辅	以社员为主，以雇佣劳动力为补充	以雇佣劳动为主，很少有自有劳动
资本来源	以自有资本为主，缺乏明晰的资本收益率	外投资本与自有资本相结合，缺乏明晰的资本收益率	外投资本与自有资本相结合，拥有较为明晰的资本收益率	以社员出资为主，拥有较为明晰的资本收益率	以外投资本为主，拥有明晰的资本收益率
收入来源	劳动者报酬	劳动者报酬和经营利润	劳动者报酬和经营利润	劳动者报酬和经营利润	经营利润
技术与装备投入	传统经验为主，技术与装备投入少	租赁或购买农业机械设备	传统经验与现代技术兼具，中型装备为主	传统经验与现代技术兼具，大中型装备为主	现代技术，大型装备为主

4.2.1.1　土地规模

普通农户的土地以自有土地为主，呈现出分散化、小规模的特点。与普通农户相比，专业大户、家庭农场、农民合作社、农业龙头企业等新型农业经营主体所经营的土地规模更大，但也存在差异。

专业大户和家庭农场都以农户家庭为基本经营单位，都需要达到规模经营的认定标准，但家庭农场的土地平均规模比专业大户大。以粮食种植为例，专业大户的种植面积一般要达到 50—100 亩，家庭农场要达到 100—300 亩。在土地来源方面，专业大户的土地一部分是从集体经济组织承包、拥有完全使用权的土地，一部分是通过流转而来、拥有部分权限的土地。通过土地流转获得的土地，有的与土地转出方签订了流转合同，有的则只是口头协议，因而土地经营权并不明晰。家庭农场的土地由自己承包的土地和流转土地构成，以流转土地为主，通过土地流转方式获得集中连片土地的经营权，扩大了农民人均土地规模。不论是自有土地还是流转来的土地，都需要进行确权或订立流转合同，明确土地经营权，土地承包关系因此更稳定。

农民专业合作社是一个农业生产经营者自愿联合、民主管理的互助性组织，通过联合同类农产品的生产经营者或者同类农业生产经营服务的提供者、利用者，实现规模经营。《中华人民共和国农民专业合作社法》① 第十二条明确规定，设立农民专业合作社应当有 5 名以上符合规定的成员。成员可以用土地经营权等财产作价出资，将土地交由合作社统一集中连片经营，形成合作社土地规模化；成员也可以通过与合作社签订农产品购销合同加入，形成合作社经营规模化。此外，合作社还通过与农民签订土地租赁协议扩大土地规模。

农业龙头企业的基地建设和投资需要大面积土地，而在我国实行农村土地集体所有的条件下，这些企业一般没有自己的土地，所需土地主要依靠租赁而获得，普通农户往往成为土地的供给方。

《经济日报》2018 年 12 月发布了《新型农业经营主体土地流转调查报告》。调查数据显示，2017 年，我国约有 27.28% 的耕地由新型农业经营主体（不含合作社）经营，各类新型农业经营主体平均经营耕地面积远远超过了普通农户（见图 4 – 8），新型农业经营主体是当前我国土地规模化经营的主体。

《新型农业经营主体土地流转调查报告》还显示，新型农业经营主体转入土

---

① 2017 年 12 月 27 日，《中华人民共和国农民专业合作社法》被修订通过并予以公布，自 2018 年 7 月 1 日起施行。

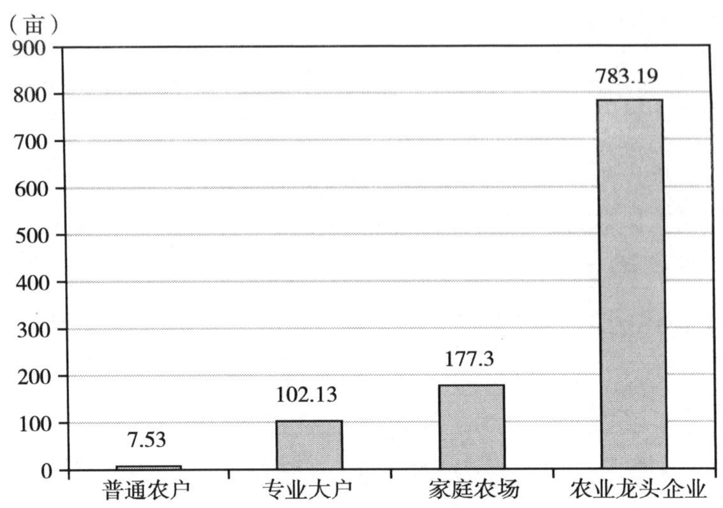

图4－8 2017年我国农业经营主体平均经营耕地面积

地规模平均为121.00亩，土地流转已成为新型农业经营主体扩大经营规模的重要途径。新型农业经营主体转入土地时，从普通农户处租地的主体占77.84%，直接从村集体处租地的主体占20.72%。按平均转入土地规模从大到小进行排序，其结果依次为合作社、龙头企业、家庭农场、专业大户。其中，受访合作社平均转入土地规模为363.97亩，受访龙头企业平均转入土地规模为338.43亩，受访家庭农场和专业大户平均转入土地规模分别为91.99亩和34.30亩。

4.2.1.2 劳动力构成

普通农户的劳动要素主要依靠自有劳动力，依靠亲属血缘关系将家庭成员联结在一起，共同从事农业生产经营活动。在农忙时节，劳动力不足时，偶尔会有邻里间换工或少量短期雇工。

专业大户由一部分种植能手或专业农户通过生产要素（主要是耕地）集聚而形成，其本质依然是农户，不需要进行工商注册登记。但与普通农户不同的是，专业大户以农业某一产业的专业化生产为主，初步实现规模经营。由于生产达到了一定规模，自有劳动力已不能满足生产需要，所以会有雇佣劳动力。

家庭农场的劳动力以家庭成员为主，不雇佣和很少雇佣家庭成员之外的劳动力。2014年农业部的《关于促进家庭农场发展的指导意见》中明确提出："现阶段，家庭农场经营者主要是农民或其他长期从事农业生产的人员，主要依靠家庭成员而不是依靠雇工从事生产经营活动。"因此，家庭农场的劳动要素以家庭劳动力为主，季节性或临时雇工为辅。

农民合作社是农户互助形成的经济组织，在实践中必须由 5 户以上农户家庭进行联合，农民应当占成员总数至少 80%。合作社成员之间依法律关系而联结，并依据合作社章程享有法定的权利、承担相应的义务。合作社的每个成员都有权参加成员大会，对合作社的重大事项进行表决。合作社与合作社成员之间没有雇佣的从属关系，其劳动力主要依赖于社员，也可以雇佣劳动力作为补充。

农业龙头企业具有企业的性质，其所需的劳动力主要以外来雇工为主，并与雇佣劳动力签订用工合同。企业主以管理性劳动为主，更多地表现出企业家才能，很少直接从事农业生产性劳动。

4. 2. 1. 3　资本与收入来源

普通农户是生产单位与消费单位的统一，其生产所投入的资本数量小，主要是自有资本，偶尔会有亲戚或邻里之里的小额借贷。普通农户不会计算，而是简单地以生计成本来衡量投入与产出之间的效益。现阶段，非农收入比重增加，普通农户家庭收入结构发生了巨大变化，农业生产收入占家庭全部收入的比重显著下降，农业净收入占比由 1996 年的 60. 6% 下降至 2016 年的 33. 5%（见图 4 - 9、图 4 - 10）。

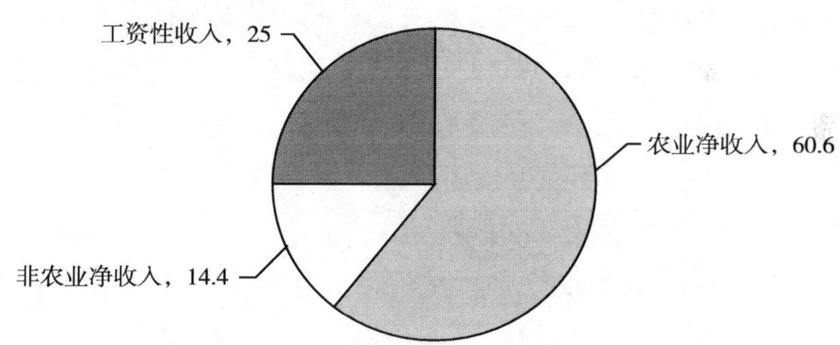

图 4 - 9　1996 年普通农户家庭收入结构

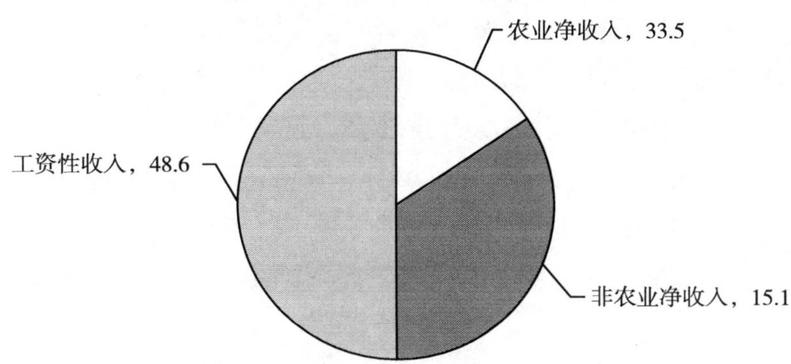

图 4 - 10　2016 年普通农户家庭收入结构

为了扩大经营规模，专业大户和家庭农场经营者需要投入大量资金用于支付土地流转费用。从土地转入成本来看，专业大户和家庭农场经营者支付的转入土地租金平均值为858.08元/亩，中位数为650元/亩①。除此之外，专业大户和家庭农场经营者还需要投入资金用于购买种子、化肥、农药、农机、农具，支付灌溉、收割、运输、仓储等费用，支付雇工的劳动报酬。因此，自有资本已不能满足他们的资金需求，其资本要素是自有资本和外投资本的结合。专业大户和家庭农场的农业经营收入为家庭全部和主要收入来源，农业净收入占家庭农场总收入的80%以上。其生产的主要目的不是用于自家消费，而是进入市场销售以获取利润。家庭农场所生产的农产品销售收入，既是家庭成员的劳动收入，又是经营利润的一部分，也是资本积累的主要来源。

农民合作社在不改变家庭承包经营的基础上，形成了新的所有制结构，实现了劳动和资本的联合。作为一个经营性组织，农民合作社必须拥有一定的资金来从事生产经营活动。《农民专业合作社法》允许合作社以成员出资、从合作社盈余中提取的公积金、国家扶持资金、他人捐赠资金、对外举债等方式筹集资金。其中，合作社成员可以用土地经营权、林权等可以用货币估价并可以依法转让的非货币财产出资，并以其账户内记载的出资额和公积金份额为限对合作社承担责任。农业合作社的经营收入包括销售产品、提供劳务，以及为成员代购代销，向成员提供技术、信息服务等活动取得的收入。农业合作社对内部成员不以营利为目的，年终将盈余返还给社员。

农业龙头企业是以营利为目的的经济组织，其资本构成以外投资本和借贷资本为主，具有明晰的资本收益率。农业龙头企业一般具有雄厚的资金实力，不同级别的龙头企业认定标准都对其资产规模进行了规定。例如，《农业产业化国家重点龙头企业认定和运行监测管理办法》中规定，从事生产、加工、流通的国家重点龙头企业的总资产规模：东部地区1.5亿元以上，中部地区1亿元以上，西部地区5000万元以上；固定资产规模：东部地区5000万元以上，中部地区3000万元以上，西部地区2000万元以上；年销售收入：东部地区2亿元以上，中部地区1.3亿元以上，西部地区6000万元以上。《湖北省农业产业化省级重点龙头企业认定和监测管理办法》中规定，粮、棉、油、猪、鱼等大宗农产品加工企业资产总额5000万元以上、固定资产2500万元以上、年销售收入1亿

① 《经济日报》调研组. 新型农业经营主体土地流转调查报告. http：//paper. ce. cn/jjrb/html/2018 - 12/19/content_379568. htm，2019 - 12 - 19.

元以上。其他特色农产品加工企业资产总额 3000 万元以上、固定资产 1500 万元以上、年销售收入 5000 万元以上。

4.2.1.4　技术与装备投入

因土地规模小、资金有限，普通农户采用先进农业生产技术的动力和能力不足，农业技术推广、农业机械利用等受成本过高的制约。

专业大户通常由家庭联产承包责任制下的种养能手发展而来，他们利用自身的技术和经验优势进行农业生产经营。由于生产经营规模扩大了，专业大户也需要通过租赁或购买的方式使用农业机械设备，提高生产效率。

家庭农场从事种养业的专业化生产，主要经营者大都接受过农业教育或技能培训，具有较好的农业科技接受能力和应用能力。家庭农场规模化的生产经营模式对农业机械化提出了较高要求，许多家庭农场整合应用了先进的农业科技、良种、良法、农机作业，推广了机械播栽、机械植保、机械收获、机械烘干等粮食生产全程机械化管理技术，节约了生产成本，提高了农业产出。

农民专业合作社使得分散的农户走向联合，土地大规模向合作社流转的同时，人才、技术、经验、机械等各种资源也在合作社汇聚。农合社装备精良化、全程化趋势明显，大中型拖拉机配套农具、水稻插秧机、玉米收获机械保持较高增幅，经济作物、饲料等加工机械增长较快，越来越多的农民专业合作社配备了高性能耕种收机具及粮食烘干、高效植保等装备，拥有标准化的机库、维修间等基础设施，农机装备结构进一步优化，综合服务保障能力显著提高。

农业龙头企业得以产生的一个重要条件就是农业技术的进步，特别是农业机械化的显著提高。农业龙头企业是建设现代农业的重要力量，在引领农业转型升级、促进农村一二三产业融合发展、推进农业科技创新和成果转化、带动农民增收致富等方面具有特殊地位和作用。农业龙头企业通过机械化提高种植效率、信息化保证食品安全，开展全产业链技术研发、集成中试、加工设施建设、技术装备升级，建设农产品生产标准化、特征标识化、营销电商化原料基地。在农业经营主体中，农业龙头企业的科技含量和装备投入都是最高的。

《经济日报》发布的《新型农业经营主体发展指数调查（六期）报告》显示，在被调查的新型农业经营主体中，2013 年至 2015 年引进过新设备的一共有 2198 家，占 43%。其中，家庭农场和种养大户设备更新频率分别为 42.46% 和 39.87%，合作社为 44.89%，农业龙头企业为 90.05%。2013 年至 2015 年采纳过新技术的新型农业经营主体有 1513 家，占 33.80%。其中，种养大户和家庭农场的比重分别为 25.38% 和 29.58%，合作社为 52.49%，54.70% 的龙头企业在 2015 年投入了研发①。

4.2.2 新型农业经营主体风险异质性的特征

要素禀赋差异导致新型农业经营主体所面临的风险不同于普通农户，其风险异质性表现为：

4.2.2.1 风险聚集效应明显

与普通农户相比，新型农业经营主体也面临自然风险、市场风险、技术风险和社会风险，但是其所面临的上述风险更加集中、范围更广、规模更大、后果更严重。

（1）自然风险：影响范围更广。马克思曾这样阐述农业生产的性质："经济的再生产过程，不管它的特殊的社会性质如何，在这个部门内，总是同一个自然的再生产过程交织在一起。"②无论是传统小规模农户还是新型农业经营主体，在农业生产过程中，都需要通过社会劳动，借助动植物的生命活动，与自然环境进行物质交换和能量转换，才能获得各种农产品。因此，无论是普通农户，还是新型农业经营主体，都无法避免自然风险。虽然新型农业经营主体的经济实力和抗风险能力通常大于普通农户。但是由于新型农业经营主体的规模化、专业化、集约化水平更高，一旦发生自然灾害，其受灾面积和灾后损失可能比小农户更大、更严重。

从规模上来看，新型农业经营主体往往是连片种植，种植面积是单个农户的十几倍、几十倍甚至上百、上千倍，风险单位的集中引发损失的集中。例如，在实地调研中，有种植大户反映：原来水稻种植面积只有十几亩时，亩产量很容易就达到 700—800 公斤；现在通过土地流转大规模种植后，面积达到几百亩，亩产量却很难达到 600 公斤。种植规模小的时候，田间管理可以及时进行，有虫治虫，有草除草，有病治病；扩大规模后，发现病虫害再去处理已经来不及了，很容易造成大幅减产和绝收。又如，2018 年 9 月，湖北黄冈地区正值水稻收获时节，却遇上了持续 10 天的阴雨天气。某水稻种植大户 800 亩的水稻只收获了

---

① 经济日报社中国经济趋势研究院新型农业经营主体调研组．新型农业经营主体发展指数调查（六期）报告［R］．中国经济网，http://www.ce.cn/xwzx/gnsz/gdxw/201710/10/t20171010_26482964.shtml，2017-10-10.

② 中央编译局．马克思恩格斯全集（第六卷）［M］．北京：人民出版社，2009：399.

200 多亩，这是因为下雨，机器无法进入田间及时收割，雇人工又无法在短时间内完成大规模收割。而同一地区的小农户，却因为种植面积小，依靠自家劳动力在短时间内完成了收割，损失较小。

此外，小农户在长期的生产实践中，探索出了通过种养多样化来分散风险的有效途径，例如种植多种农作物、同种作物种植品种不同、根据天气变化灵活调整种植安排等。而新型农业经营主体通过采取专业化生产经营的模式来降低生产成本，但在自然灾害发生时，单一的生产品种导致风险集中。

（2）市场风险：价格波动更敏感。市场化是现代农业的一个基本特征，新型农业经营主体的培育与发展本身就是市场经济发展的结果，它的生产经营活动与市场紧密相联，对市场风险的反应更加敏感，具体表现为：

第一，新型农业经营主体的市场参与程度加深。传统小农户的生产具有自给自足的特点，主要满足家庭口粮需求并略有结余，专业化、商品化、市场化程度较低。新型农业经营主体规模化、集约化生产的主要目的是产出大量农产品，通过市场销售获取收入，并且在生产、加工和流通等领域参与市场竞争。种植规模化、生产标准化、营销品牌化，已经成为新型农业经营主体发展的主要方向。面对日益复杂的农产品生产、加工与流通体系，新型农业经营主体对农业生产资料价格变动、农产品价格波动、销售渠道不稳定等市场风险的反应更加敏感。一旦农产品市场价格波动幅度较大，新型农业经营主体将面临较大的经济损失。

第二，新型农业经营主体对市场销售收入依赖程度更高。自 20 世纪 80 年代中期以来，我国各地掀起“民工潮”，大量农村劳动力从农村流向城市，小农户生产模式中的人地比例失调现象日趋明显。农村剩余劳动力中的老幼等低产出劳动力导致劳动/工资回报较低，使得大量小农户采取“农业 + 兼业”“半工半耕”的生产模式，其收入对于农业生产经营的依赖程度不断下降，市场风险对于家庭收入的影响减弱。新型农业经营主体普遍实行专业化经营，其收入来源 80% 以上依赖农产品销售收入。2016 年，农业部对全国 3000 多户家庭农场生产经营情况进行监测，结果显示家庭农场的年均纯收入达到 25 万元左右，劳均纯收入近 8 万元。各类龙头企业达到 12.9 万家，销售收入 9 万多亿元，所提供的农产品及加工制品占农产品市场供应量的 1/3[①]。在这种情形下，农产品市场价

① 农民日报．我国新型农业经营主体数量达 280 万个．中国农业新闻网，http：//www.farmer.com.cn/xwpd/jjsn/201703/t20170308_1280774.htm，2017 - 03 - 08.

格的波动会给新型农业经营主体的收入带来重大影响。

第三，新型农业经营主体的决策风险加大。农业生产具有明显的季节性与周期性，而农产品价格的形成具有滞后性和复杂性。传统农户由于生产规模小，可以根据当前的气候条件和市场需求灵活制定种养计划，甚至可以在生产过程中及时调整决策。例如，2017 年 5 月，山东省大蒜价格暴跌 67%。此前一个月，一位种植了 10 亩大蒜的山东金乡农户发现好多农户在扔即将成熟的蒜薹，于是他提前采摘，成为当地第一批鲜蒜上市的农户，当时每亩赚 2000 元左右，10 天后鲜蒜价格遭遇腰斩。而新型农业经营主体生产经营品种单一，规模大，还常常会投入一些生产周期比较长的农业项目。如果在生产经营开始后，市场行情偏离预期，往往来不及调整，从而在收获季节不得不面对农产品供大于求所导致的价格下跌、收入减少甚至亏损的后果。

第四，新型农业经营主体高成本低收益风险加剧。近年来，随着农业生产规模化、集约化的发展，土地流转竞争加剧，土地租金持续增长，再加上人力资本增加、农机设备价格上涨，新型农业经营主体的生产经营成本一直上升。与此同时，最近几年我国农产品价格并未提高，批发粮食作物价格还出现了全面下滑。因此，新型农业经营主体常常面临高成本低收益的风险。以 2019 年 6 月为例，我国玉米收购价格开启了新一轮的下跌行情。种植大户、家庭农场等经营主体发生亏损，没有资金支付土地租金，还要花钱雇佣大量的人工、机械进行采收，加之玉米发芽、霉变等损失，一些经营主体难以维持生产经营活动，一些地方甚至出现了种植大户“弃田跑路”现象。

（3）技术风险：风险要素更复杂。与普通农户相比，新型农业经营主体的资金实力更强、人才素质更高，为了提高产量、增加收益，它们对新品种、新技术的应用与推广会采取更加积极主动的态度，但也因此面临更复杂的风险要素，特别是由新技术的无形性、适用性和外部性所引发的风险。

第一，农业技术是关于农业生产的系统知识，它以无形的知识形态而存在。农业新技术体现在生产技能、作物品种、牲畜品种、农机设备等方面，但其优劣难以分辨，这对技术使用者的知识和技能提出了一定的要求。对新型农业经营主体而言，传统的、成熟的农业技术应用已经不能满足它们的现实需求，它们更愿成为科技创新和成果转化的“领头羊”“试验田”。然而，新技术对使用主体提出了更高的要求，新型农业经营主体因技术使用不当或操作失误造成损失的现象时有发生。

第二，农业技术的应用需要在一定的环境下才能实现，即具有适用性。同一项农业技术运用于不同自然环境、不同社会经济环境时，可能由于自然条件或市场需求状况的变化导致无法实现预期效益，甚至造成损失。例如，一些种植大户、家庭农场为了提高产量而增加化肥使用或者改进机械化生产，结果超出了农作物的承受范围或者不适用于精耕细作的生产方式，反而会导致减产。此外，新型农业经营主体使用新技术时，由于其生产要素规模化、集约化的特点，新技术投资容易形成专用性资产。当这些主体想要改变种养品种或者转变生产方式时，会面临较大的沉没成本，增加了生产经营的退出成本，减少了适应市场需求的灵活性，加大了风险。例如，云南昆明某家庭农场投资100万元搭建智能温室，用于无土栽培花卉。2017年花卉市场价格大跌，该农场想转让该项资产却无人愿意接手。

第三，农业技术具有准公共物品的属性和外部性。农业生产通常是露天进行的，农业生产过程难以保密，许多种养技术都有很强的经验性，容易被他人模仿。因此，新型农业经营主体在使用新技术后，并不能阻止其他生产者使用新技术，也不能独享新技术的成果。随着新技术应用时间的增加，会有越来越多的生产者“搭便车”，使得该项农产品的生产数量增加，市场价格下降，最终收益低于预期收益。

（4）社会风险：连锁反应更剧烈。新型农业经营主体是农业产业化进程中的主力军，而农业产业化的一个突出特点是农业产业链的延伸。传统农户从事简单农业生产，与产前、产后的关联度都低。专业大户、家庭农场、农民合作社、龙头企业等新型经营主体在专业化分工合作的基础上，以利益联结为纽带，通过产业链、价值链逐渐形成农业产业化联合体（见图4－11）。农业产业化联合体通常采取“龙头企业＋农民合作社＋家庭农场＋传统农户”的组织模式，各方成员不仅通过契约实现产品交易的联结，更通过资金、技术、品牌、信息等融合渗透协同发展，优化了资源配置，有利于实现经济效益、社会效益和生态效益的均衡。

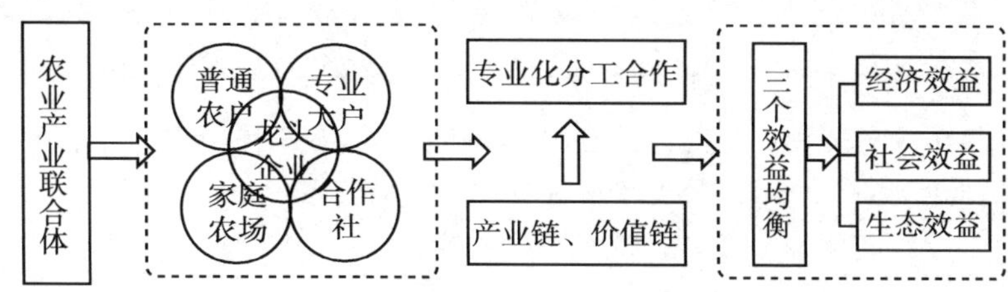

图4－11　新型农业经营主体构成的农业产业化联合体

新型农业经营主体作为农业产业化联合体成员，它们之间相互融通多元要素，利益关联密切，行为相互影响。如果家庭农场、种养大户等在农业种养生产环节出现问题，会导致农业产业化生产原料的供给不足，如乳制品企业的奶源不足，粮食加工企业粮源不足等，就会造成龙头企业“高价抢奶”“高价抢粮”等现象，其危害将波及整个产业链。又如，农业龙头企业向专业大户、家庭农场等收购农产品时，其不良信用和不良行为势必影响农产品生产者的利益。因此，社会风险会通过生产链、价值链等在新型农业经营主体之间、新型农业经营主体与普通农户之间迅速而广泛地传播，造成更加严重的后果。

4.2.2.2　风险种类多样化

新型农业经营主体正处于农业现代化和市场化的转型阶段，相关的政策措施、法律法规都有待完善，其发展具有探索性和不确定性。除自然风险、市场风险、技术风险和社会风险之外，新型农业经营主体还面临着资金风险、违约风险、政策风险等多种风险。

（1）资金风险。资金风险是指新型农业经营主体因资金不足、资金链断裂而导致生产经营活动受限、甚至被迫中断的风险。资金风险的产生源于两方面：

一方面，新型农业经营主体的资金需求量大。新型农业经营主体的采取规模化、集约化的生产方式，在生产经营之初，需要大量的资金投入用于受让土地承包经营权、建设农田水利和大棚等基础设施、购置新型农业技术装备；在生产经营过程中，需要流动资金用于购买农资（如种子、化肥、农药等）、雇佣劳动力、设备维护等；在农产品收获时，需要资金用于收割、运输、仓储等。新型农业经营主体投入成本大，回报周期长，资金流动性要求高，充足的资金对其生产经营活动具有重要的影响。以家庭农场为例，张世云、龙文军、刘洋(2017)[①] 对浙江省223个家庭农场主进行了问卷调查，结果显示家庭农场资金需求数额较高。从农业基础设施建设的资金投入数额来看，少于50万元的占26.2%；50万—100万元的占20.9%；100万—300万元的占36.6%；300万—500万元的占6.4%；500万元以上的占9.9%。其中，投入最少的为2万元，最多的达3500万元。

① 张世云，龙文军，刘洋. 我国家庭农场发展现状、问题和建议——基于对浙江省223个家庭农场主的问卷调查［J］. 农村经济管理，2017（2）：29.

另一方面，新型农业经营主体融资难。新型农业经营主体的融资渠道包括政府资金扶持、金融机构贷款和民间借贷。近年来，从中央到地方各级政府都投入资金对新型农业经营主体进行扶持，但由于财政资金有限，各级扶持资金又多采取贷款贴息形式发放，而新型农业经营主体获得的贷款本来就少，因此扶持资金的数额远远不能满足现实需求。从金融机构贷款来看，由于农业生产风险高，银行等金融机构往往要求农业生产者提供贷款抵押担保，但是流转的土地、农房、农机具等不具备抵押品条件，新型农业经营主体常因缺乏有效抵押而难以获得贷款或仅能获得小额贷款。民间借贷资金数量少，无法满足新型农业经营主体的融资需求。针对家庭农场主的调查数据显示①，在经营过程中"遇到过资金困难"的农场主占90.2%，向银行、信用社等金融机构借贷的占63.5%，通过民间借贷的占35.4%。68.3%的农场主表示金融机构贷款存在额度小、利息高、授信担保难、手续繁琐等问题。针对专业大户、农民合作社和农业龙头企业的调查数据显示②，有42.6%的专业大户、51.79%的合作社、100%的农业龙头企业向银行申请过贷款，贷款获批的比例分别为71.16%、67.14%、92.86%。虽然农业龙头企业的贷款获批率较高，但是获批贷款数额较小，仍无法满足其资金需求。农业龙头企业中，只有20%能够满足贷款需求，50%只能满足一半需求，30%很难满足。专业大户获得的贷款以5万—10万元的中短期小额贷款为主，农民合作社和农业龙头企业以20万元以上的居多，多为一年期的贷款。2013—2015年，专业大户贷款年利率在10%—15%，合作社和农业企业在5%—10%。

资金需求量大、融资困难使得新型农业经营主体普遍存在资金缺口。2016年，农业部农村经济研究中心在黑龙江、河南、浙江三省，对专业大户、合作社和农业企业的发展状况、金融需求等问题开展了问卷调查，收回有效调查问卷2400余份。调查结果显示③：专业大户、农民合作社、农业龙头企业的资金缺口均值分别为19.59万元、249.26万元、1102.625万元（见表4-3）。农民合作社、专业大户的生产经营活动受资金缺口的影响更大，22.31%的专业大户、28.57%的农民合作社曾经因资金缺口而无法正常生产经营，农业龙头企业中该项比例为7.14%。

---

① 张世云，龙文军，刘洋．我国家庭农场发展现状、问题和建议——基于对浙江省223个家庭农场主的问卷调查［J］．农村经济管理，2017（2）：29.

②③ 宋洪远，吴比．农业规模经营主体的融资难题及对策建议［J］．农村金融研究，2018（2）：56-60.

表 4-3　专业大户、农民合作社、农业龙头企业的资金缺口

	0—50万元占比	51万—100万元占比	101万—200万元占比	201万—500万元占比	500万元以上占比	资金缺口均值（万元）
专业大户	92%	4.48%	2.4%	0.8%	0.32%	19.59
农民合作社	24.73%	20.61%	15.46%	17.52%	21.65%	249.26
农业龙头企业	33.35%	12.51%	4.17%	12.5%	37.5%	1102.625

（2）契约风险。违约风险也称为信用风险，是指合同当事人中的一方未按合同约定履行义务而给另一方造成损失的可能性。普通农户因生产规模小，无论是购买种子、化肥、农药等原材料，还是销售农产品，都采用即时交易的方式，通常不需要签订合同。然而，新型农业经营主体由于规模化、集约化生产，在生产经营过程中的多个环节需要签订合同，因而面临违约风险。新型农业经营主体的违约风险主要来源于三个方面：

一是土地流转协议。当前在农村土地承包经营权流转中，许多农户认为签订土地流转合同手续复杂，只愿意采取口头约定的方式。在这种情况下，农户"一地两租"、临时上调土地租金、缩短土地租期等现象时有发生。即使是已经签订了正式土地流转协议，农户违约的情况也时有发生。例如，当新型农业经营主体收益好时，农户可能会要求增加土地流转费用或者提前收回土地；当进城农民返乡时，也可能会要求解除协议。

二是大型农业机械设备购买协议。农机销售者可能不按协议提供农机设备，而是提供无生产厂名、无生产厂址、产品无合格证的农机产品，已淘汰的农机产品，来源不明的农机具，非法拼装的农机具等。

三是农产品订购协议。农产品订购协议也称订单农业、合同农业或者契约农业，是指合作社或农业龙头企业与农户签订农产品购销合同，在合同中规定农产品收购数量、质量和最低保护价。这种协议方式能够针对市场需要组织生产，避免农户生产的盲目性，因而近年来发展迅速。但是，由于签订协议到履行协议之时有一段时间，双方都可能面临违约风险。对于合作社或农业龙头企业而言，其违约风险表现为，当农产品市场价格高于协议价格时，农户可能会把农产品直接拿到市场上进行销售而拒绝履约。

（3）政策风险。政策风险是指政府发布的相关政策法规给农业生产经营活动造成的不确定性影响。新型农业经营主体规模大，对土地、资金、技术、人

力等生产要素的要求高，政府政策对其发展起了至关重要的引导和扶持作用。但是，政策在执行过程中也会出现一些问题，给新型农业主体带来风险。

一是政策调整或政策不连续所引发的风险。政府政策对于新型农业经营主体选择种植什么、生产什么有重要的影响。当政策对于某种农产品提供大量财政补贴或税收优惠时，新型农业经营主体往往会选择此种农产品进行生产。但是，当政策发生变化，不再对该项农产品提供政策扶持时，新型农业经营主体由于生产规模大、投入成本高，难以迅速对政策调整作出反应，可能因此而遭受损失。例如，2016 年玉米临时收储政策的取消降低了种粮型新型农业经营主体的总收益，平均每亩收益下降 200—300 元，利润的损失给不少新型农业经营主体带来冲击，一些地区出现了新型农业经营主体退地现象①。

二是因地方政府领导者决策失误造成政策偏差所引发的风险。地方政府在制定政策时，可能由于缺乏全面准确的信息、缺少科学论证、受决策者自身知识和素质的局限等原因造成决策失误，给新型农业经营主体造成损失。例如，云南某县在制定新的农业产业政策时把紫米作为支柱产业，大力扶持县内种植大户扩大紫米种植面积。由于气候、土壤条件的差异，所生产出的紫米无论是产量还是质量，都与墨江紫米有非常大的差距，引起该县紫米滞销，造成种植大户的损失。

三是因政策待遇不同造成不公平竞争所引发的风险。地方政府通常会在某一阶段将某类或某些新型农业经营主体作为重点扶持对象，给予特别优惠的政策和待遇。与此同时，其他没有享受到此项政策的同行业的新型农业主体会面临不公平竞争。比较常见的现象是在农业产业化进程中，当地政府为了招商引资往往对引进的农业企业提供优惠待遇和政策支持，而使本地原有的农业龙头企业受到不公平待遇。这一现象被人们形象地称为“招来女婿气跑儿子”。例如，山东省泰安市为了引进国内某大型乳业公司，给予其大量优惠政策，不仅提供大面积土地用于建设工厂，还提供 2 亿元无偿贷款。此举不仅使得泰安市已有的乳业龙头企业——山东亚奥特乳业有限公司面临不公平竞争，还引发了当地的乳源争夺战。

4.2.2.3　风险关系错综复杂

新型农业经营主体面临着多元化、复合化的风险，这些风险之间相互作用，形成了复杂的风险关系（见图 4－12）。

---

① 张瑞娟，高铭．理性看待新型农业经营主体退地现象［N］．农民日报，2018－04－14．

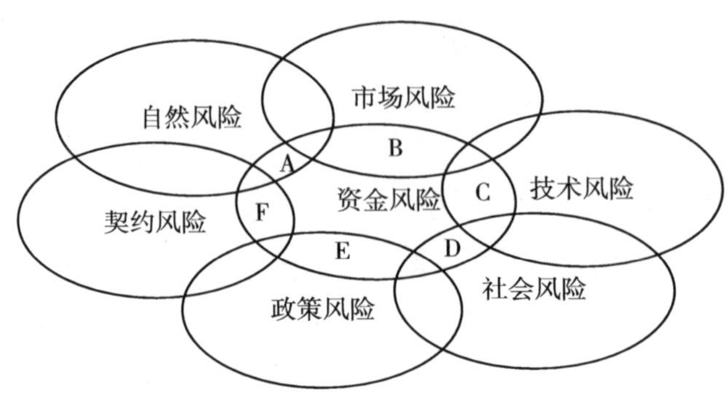

图4－12　新型农业经营主体面临的风险交互关系

首先，多种风险可能同时发生，共同给新型农业经营主体造成损失。新型农业经营主体的生产经营活动从成本投入，到农业生产，再到农产品销售，整个过程都离不开资金的流动和支持。因此，许多类型的风险对新型农业经营主体的影响最终可能会集中表现为资金不足甚至资金链断裂的资金风险。

其次，不同的风险可能相互作用，形成风险组合，加重新型农业经营主体的损失。例如，政策的变化可能会引起产业关联者行为的变化，从而使政策风险与社会风险形成风险组合，造成更加严重的损失。

此外，不同类型的风险还可能交叉传染，产生连锁反应。例如，干旱、洪涝等自然风险的发生，造成农产品产量减少、质量下降，引起市场价格的波动，进而引发市场风险。市场风险会引起政府的关注，可能会出台相关政策对市场价格进行干预。政策干预可能会引发政策风险，而政策风险会进一步加大市场风险，并有可能诱发社会风险。如此一来，自然风险与市场风险、政策风险、社会风险相互作用，加大了新型农业经营主体损失的可能性。

4.3　我国新型农业经营主体风险异质性实证研究

新型农业经营主体的风险是一个动态复杂的综合系统，不仅风险因素多种多样，而且风险因素之间还相互影响，不能简单地用单一指标进行风险因素的量化分析。通过构建多组结构方程模型（Structural Equation Modeling，SEM）实证分析新型农业经营主体风险异质性，目的在于检验新型农业经营主体与普通农户的风险因子结构和因子关系是否有显著差异，不同类型新型经营主体之间的风险因子结构和因子关系是否有显著差异。

4.3.1　模型建构

4.3.1.1　结构方程模型的原理及适用性

对新型农业经营主体风险异质性进行实证分析的首要步骤是测算出不同农业经营主体的风险因子结构和因子关系，然后通过对比分析反映其异质性。在测算风险因子结构与因子关系时，面临两个问题：第一，多种风险因素相互影响，具有很强的关联性，形成错综复杂的风险结构，难以将它们分割出来独立度量每一种风险因素与风险之间的关系。第二，许多风险变量无法直接得到测量数据，只能通过风险主体的主观判断得到变量标识并由此产生测量误差。当自变量不能准确测量时，无法运用回归模型估算因变量与自变量之间的关系。

结构方程模型实质上是一种协方差结构分析，借助变量的协方差矩阵来分析变量之间的关系。对于无法准确、直接测量的潜变量（Latent Variable），SEM使用外显指标（Observable Indicator，又称观测变量）来间接测量，并通过因素分析和路径分析来反映观测变量和潜变量之间的关系、潜变量与潜变量之间的关系。SEM 由测量模型（Measurement Equation）和结构方程（Structural Equation）两部分构成。

测量模型用于检测观测变量与潜变量之间的关系，其方程表达式为：

$$x = \Lambda_x \xi + \delta \tag{4-1}$$

$$y = \Lambda_y \eta + \varepsilon \tag{4-2}$$

其中，x 表示外源观测变量组成的向量，ξ 表示外源潜变量，Λ_x 表示外源观测变量与外源潜变量之间的关系，δ 是 x 的误差项；y 表示内生观测变量组成的向量，η 表示内生潜变量，Λ_y 表示内生观测变量与内生潜变量之间的关系，ε 是 y 的误差项。

结构模型用于反映潜变量之间的关系，其方程表达式为：

$$\eta = B\eta + \Gamma\xi + \zeta \tag{4-3}$$

其中，B 表示内生潜变量之间的关系，是由内生潜变量之间结构系数所组成的矩阵；Γ 表示外源潜变量对内生潜变量的影响，是由外源潜变量与内生潜变量之间路径系数所组成的矩阵；ζ 是结构方程的残差项，表示 η 在方程中没有被解释的部分。

结构方程模型具有以下优点：第一，可以同时考虑并处理多个因变量；第二，容许自变量和因变量含测量误差；第三，可以同时估计因子结构和因子关系。这三个优点恰好可以解决新型农业经营主体风险异质性实证分析面临的问题。

4.3.1.2 模型假设

通过本章第二节的分析，初步表明自然风险、市场风险、技术风险、社会风险、资金风险、契约风险和政策风险是新型农业经营主体面临的主要风险。为了辨明风险体系中的因子结构和因子关系，通过验证性因子分析（Confirmatory Factor Analysis，CFA）将风险体系分为7个维度，分别用数个指标进行测量。由于这7类风险在结构上有纵向的多层次和横向间的相互影响关系，难以提出一个准确的模型进行纯粹验证，因此，提出两个基本模型，在此基础上进行拟合修正。

第一个模型是初阶风险因子分析模型（见图4-13）。在该模型中，7个风

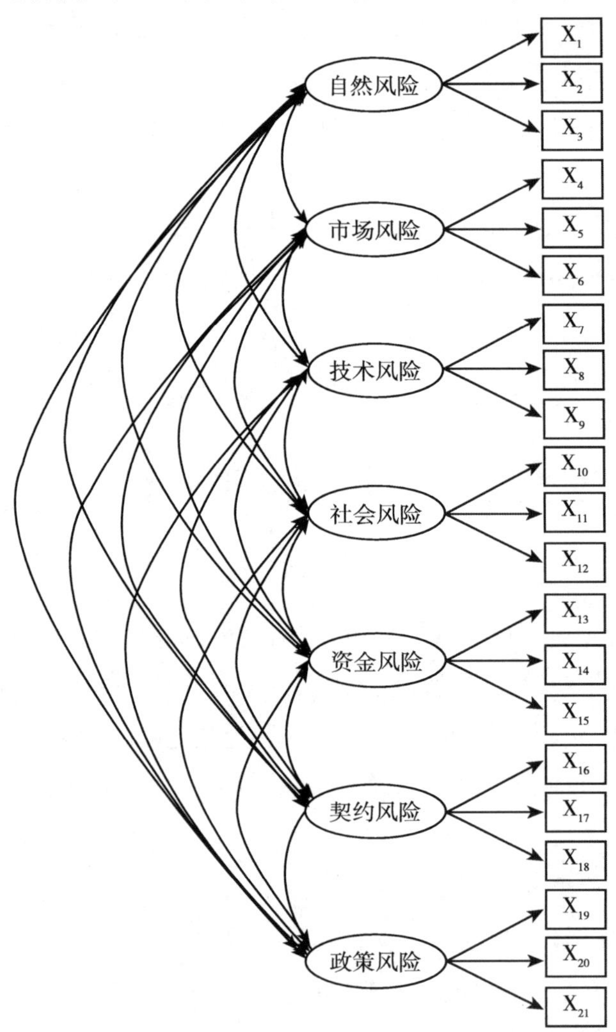

图4-13 初阶风险因子分析模型

险维度及其因素负荷量两两相互影响，共同影响着新型农业经营主体风险的形成。第二个模型是高阶风险因子分析模型（见图 4 - 14）。在该模型中，新型农业经营主体对风险的评价决定着 7 个风险维度，这些风险维度有各自的因素负荷量。

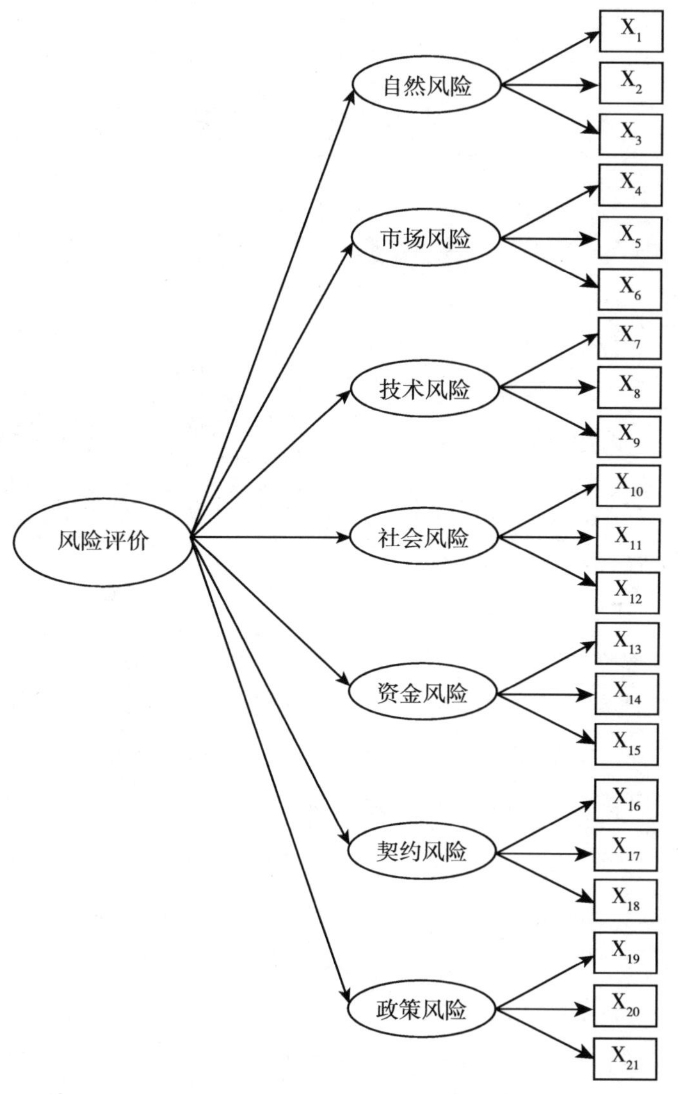

图 4 - 14　高阶风险因子分析模型

由图 4 - 13 与图 4 - 14 对比可以清楚地看到，初阶风险因子分析模型构造较为复杂，要估计的参数多，自由度少；高阶风险因子分析模型结构简单，风险因子路径清晰，自由度多。但是，并不能因此就认为高阶模型一定优于低阶模型。因为好的模型不仅要简单，还要与原有数据拟合得好，尽可能反映真实情况。因此，后面的步骤中还会进行模型拟合检验，以确定哪种模型较为合适。

4.3.1.3　研究变量选择

将自然风险、市场风险、技术风险、社会风险、资金风险、契约风险和政策风险作为潜变量，并选取了21项影响因素作为观测变量[①]（见表4-4）。在验证性因子分析中，潜变量没有外源与内生之分。

表4-4　　结构方程模型中的潜变量及其测量变量列表

潜变量	观测变量	备注
自然风险（R_1）	气象灾害造成的损失（X_1）	由于干旱、洪涝、台风、暴雨、冰雹等灾害造成的农业损失
	生态灾害造成的损失（X_2）	由于水土流失、土地荒漠化、赤潮等灾害造成的农业损失
	生物灾害造成的损失（X_3）	由有害的草、虫、鼠等生物所引发的灾害造成的农业损失
市场风险（R_2）	农业投入成本上升（X_4）	种子、化肥、农机具等生产资料价格上涨
	农产品销售量减少（X_5）	
	农产品价格下降（X_6）	
技术风险（R_3）	技术错配（X_7）	所使用的技术与农业生产经营环境不相适应
	配套设施不完善（X_8）	缺少与技术相适应的配套设施
	技术应用失败（X_9）	农业生产经营者对农业技术掌握不完全
社会风险（R_4）	环境污染造成的损失（X_{10}）	
	信息失真造成的损失（X_{11}）	因农产品相关谣言的散播所导致的损失
	农产品信用危机造成的损失（X_{12}）	因某一农产品出现质量或食品安全问题，而引起同类或相关农产品都受到消费者质疑，进而造成损失
资金风险（R_5）	流动资金不足（X_{13}）	缺少资金用于购买农资、雇佣劳动力、设备维护、收割、运输、仓储等
	无法按期偿还贷款（X_{14}）	
	融资困难（X_{15}）	

① 从可识别的角度来看，每个潜变量最少需要3个观测变量。

续表

潜变量	观测变量	备注
契约风险（R_6）	土地流转违约（X_{16}）	农户要求增加土地流转费用或者提前收回土地
	供给者违约（X_{17}）	生产资料供给方违约，例如农机销售者不按协议提供农机设备
	购买者违约（X_{18}）	农产品收购方违约
政策风险（R_7）	政策调整（X_{19}）	政策调整或政策不连续所引发的风险
	地方政府领导者决策失误（X_{20}）	决策者自身知识和素质的局限性等原因造成决策失误，给农业经营主体造成损失
	政策待遇不公平（X_{21}）	政策待遇不同造成不公平竞争所引发的风险

4.3.2　数据来源与检验

4.3.2.1　数据来源

本书采取李克特（Likert）7 级量表法设计问卷的方式，以 21 个观测变量对农业风险的影响程度为考核内容，分别以专业大户、家庭农场主、农业合作社负责人、农业龙头企业负责人和普通农户为调查对象，对农业风险影响因素进行评价。观测变量对农业风险的影响程度从低到高分别用 1、2、3、4、5、6、7 表示：1 表示与调查对象面临的农业风险无关，3 表示与调查对象面临的农业风险稍有关系，5 表示与调查对象面临的农业风险比较有关系，7 表示与调查对象面临的农业风险非常有关系，2、4、6 则表示重要性介于 1、3、5、7 之间。

鉴于风险对种植业和养殖业的影响有差异，本书选择的调查对象都是以种植业为主的农业生产经营主体。为了尽量减少地域差异的影响，调查对象均来自湖北省。本次调查从 2018 年 2 月开始，到 2018 年 12 月结束，共发放问卷 1966 份，回收问卷 1341 份，经过筛选后得到有效问卷 1217 份，不同类型农业经营主体问卷数量如表 4－5 所示。

表 4－5　　不同类型农业经营主体问卷调查数量

	问卷发放数	问卷回收数	回收率	有效问卷数	有效率
专业大户	382	282	73.8%	238	84.4%
家庭农场	375	265	70.7%	245	92.4%

续表

	问卷发放数	问卷回收数	回收率	有效问卷数	有效率
农业合作社	403	252	62.5%	226	89.7%
农业龙头企业	370	266	71.9%	256	96.2%
普通农户	436	276	63.3%	252	91.3%

4.3.2.2 数据的信度和效度检验

为了确定问卷量表的可靠性和有效性，需要对问卷数据进行信度与效度检验。

(1) 数据的信度检验。信度是指问卷数据一致性或稳定性的程度。一致性反映的是问卷中每一个测量题项与其他题项之间的关系，衡量的是问卷量表题项是否测量了相同的内容或特质。稳定性衡量是用同一份问卷对同一批被测试对象在一段时间内实行几次测试后，得到的结果之间的可靠系数。由于时间和能力的限制，本书并没有对问卷调查对象进行多次重复测试，因而采用克隆巴赫系数（Cronbach's Alpha 系数）来检验问卷量表中所有项目间的一致性。Alpha 系数越大，表明构成问卷量表的各测试变量的内部一致性越高，量表的可信度也就越高。

首先，使用 SPSS21.0 软件对专业大户的问卷调查数据进行信度检验，得到的结果显示，专业大户问卷总量表的 Cronbach's Alpha 系数为 0.805，具有很好的信度；各分量表的 Cronbach's Alpha 系数分别为 0.821、0.868、0.776、0.905、0.736、0.951、0.732，具有良好的内部一致性。然后，依次将家庭农场、农民专业合作社、农业龙头企业和普通农户的问卷调查数据导入 SPSS21.0 进行信度检验，将得到的 Cronbach's Alpha 系数汇总（见表 4－6）。从表 4－6 可见，总量表及各分量表的 Cronbach's Alpha 系数都大于 0.7，表明问卷量表的可信度和可靠度良好，问卷数据较为理想。

表 4－6　量表的 Cronbach's Alpha 系数

	R_1	R_2	R_3	R_4	R_5	R_6	R_7	总量表
专业大户	0.821	0.868	0.776	0.905	0.736	0.951	0.732	0.805
家庭农场	0.780	0.747	0.731	0.876	0.718	0.912	0.826	0.744
农业合作社	0.845	0.834	0.877	0.811	0.766	0.858	0.775	0.880
农业龙头企业	0.881	0.808	0.794	0.783	0.815	0.915	0.902	0.794
普通农户	0.883	0.741	0.714	0.897	0.727	0.925	0.888	0.813

（2）数据的效度检验。对问卷数据进行效度检验的目的是考察问卷结果的有效程度，即检测问卷的量表项目是否能够反映研究对象的真实性。效度越高，问卷数据所反映的调查结果的有效程度也就越高。

本书使用 SPSS21.0 软件中的因子分析对问卷调查所获得的数据进行信度检验，KMO 和 Bartlett 球形检验结果如表 4－7 所示。其中，KMO（Kaiser－Meyer－Olkin）检验统计量是用于比较变量间简单相关系数和偏相关系数的指标。KMO 统计量的取值在 0 和 1 之间，它的值越接近于 1，说明变量间的相关性越强，偏相关性越弱，因子分析的效果越好。Bartlett 球形检验用于检验题项之间的相关系数所构成的相关阵是否为单位阵，即检验相关阵中各个变量是否各自独立。在因子分析中，Bartlett 球形检验统计量服从 χ^2 分布，若检验拒绝原假设（$P<0.05$ 时），表明适合作因子分析；若检验不拒绝原假设（$P>0.05$ 时），则不适合作因子分析。由表 4－7 可知，KMO 值都大于 0.7，Bartlett 球形检验统计量中的 sig 值几乎为 0，都小于 0.05，说明统计量显著，问卷有效，问卷量表的数据具有相关性，适合作因子分析。

表 4－7　　KMO 和 Bartlett 的检验

		专业大户	家庭农场	农业合作社	农业龙头企业	普通农户
取样足够度的 kaiser－Meyer－Olkin 度量		0.727	0.781	0.856	0.826	0.753
Bartlett 的球形度检验	近似卡方	889.592	678.657	979.738	918.769	781.577
	df	231	231	231	231	231
	Sig.	0.000	0.000	0.000	0.000	0.000

4.3.3　模型拟合检验与修正

为了检验模型设定是否合理，需要对模型进行拟合检验。关于模型的总体拟合优度的判定有许多测量标准，学术界普遍认为在大样本情况下，卡方自由度之比（CMIN/DF）越小，表示适配度越好，通常小于 3 较好；比较拟合指数（GFI）和调整后的拟合优度指数（AGFI）越大越好，通常大于 0.9 以上为可接受水平；均方根残差（RMR）越小越好，通常小于0.05为可接受范围；近似均方根残差（RMSEA）越小越好，通常小于0.08为可接受范围；规范拟合指数（NFI）、拟合优度指数（GFI）、相对拟合指数（RFI）越大越好，通常大于0.9为可接受水平；简约规范拟合指数（PNFI）、简约比较拟合指数（PGFI）越大越好，通常大于0.5为可接受水平。

本书使用AMOS21.0软件，首先根据初阶风险因子分析模型（见图4－13），绘制潜变与观测变量之间影响关系路径图，然后读取专业大户的问卷调查数据，得到初阶模型的拟合指数（见表4－8）。

表4－8　　专业大户初阶风险因子分析模型拟合检验结果

指数类型	指数名称	可接受范围	拟合数值	评价
绝对拟合指数	GFI	>0.9	0.768	不佳
	AGFI	>0.9	0.713	不佳
	RMR	<0.05	0.043	良好
	RMSEA	<0.08	0.065	不佳
增值适配度指数	NFI	>0.9	0.922	良好
	GFI	>0.9	0.915	良好
	RFI	>0.9	0.797	不佳
简约适配度指数	PNFI	>0.5	0.352	不佳
	PGFI	>0.5	0.305	不佳
	CMIN/DF	<3	4.825	不佳

由表4－8可知，专业大户初阶风险因子分析模型的拟合检验结果中，只有三个指数（即RMA、NFI和GFI）满足拟合要求，其他指数都表现不佳。这表明初阶模型的拟合结果并不理想，需要进行修正。RMSEA、PNFI 、PGFI表现不佳是用于惩罚复杂模型的，说明初阶模型过于复杂。

继续使用AMOS21.0软件，根据高阶风险因子分析模型（见图4－14），绘制潜变与观测变量之间影响关系路径图，读取专业大户的问卷调查数据，得到高阶模型的拟合指数（见表4－9）。

由表4－9可知，专业大户高阶风险因子分析模型的拟合检验结果中，RMR、RMSEA、PNFI和PGFI显示良好，CMIN/DF尚可，其他指数都表现不佳。这说明高阶模型符合模型简约化的要求，但是可能因为过于简化而忽略了一些变量之间的影响关系。

表 4－9　　　专业大户高阶风险因子分析模型拟合检验结果

指数类型	指数名称	可接受范围	拟合数值	评价
绝对拟合指数	GFI	>0.9	0.696	不佳
	AGFI	>0.9	0.681	不佳
	RMR	<0.05	0.041	良好
	RMSEA	<0.08	0.629	良好
增值适配度指数	NFI	>0.9	0.752	不佳
	GFI	>0.9	0.702	不佳
	RFI	>0.9	0.825	不佳
简约适配度指数	PNFI	>0.5	0.713	良好
	PGFI	>0.5	0.672	良好
	CMIN/DF	<3	3.031	尚可

由于初阶模型和高阶模型的许多拟合指数没有达到可以接受的范围，表现不佳，因此需要对模型进行修正以提高拟合程度。本次研究选择在高阶模型的基础上进行修正，主要原因是：第一，与低阶模型相比，高阶模型的拟合结果中表现良好的指数略多一点；第二，低阶模型是一个复杂模型，删除变量之间的一两个路径，对模型拟合指数的影响不大，难以判断修正模型的适当性。

本次研究在对高阶模型进行修正时，遵循以下原则：选择修正指数较高的路径进行添加，同时考虑理论模型是否能够解释两个变量的相关关系，如果能解释，就添加变量之间的相关路径，否则，就不添加。另外，为了显示出修正效果，将修正指标 MI 指数的大小设定为 20，即 $MI > 20$ 的变量路径需要进行修正，并按照从高到低的次序进一步释放参数估计。在专业大户高阶风险因子分析模型中，符合修正原则的测试项包括 $e_{R2} < -- > e_{R5}$、$e_{14} < -- > e_1$、$e_8 < -- > e_{13}$。

经过修正后的专业大户农业风险结构方程模型如图 4－15 所示。修正后的模型拟合指数如表 4－10 所示，各项拟合指数均达到可接受范围，表明该模型整体拟合结果较为理想。

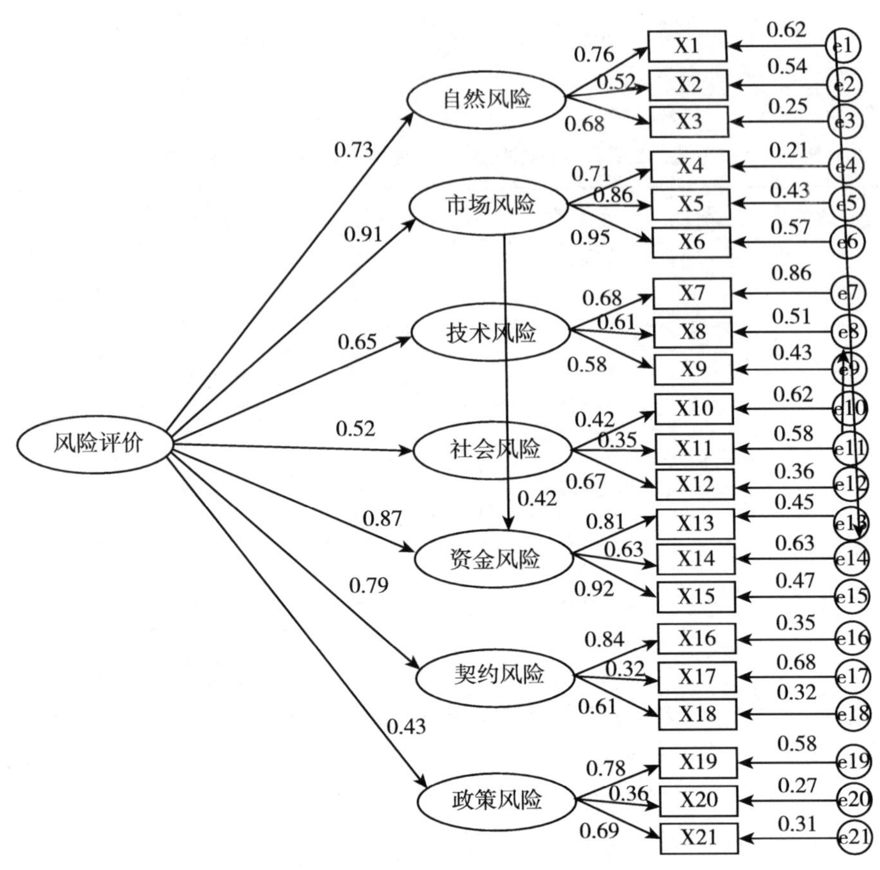

图 4－15　专业大户的农业风险结构方程模型

表 4－10　　专业大户农业风险结构方程模型拟合指数

指数类型	指数名称	可接受范围	拟合数值	评价
绝对拟合指数	GFI	>0.9	0.916	良好
	AGFI	>0.9	0.891	尚可
	RMR	<0.05	0.045	良好
	RMSEA	<0.08	0.805	尚可
增值适配度指数	NFI	>0.9	0.952	良好
	GFI	>0.9	0.912	良好
	RFI	>0.9	0.935	良好
简约适配度指数	PNFI	>0.5	0.708	良好
	PGFI	>0.5	0.772	良好
	CMIN/DF	<3	1.361	良好

根据实际经验估计，家庭农场与专业大户的经营性质相似，风险结构相近。因此，使用与图4－15相同的结构模型对家庭农场的问卷量表数据进行拟合检验，得到的模型拟合指数如表4－11所示，各项拟合指数均达到可接受范围，表明该模型具有适配性。如果同一个模型分别拟合两个样本，对两个样本都拟合得好，则认为两组有相同的结构模式①。家庭农场的农业风险结构方程模型如图4－16所示，其与专业大户的路径结构相同，但路径系数不同。

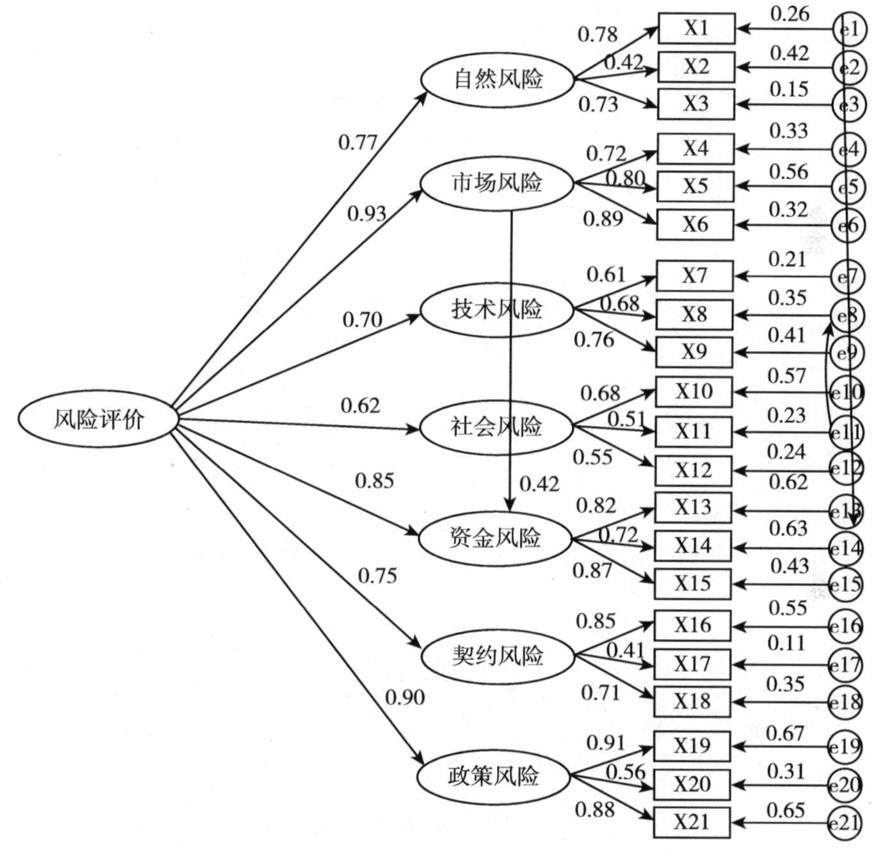

图4－16　家庭农场的农业风险结构方程模型

表4－11　　家庭农场农业风险结构方程模型拟合指数

指数类型	指数名称	可接受范围	拟合数值	评价
绝对拟合指数	GFI	>0.9	0.935	良好
	AGFI	>0.9	0.886	尚可
	RMR	<0.05	0.041	良好

① 侯杰泰，温忠麟，成子娟. 结构方程模型及其应用［M］. 北京：教育科学出版社，2004：218.

续表

指数类型	指数名称	可接受范围	拟合数值	评价
绝对拟合指数	RMSEA	<0.08	0.062	良好
增值适配度指数	NFI	>0.9	0.972	良好
	GFI	>0.9	0.893	尚可
	RFI	>0.9	0.957	良好
简约适配度指数	PNFI	>0.5	0.688	良好
	PGFI	>0.5	0.792	良好
	CMIN/DF	<3	2.142	良好

依照上述步骤，依次运用家庭农场、农业合作社、农业龙头企业、普通农户的问卷量表数据进行模型拟合检验与修正，得到各农业经营主体的农业风险结构方程模型（见图4－17—图4－19）和模型拟合指数（见表4－12）。其中，

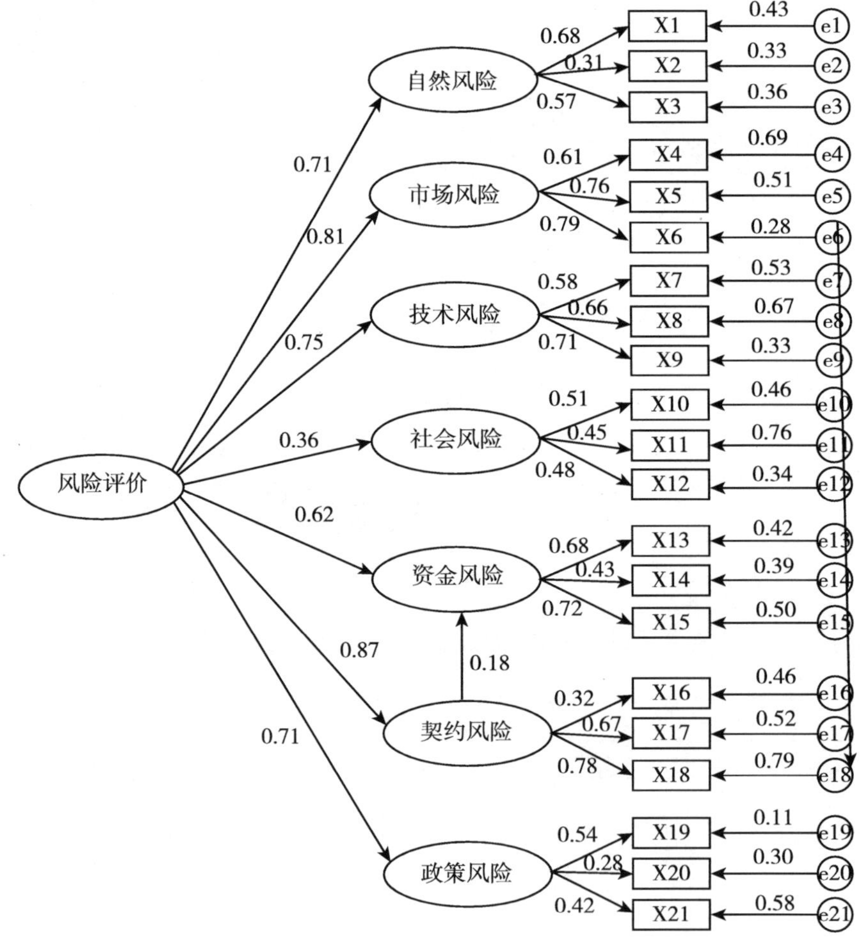

图4－17　农业合作社的农业风险结构方程模型

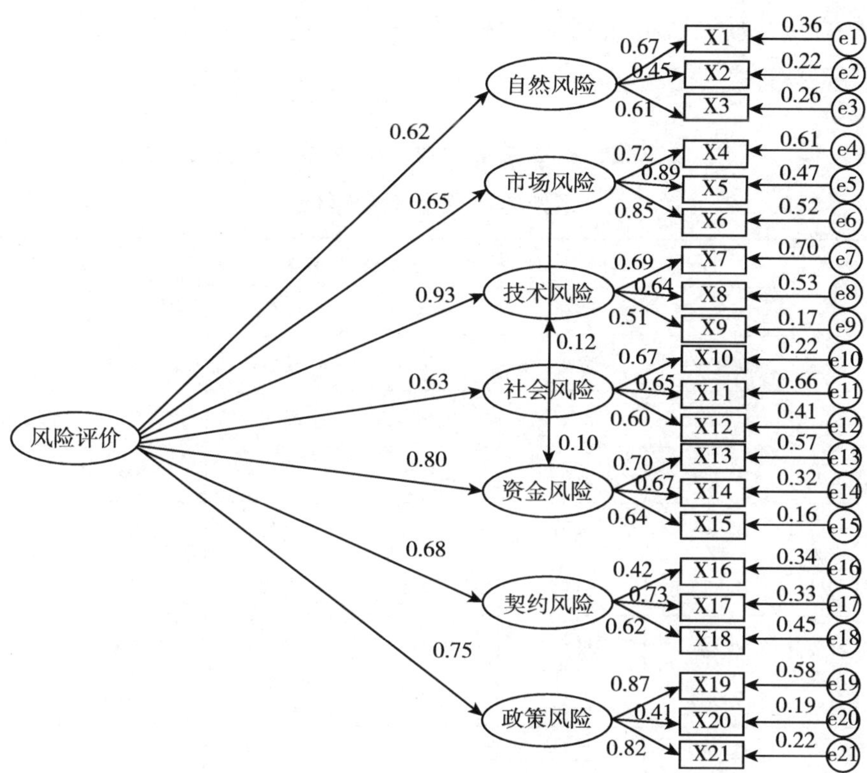

图 4 –18　农业龙头企业的农业风险结构方程模型

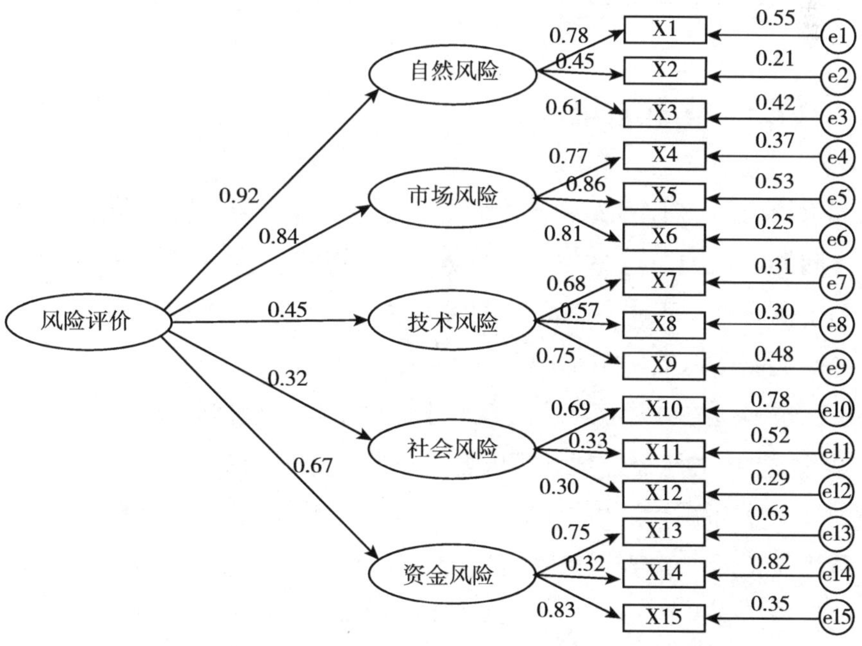

图 4 –19　普通农户的农业风险结构方程模型

普通农户的问卷量表数据在用高阶风险因子分析模型进行拟合时，具有较好的效果，因而没有进行修正。

表 4－12　农业合作社、农业龙头企业、普通农户的农业风险结构方程模型拟合指数

指数名称	农业合作社		农业龙头企业		普通农户	
	拟合数值	评价	拟合数值	评价	拟合数值	评价
GFI	0.932	良好	0.987	良好	0.954	良好
AGFI	0.981	良好	0.965	尚可	0.977	良好
RMR	0.031	良好	0.025	良好	0.043	尚可
RMSEA	0.046	良好	0.037	良好	0.067	良好
NFI	0.985	良好	0.968	尚可	0.923	良好
GFI	0.978	良好	0.971	良好	0.945	尚可
RFI	0.987	良好	0.975	良好	0.979	良好
PNFI	0.707	良好	0.812	良好	0.689	良好
PGFI	0.767	良好	0.881	良好	0.713	良好
CMIN/DF	1.151	良好	1.677	良好	2.192	良好

4.3.4　SEM 模型结果分析

在 SEM 模型中，路径系数揭示了潜变量之间、潜变量与可测变量之间、可测变量之间的影响关系。路径系数越大，表明变量之间的影响程度越高。当路径系数高于 0.6 时，表明变量之间的影响关系很大。对于修正模型，Amos 输出各变量之间的路径系数如图 4－15—图 4－19 所示。

为了比较不同类别风险因子在各农业经营主体农业风险体系中影响程度的高低，可根据模型中的路径系数计算出各变量的权重系数。对于 7 个潜变量（R_n），计算每个潜变量的路径系数占所有潜变量路径系数和的比重，该比重就是潜变量的权重系数（W_{R_n}），即体系权重。按照相同的方式，可以计算出每个观测变量（X_{nm}）的权重系数（$W_{X_{nm}}$）。结合体系权重和观测变量的权重系数，可以得到每个测量变量占整体风险体系的权重值（$W_{nm} = W_{R_n} \cdot W_{X_{nm}}$），即指标权重。

4.3.4.1　专业大户模型结果分析

根据图 4－15 中的路径系数，得到专业大户农业风险评价体系权重如表 4－13 所示。

表 4－13　　专业大户农业风险评价体系权重系数表

潜变量	体系权重	排序	观测变量	观测变量权重	指标权重	排序
自然风险（R_1）	0.141	4	X_{11}	0.388	0.055	7
			X_{12}	0.265	0.037	15
			X_{13}	0.347	0.049	9
市场风险（R_2）	0.230	1	X_{21}	0.282	0.065	5
			X_{22}	0.341	0.078	2
			X_{23}	0.377	0.087	1
技术风险（R_3）	0.125	5	X_{31}	0.364	0.046	11
			X_{32}	0.326	0.041	13
			X_{33}	0.310	0.039	14
社会风险（R_4）	0.100	6	X_{41}	0.292	0.029	18
			X_{42}	0.243	0.024	20
			X_{43}	0.465	0.047	10
资金风险（R_5）	0.168	2	X_{51}	0.343	0.058	6
			X_{52}	0.267	0.045	12
			X_{53}	0.390	0.066	4
契约风险（R_6）	0.153	3	X_{61}	0.475	0.073	3
			X_{62}	0.181	0.028	19
			X_{63}	0.345	0.053	8
政策风险（R_7）	0.083	7	X_{71}	0.426	0.035	16
			X_{72}	0.197	0.016	21
			X_{73}	0.377	0.031	17

（1）整体层面。自然风险、市场风险、技术风险、社会风险、资金风险、契约风险和政策风险这 7 个潜变量的总效应分别为 0.73、1.19[①]、0.65、0.52、

① 市场风险的直接效应为 0.91，通过资金风险发生的间接效应为 0.35 × 0.79 = 0.28，总效应为 0.91 + 0.28 = 1.19。

0.87、0.79和0.43，路径系数都显著地异于0。可见，专业大户所面临的农业风险是一个系统，必须综合考虑这7类风险的影响。其中，自然风险、市场风险、技术风险、资金风险和契约风险的路径系数大于0.6，说明这5类风险是专业大户农业风险的重要组成部分。

在这7个潜变量中，市场风险的影响最大，其权重系数为0.230。其次是资金风险和契约风险，其权重系数分别为0.168、0.153。市场风险高，主要是因为专业大户具有一定的生产经营规模，但是在市场上却没有话语权，容易受到市场变化的影响。资金风险较高，是因为专业大户经常会扩大生产经营规模，从而需要充足的资金支持，而一旦流动性资金不足又无法筹集到资金，就会引起资金链断裂。契约风险较高，是因为专业大户需要通过土地流转实现规模效益，而专业大户容易因土地权属不清而引发其与流转者之间的矛盾。自然风险居中，因为专业大户通过生产技术的提高、水利等基础设施的加强，增强了防范自然风险的能力。技术风险、社会风险和政策风险对专业大户也有影响，但影响程度不如前4类风险。

（2）指标层面。市场风险包含农业投入成本上升、农产品销售量减少和农产品价格下降等3个观测变量，其中农产品价格下降的指标权重最大，为0.087，而且该指标在总风险体系中排名第一，说明农产品价格波动对专业农户的影响非常大。农产品销售量减少的指标权重排名第二，对专业农户的影响也非常大，这是因为专业农户的生产经营规模较大，一旦发生产品滞销，会给专业农户造成巨大损失。

资金风险包含了三个指标，即流动资金不足、无法按期偿还贷款、融资困难。其中，融资困难的指标权重最大，为0.066。这是因为专业大户的生产经营规模较大，需要更多的资金用于生产投资，但是由于农业生产风险大，并且缺乏抵押资产，专业大户授信担保困难，难以获得银行贷款。融资困难进一步限制了专业大户的生产规模，从而产生恶性循环，更加大了专业大户的农业风险。流动资金不足的指标权重也较大：一方面，专业大户可能因大规模生产经营活动而导致流动资金不足；另一方面，自然灾害所造成的减产也会导致专业大户收入减少，从而产生流动资金不足。

契约风险中，指标权重最大的是土地流转违约，为0.073，并且该指标在总风险体系中排名第三。土地流转违约能够对专业大户造成巨大的风险，原因在于其自有土地较少，大量土地通过流转获得。在实践中，有的专业大户虽然与土地流转者签订了流转合同，却没有明确约定违约责任；还有许多专业大户没有签订合同，只是口头上的协议。一旦土地转出者提前收回土地或要求增加土地流转费用，都会给专业大户造成重大影响。

自然风险包含了三个指标，即生态灾害造成的损失和生物灾害造成的损失。其中，气象灾害造成的损失指标权重最大，为 0.055。

技术风险中，指标权重最大的是技术错配，其在总风险体系中权重系数为 0.046，主要原因是专业大户使用了与自身生产经营环境不匹配的农业生产技术。社会风险中，指标权重最大的是后向产业关联者的行为，其在总风险体系中权重系数为 0.047，表明收购方的行为对专业大户的生产经营有一定影响。政策风险中，指标权重最大的是政策调整，最小的是地方政府领导者决策失误，其中地方政府领导者决策失误的权重是总风险体系中权重系数最小的，它们对专业大户的农业风险有影响，但影响很小。

4.3.4.2　家庭农场模型结果分析

根据图 4-16 中的路径系数，得到家庭农场农业风险评价体系权重如表 4-14 所示。

表 4-14　　家庭农业风险评价体系权重系数表

潜变量	体系权重	排序	观测变量	观测变量权重	指标权重	排序
自然风险（R_1）	0.131	4	X_{11}	0.404	0.053	7
			X_{12}	0.218	0.029	20
			X_{13}	0.378	0.050	9
市场风险（R_2）	0.219	1	X_{21}	0.299	0.065	3
			X_{22}	0.332	0.073	2
			X_{23}	0.369	0.081	1
技术风险（R_3）	0.119	6	X_{31}	0.298	0.035	17
			X_{32}	0.332	0.040	15
			X_{33}	0.371	0.044	12
社会风险（R_4）	0.105	7	X_{41}	0.391	0.041	14
			X_{42}	0.293	0.031	19
			X_{43}	0.316	0.033	18

续表

潜变量	体系权重	排序	观测变量	观测变量权重	指标权重	排序
资金风险（R_5）	0.145	3	X_{51}	0.340	0.049	10
			X_{52}	0.299	0.043	13
			X_{53}	0.361	0.052	8
契约风险（R_6）	0.128	5	X_{61}	0.431	0.055	6
			X_{62}	0.208	0.027	21
			X_{63}	0.360	0.046	11
政策风险（R_7）	0.153	2	X_{71}	0.387	0.059	4
			X_{72}	0.238	0.036	16
			X_{73}	0.374	0.057	5

（1）整体层面。市场风险的影响最大，其总效应为1.287，体系权重为0.219。市场风险大的主要原因：一方面，家庭农场生产的多为鲜活农产品，保质期较短，一到集中收获季节，容易出现供过于求的情况，造成市场价格的波动；另一方面，许多家庭农场从事特色种养，一旦市场需求发生转变，家庭农场来不及转型，也会造成巨大损失。

政策风险的影响也非常大，路径系数为0.90，体系权重为0.153，排在第二位。这是因为政府在家庭农场的发展中起到了至关重要的作用。为了鼓励家庭农场的创办，地方政府纷纷给予家庭农场各种补贴，有针对家庭农场的直补、流转土地租金补贴、贷款贴息补贴、农机补贴、农资补贴等。在调研中发现，政府的财政补贴常常占家庭农场收入的50%。这种政策激励措施在家庭农场的起步阶段是必要的，但也助长了家庭农场对财政补贴的依赖性。当政府减少或取消财政补贴时，就会给家庭农场造成较大的影响。

资金风险排在第三位，路径系数为0.85，体系权重为0.145。家庭农场由于集约化经营，需要承担较多的土地流转费、农机购置费等，流转土地100亩以上的家庭农场所需投资资金通常在25万元以上，个人自主投资资金有限，长期内难以为继，因此产生资金需求和资金风险。

除了前三类风险之外，自然风险、契约风险、技术风险和社会风险也对家庭农场有较大影响，这四类风险的路径系数分别为0.77、0.75、0.70和0.62，路径系数都大于 0.6。

（2）指标层面。市场风险是 7 个潜变量中对家庭农场影响最大的变量，包括3 个指标：农产品价格下降、农产品销售量减少、农业投入成本上升，指标权重分别为 0.081、0.073、0.065，在指标权重中排在前三。可见，市场风险是家庭农场面临的首要风险，其中农产品价格下降的影响尤其突出。

政策风险中，政策调整的指标权重最大，为 0.059；其次是政策待遇不公平，指标权重为 0.057。这两个指标在指标权重中分列第四、五位，表明政策调整和政策的区别都会对家庭农场产生较大影响。

资金风险中，排在第一位的是融资困难。承包、流转的土地和宅基地是家庭农场最重要的财产，但是受法律的约束，农村土地不能作为贷款抵押物。家庭农场的固定资产，如设施用房、温室大棚、农业机械等，又都不符合金融机构所要求的抵押物的条件。因此，家庭农场难以获得金融机构的贷款。

自然风险中，影响最大的是气象灾害造成的损失，其次是生物灾害造成的损失。近年来，由于我国生态环境保护力度加大，水土流失减少，土地荒漠化治理初见成效，因而生态灾害造成的损失大大减少。契约风险中，影响最大的是土地流转违约，这是因为家庭农场土地适度规模集中的主要途径是土地流转。技术风险中，影响最大的技术应用失败。社会风险中，影响最大的是环境污染造成的损失。

4.3.4.3　农民专业合作社模型结果分析

根据图4－17 中的路径系数，得到农民专业合作社的农业风险评价体系权重如表 4－15 所示。

表 4－15　　农业合作社农业风险评价体系权重系数表

潜变量	体系权重	排序	观测变量	观测变量权重	指标权重	排序
自然风险（R1）	0.153	4	X_{11}	0.453	0.069	3
			X_{12}	0.207	0.032	15
			X_{13}	0.340	0.052	9
市场风险（R_2）	0.174	2	X_{21}	0.282	0.049	11
			X_{22}	0.352	0.061	5
			X_{23}	0.366	0.064	4

续表

潜变量	体系权重	排序	观测变量	观测变量权重	指标权重	排序
技术风险（R_3）	0.161	3	X_{31}	0.297	0.048	12
			X_{32}	0.338	0.054	7
			X_{33}	0.364	0.059	6
社会风险（R_4）	0.077	7	X_{41}	0.354	0.027	18
			X_{42}	0.313	0.024	20
			X_{43}	0.333	0.026	19
资金风险（R_5）	0.133	5	X_{51}	0.372	0.049	10
			X_{52}	0.235	0.031	16
			X_{53}	0.393	0.052	8
契约风险（R_6）	0.211	1	X_{61}	0.181	0.038	14
			X_{62}	0.379	0.080	2
			X_{63}	0.441	0.093	1
政策风险（R_7）	0.090	6	X_{71}	0.435	0.039	13
			X_{72}	0.226	0.020	21
			X_{73}	0.339	0.031	17

（1）整体层面。7个潜变量中，对农民专业合作社影响最大的是契约风险，体系权重为0.211。究其原因，当前农民专业合作社普遍采用“统一订种、统一种植、统一管理、统一销售”的模式进行农业生产经营活动。在种植前，农合社统一与种子、化肥、农药等生产资料供给方签订购买合同；在收获前，农合社统一与农业龙头企业、农产品收购方等签订销售合同。无论供给方违约，还是收购方违约，都会给农民专业合作社造成重大损失。

市场风险的体系权重为0.174，排在第二位，表明市场风险对农民专业合作社有重大影响。技术风险的体系权重为0.161，排在第三位。这是因为农民专业合作社的一个重要功能是以其成员为主要服务对象，提供与农业生产经营有关的技术服务。自然风险和资金风险也对农业合作社有较大影响，其路径系数分别为0.71、0.62，体系权重分别为0.153、0.133，分别列于第四、五位。

政策风险和社会风险对农民专业合作社的影响较小，其路径系数分别为0.42、0.36，小于0.6。

（2）指标层面。对农民专业合作社而言，契约风险是7个潜变量中影响最大的，其包括 3 个观测变量：土地流转违约、供给者违约、购买者违约，指标权重分别为 0.038、0.080、0.093。购买者违约在指标权重中排在第一，其风险产生的原因是农民专业合作社为了取得“保底收入”，常常会预先签订收购合同。然而，到实际收购时，收购方压级、压价、拖延付款甚至不履行收购协议的情况时有发生。此外，农民专业合作社普遍采用统一订购生产资料的方式，但大多数合作社的采购渠道还处于物流链的下端，供货方不按约履行供货责任，售卖劣质种子、化肥和假农药的事件时有发生，给农业合作社造成巨大损失。因此，供给者违约也具有重大影响。一般农业合作社的土地主要为社员自己承包的土地，土地流转少。如果是农村土地流转合作社，其通常订立完备的土地流转合同，违约情况较少。因此，土地流转违约在农民专业合作社的违约风险中所占权重很低。

市场风险中，影响较大的是农产品价格下降和农产品销售量减少，它们在指标权重排名中分列第四、五位。技术风险中，影响最大的是技术应用失败，其次是技术应用失败。自然风险中，影响最大的是气象灾害造成的损失。资金风险中，影响较大的是融资困难和流动资金不足。政策风险和社会风险对农业合作社的影响不大，因而其观测变量的指标权重也都比较小。

4.3.4.4　农业龙头企业模型结果分析

根据图 4－18 中的路径系数，得到农业龙头企业的农业风险评价体系权重如表 4－16 所示。

表 4－16　　农业龙头企业农业风险评价体系权重系数表

潜变量	体系权重	排序	观测变量	观测变量权重	指标权重	排序
自然风险（R_1）	0.118	7	X_{11}	0.387	0.046	12
			X_{12}	0.260	0.031	19
			X_{13}	0.353	0.042	14
市场风险（R_2）	0.141	4	X_{21}	0.293	0.041	16
			X_{22}	0.362	0.051	9
			X_{23}	0.346	0.049	11
技术风险（R_3）	0.177	1	X_{31}	0.375	0.066	1
			X_{32}	0.348	0.062	2
			X_{33}	0.277	0.049	10

续表

潜变量	体系权重	排序	观测变量	观测变量权重	指标权重	排序
社会风险（R_4）	0.120	6	X_{41}	0.349	0.042	15
			X_{42}	0.339	0.041	17
			X_{43}	0.313	0.038	18
资金风险（R_5）	0.173	2	X_{51}	0.348	0.060	3
			X_{52}	0.333	0.058	5
			X_{53}	0.318	0.055	7
契约风险（R_6）	0.129	5	X_{61}	0.237	0.031	20
			X_{62}	0.412	0.053	8
			X_{63}	0.350	0.045	13
政策风险（R_7）	0.143	3	X_{71}	0.414	0.059	4
			X_{72}	0.195	0.027	21
			X_{73}	0.390	0.056	6

（1）整体层面。自然风险、市场风险、技术风险、社会风险、资金风险、契约风险和政策风险这7个潜变量的总效应分别为0.62、0.74、0.93、0.63、0.80、0.91和0.75，路径系数都大于0.6，说明它们都对农业龙头企业有较大影响。

7个潜变量中对农业龙头企业影响最大的是技术风险，体系权重为0.177。农业龙头企业不同于一般的工商企业，它肩负着开拓市场、创新科技、带动农户和促进区域经济发展的重任。农业龙头企业之所以能够成为“龙头”，依靠的主要就是技术优势和资源优势。因此，技术创新与技术运用在农业龙头企业的生产经营过程中发挥着重要的作用，也是其主要的风险来源。

资金风险的直接路径系数为0.8，但它可以对技术风险产生影响，因而其总体效应为0.91，体系权重为0.173，排在第二位。农业龙头企业的资金投入具有高风险、低回报、周期长的特点。一方面，农业龙头企业收购农业原产品、购买机器设备、应用新技术，需要大量的资金支持；另一方面，银行贷款申请难、审批周期长。这使得农业龙头企业面临资金不足和融资困难的双重风险。

政策风险的体系权重为0.143，排在第三位。农业龙头企业通常由国家、省、市、县等各级政府认定，各级政府除了出台对农业龙头企业发展的指导意见之外，还会出台一系列相关优惠政策，包括补贴、税收减免、基础设施建设支持、项目支持、信贷支持等，对农业龙头企业给予扶持。当政府的政策发生变化时，会对农业龙头企业的生产经营产生较大影响。

“订单农业”是当前农业龙头企业与农户或农业基地合作的主要组织模式，契约风险也由此产生。作为市场农业的主体，农业龙头企业上连市场，下连农业生产基地和农户，因而也不可避免地受到市场风险的影响。自然风险通过影响农业龙头企业的原料来源，对其造成影响。此外，社会风险对农业龙头企业也会产生影响。

（2）指标层面。技术风险包含了三个观测变量，其中技术错配的指标权重最大，为0.375。农业龙头企业发展的离不开现代科技的应用，但是农业企业的技术应用又有其独特的要求，其与自然条件、农产品生产周期等密切相关。例如，生物类的农业技术产品对光照、温度、水分、气体等条件有严格的要求，有些农业技术只能在一定地域推广应用，生态条件和地理环境的变化都会导致技术应用的变化。因此，技术错配的风险很大。缺少与技术相适应的配套设施也会造成技术应用失败，因而其在技术风险中排在第二位。

在资金风险中，流动资金不足的指标权重最大。这是因为在收购季节，农业龙头企业通常会集中收购大量农产品，需要大量流动资金。农业龙头企业在发展过程中，普遍采用规模扩张或拉长生产链的方式，一些企业不惜放大杠杆、提高负债，增长了还贷风险。融资困难也是造成农业龙头企业资金风险的一个重要因素。

在政策风险中，市政调整的权重系数最高，其次是政策待遇不公平。在契约风险中，权重系数最高的供给者违约。农业龙头企业的主要供给者是农户，通过与农户签订收购合同形成“订单农业”。履行合同时，农户可能会出现农产品质量不达标，或者当市场价格高于合同价格时，农户直接到市场上销售农产品。由于合同对农户的约束力不强，农户的违约成本很低，从而使农业企业面临较大的违约风险。市场风险中，农产品销售量减少的权重系数最大，其次是农产品价格下降。社会风险中，权重系数最大的是环境污染造成的损失。自然风险中，权重系数最大的是气象灾害造成的损失。

4.3.4.5　普通农户模型结果分析

普通农户的SEM模型结果所图4-19所示。由于契约风险和政策风险的路径系数不具有显著性（t绝对值均小于1.96），表明这两个潜变量在普通农户农业风险体系中的作用非常小，因而在衡量体系权重时不予考虑。根据图4-19中的路径系数，得到普通农户的农业风险评价体系权重如表4-17所示。

表4-17　　普通农户农业风险评价体系权重系数表

潜变量	体系权重	排序	观测变量	观测变量权重	指标权重	排序
自然风险（R_1）	0.288	1	X_{11}	0.424	0.122	1
			X_{12}	0.245	0.071	8
			X_{13}	0.332	0.096	2
市场风险（R_2）	0.263	2	X_{21}	0.316	0.083	6
			X_{22}	0.352	0.093	3
			X_{23}	0.332	0.087	5
技术风险（R_3）	0.141	4	X_{31}	0.340	0.048	11
			X_{32}	0.285	0.040	12
			X_{33}	0.375	0.053	9
社会风险（R_4）	0.100	5	X_{41}	0.523	0.052	10
			X_{42}	0.250	0.025	14
			X_{43}	0.227	0.023	15
资金风险（R_5）	0.209	3	X_{51}	0.394	0.082	7
			X_{52}	0.168	0.035	13
			X_{53}	0.436	0.091	4

（1）整体层面。在自然风险、市场风险、技术风险、社会风险和资金风险这5个潜变量中，体系权重最大的是自然风险。由于普通农户生产规模小，抵御灾害的能力差，自然风险依然是其面临的最主要风险。市场风险居第二位，普通农户的竞争力不强，在市场中处于弱势地位，农产品价格波动、农产品需求变化等都会给他们造成损失。资金风险居第三位，普通农户在发展种植、养殖业的时候，会面临资金不足、难以获得金融贷款的问题，从而产生资金风险。

自然风险、市场风险和资金风险的路径系数都大于0.6，表明它们对普通农户有较大影响。技术风险和社会风险的路径系数分别为0.45和0.32，均小于0.6，表明它们对普通农户有影响，但影响不大。

（2）指标层面。自然风险中，最主要的影响是气象灾害造成的损失，其指标权重为0.122，在指标权重中排第一位；其次是生物灾害造成的损失。在市场风险中，影响最大的农产品销售量减少，寻找不到合适的销售渠道是普通农户面临的主要问题。资金风险中，指标权重最高的是融资困难。技术风险中，排在前面的是技术应用失败，原因是农户文化水平不高，掌握农业技术的能力差。社会风险中，影响最大的是环境污染造成的损失。

4.3.5　实证研究结论

从上述实证分析中，得到以下结论：

4.3.5.1　与普通农户相比，新型农业经营主体具有风险异质性

通过比较农业经营主体的农业风险结构方程模型（见图 15—图 19），可以清楚地看到的，普通农户与新型农业经营主体的风险因子结构和因子关系具有显著差异。为了便于比较，将 7 类风险在普通农户、新型农业经营主体中的权重系数汇总到表 4-18。

表 4-18　　农业经营主体的农业风险体系权重系数表

	普通农户	专业大户	家庭农场	农业合作社	农业龙头企业
自然风险	0.288	0.141	0.131	0.153	0.118
市场风险	0.263	0.230	0.219	0.174	0.141
技术风险	0.141	0.125	0.119	0.161	0.177
社会风险	0.100	0.100	0.105	0.077	0.120
资金风险	0.209	0.168	0.145	0.133	0.173
契约风险	0.000	0.153	0.128	0.211	0.129
政策风险	0.000	0.083	0.153	0.090	0.143

由于不同农业经营主体的结构方程模型不同，并且问卷调查的对象也不相同，因此不能直接比较权重系数的大小。例如，普通农户的自然风险权重系数为 0.288，专业大户的自然风险权重系数为 0.141，不能由此推断普通农户比专业大户所面临的自然风险大。但是，由自然风险的权重系数在普通农户的农业风险体系中居首位，而在专业大户的农业风险体系中排在第四位，可以推断出：自然风险对普通农户的影响比对专业大户的影响大。为了使差异性更加直观，依据表 4-18 的数据生成不同类型农业经营主体农业风险体系构成图（见图 4-20）。

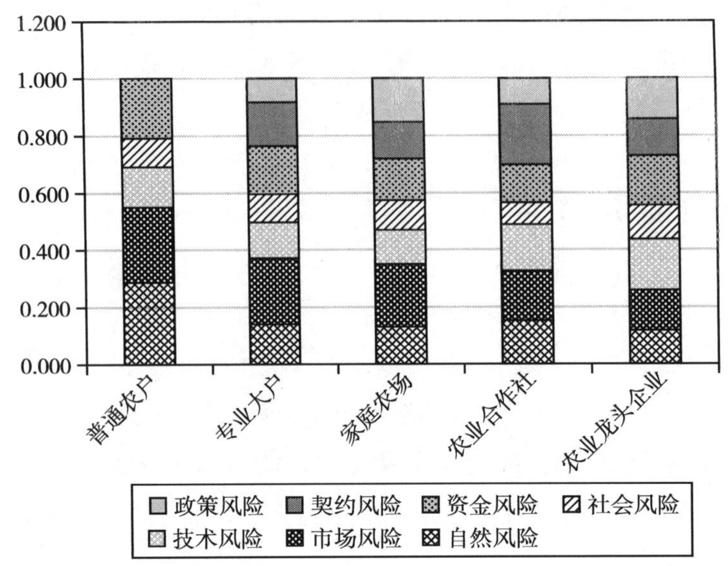

图4－20　不同类型农业经营主体农业风险体系的构成

从风险类型上来看，普通农户主要面临自然风险、资金风险、技术风险和社会风险；除了上述五种风险之外，契约风险和政策风险对新型农业经营主体也具有一定的影响。从风险的重要性来看，对普通农户而言，影响最大的是自然风险，其次是市场风险；对新型农业经营主体而言，影响较大的有市场风险、资金风险、技术风险。这是因为新型农业经营主体采取规模化、集约化的生产经营方式，能够在一定程度上抵御自然风险，因此，自然风险不是最主要的风险，而由其他风险取而代之。

4.3.5.2　不同类型新型经营主体之间也具有风险异质性

通过比较不同类型新型经营主体的风险结构模型、风险权重系数，发现不同新型农业经营主体之间的风险因子结构和因子关系也有显著差异。

首先，不同类型的新型农业经营主体在农业风险体系结构上存在差异。对专业大户和家庭农场而言，其面临的最主要风险是市场风险；农业合作社面临的最主要风险是契约风险；农业龙头企业面临的最主要风险是技术风险。对专业大户而言，排在第二、三位的风险分别是资金风险、契约风险；对家庭农场而言，排在第二、三位的风险分别是政策风险、资金风险；对农业合作社而言，排在第二、三位的风险分别是市场风险、技术风险；对农业龙头企业而言，排在第二、三位的风险分别是资金风险、政策风险。

其次，同一类风险，对不同新型经营主体的影响程度不同。以契约风险为例，它对农业合作社的影响很大，其权重系数排在第一位；对专业大户的影响较大，其权重系数排在第三位；对农业龙头企业和家庭农场有一定影响，其权重系数排在第四位和第五位。

第5章　我国农业保险产品供给现状

自2007年中央财政启动农业保险保费补贴试点以来，我国农业保险实现跨越式发展，保费规模从2007年的52亿元增长到2018年的572.65亿元，位居全球第二。在国家政策支持、市场有效推动下，农业保险在农业支持保护政策体系中的地位愈发重要，在农业发展、乡村振兴、农民福利乃至国家宏观政策体系中发挥的重要作用愈发凸显。目前，我国农业保险并没有区分投保对象，农业保险市场上所有的保险产品新型农业经营主体都可以参保。因此，我国农业保险产品供给的现状也反映了新型农业经营主体可以获得的农业保险总体情况。

5.1　我国农业保险产品供给主体

供给主体的数量与能力对农业保险产品供给起了决定性作用。近年来，在政策引导鼓励下，我国保险机构参与农业保险的积极性不断提高。农业保险经营主体不断增加，初步实现了适度竞争。

5.1.1　我国农业保险经营主体数量

2013年，保监会发布《关于加强农业保险业务经营资格管理的通知》，其中第一条明确规定："保险公司经营农业保险业务，应经保监会批准。未经批准，不得经营农业保险业务。"因此，在我国并非所有的保险公司都可以经营农业保险。

2007年，我国经营农业保险业务的公司主要有8家，分别是人保财险、中华联合、安华农业保险、安信农业保险、国元农业保险、华农财产保险、安盟保险（现名：中航安盟财险）、阳光相互农业保险公司。自 2007 年中央财政对农业保险实施保费补贴政策后，越来越多的保险公司开始进入农业保险市场。

2018 年，我国农业保险的经营主体数量增长至 35 家，其中包括四家专业性农业保险公司、一家相互制农险公司和其他拥有农业保险经营权的商业保险公司。其中，四家专业性农险公司分别是国元农业保险股份有限公司、安华农业保险股份有限公司、安信农业保险股份有限公司、中原农业保险股份有限公司；一家相互制农险公司为阳光农业相互保险公司；其他拥有农业保险经营权的保险公司包括中国人民财产保险股份有限公司、中国太平洋财产保险股份有限公司、阳光财产保险股份有限公司、中华联合财产保险股份有限公司等。

近几年，由于不断有新的经营主体进入，我国农业保险市场集中度呈逐年下降的趋势，$CR_5$①指标从 2010 年的 95.3% 下降至 2017 年的 76.9%（见图 5－1），市场竞争程度日益激烈。

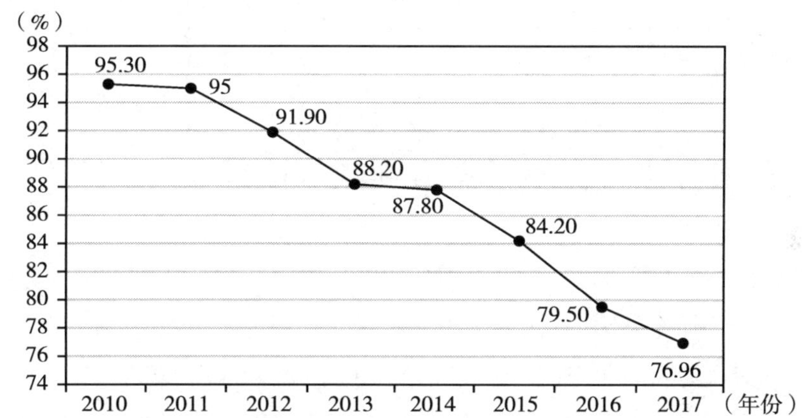

图 5－1　2012—2017 年我国农业保险市场集中度 CR_5 指标变化情况

资料来源：根据中国保险年鉴相关数据计算整理。

按农业保险保费收入进行排序，2017 年保费收入位列前十的农业保险经营主体依次为人保财险、中华财险、阳光农险、太保产险、国元农险、国寿财险、安华农险、中航安盟、平安产险、中原农险，位列前三的人保财险、中华财险和阳光农险所占的市场份额位依次为 45.18%、14.85% 和 5.87%（见表 5－1）。

① 市场集中度指标 CR_5 计算方式为：农业保险市场上排名前 5 位公司的农业保险保费收入/全国农业保险保费收入。

表 5 -1　　2017 年农业保险保费收入前十位公司一览表　　单位：百万元

序号	机构简称	保费收入	同比增长	市场份额
1	人保财险	21866.48	12.94%	45.18%
2	中华财险	7185.78	3.58%	14.85%
3	阳光农险	2841.87	6.07%	5.87%
4	太保产险	2704.49	44.58%	5.59%
5	国元农险	2650.32	12.30%	5.48%
6	国寿财险	2450.34	50.31%	5.06%
7	安华农险	2317.71	7.44%	4.79%
8	中航安盟	1398.87	13.72%	2.89%
9	平安产险	927.79	15.78%	1.92%
10	中原农险	901.93	92.11%	1.86%

资料来源：《中国保险年鉴》(2018)。

5.1.2　我国各地区农业保险市场竞争情况

选用赫芬达尔—赫希曼指数（HHI）[①] 进行市场集中度分析，2017 年我国各地区农业保险市场 HHI 指数如图 5 -2 所示。我国农业保险市场供给主体间的竞争具有较明显的区域性特征，经营主体数量较多的省份为河南省和山东省，数量分别为 13 家和 12 家。黑龙江省、湖北省、海南省 、江苏省、安徽省、江西省、福建省以及厦门市、深圳市、大连市的 HHI 指数均在 50% 以上，市场竞争度较低。上海市、山东省青岛市、西藏自治区、青海省 HHI 指数为 100% ，几乎只有一家经营主体。天津市、河北省、内蒙古自治区、辽宁省、吉林省、山东省、山西省、浙江省、河南省、湖南省、广东省、广西壮族自治区、重庆市、四川省、贵州省、云南省、陕西省、甘肃省、新疆维吾尔自治区、浙江省宁波市 HHI 指数均在 50% 以下，华北、东北、华中、西北地区市场竞争程度较高。

① 赫芬达尔—赫希曼指数（HHI），用来反映产业集中度，HHI 指数越小，市场竞争程度越大，反之，市场竞争程度越小。某地农业保险 HHI 指数计算方式为：某地所有农业保险经营主体市场份额的平方和。

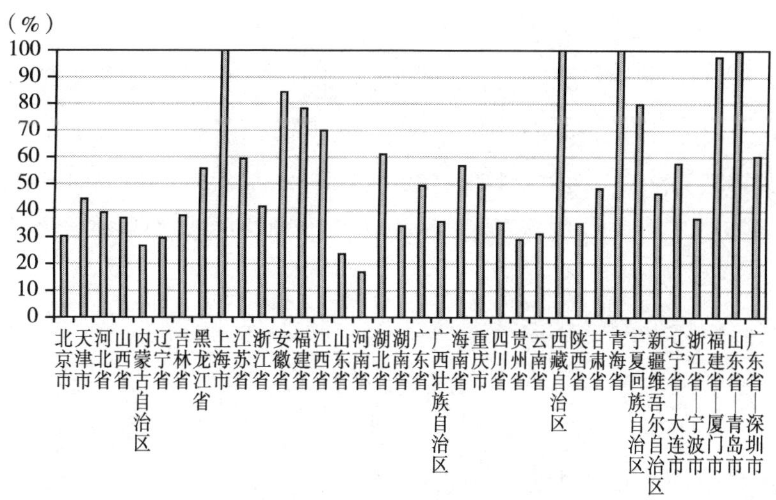

图 5－2　2017 年我国各地区农业保险市场 HHI 指数

资料来源：根据中国保险年鉴各年度相关数据计算整理。

5.2　我国农业保险产品供给的种类

农业风险的损失频率与损失程度“双高”导致农业保险存在市场失灵。如果没有政府补贴，农业生产者不愿意支付高额的保费，农业保险供给者也不愿承担高额的保险赔款。因此，政府补贴对农业保险的发展起了至关重要的推动作用。我国自 2007 年启动农业保险保费补贴政策以来，一直坚持“中央保大宗、地方保特色”的补贴原则，形成了以中央财政补贴的农业保险产品为主，地方特色农业保险产品为辅的产品体系。近年来，一些新增的种类进一步丰富了农业保险产品体系。

5.2.1　中央财政补贴的农业保险产品

按照农业种类的不同，一般将农业保险分为种植业保险和养殖业保险。其中，种植业保险可分为生长期农作物保险、收获期农作物保险、蔬菜园艺作物保险、水果和果树保险、林木保险等。养殖业保险可分为牲畜保险、家畜保险、家禽保险、水产养殖保险以及其他养殖保险。

5.2.1.1 种植业保险

种植业保险亦称农作物保险，是指以玉米、水稻、小麦等粮食作物及棉花、油料、糖料等经济作物为保险标的，对承保作物在生长、收获期间因自然灾害或意外事故而遭受的经济损失承担赔偿责任的保险。种植业保险可分为生长期农作物保险、收获期农作物保险、蔬菜园艺作物保险、水果和果树保险、林木保险等。

生长期农作物保险是指以生长期的农作物为保险标的，主要对农作物从播种、出苗、生长、成熟各期内因发生合同约定的保险事故而造成的经济损失承担赔偿责任的保险。

收获期农作物保险是指以收获期的农作物为保险标的，主要对农作物从收割至完成初加工装入仓库的一定时期内因发生合同约定的保险事故造成的经济损失承担赔偿责任的保险。

蔬菜园艺作物保险是指以生长期的蔬菜及园艺作物为保险标的，对蔬菜及园艺作物在生长过程中因发生合同约定的保险事故而造成的经济损失承担赔偿责任的保险。

水果和果树保险是指以种植的水果或果树为保险标的，对水果或果树自水果从定果（疏果）至果实成熟离枝期间内，因发生合同约定的保险事故而造成的经济损失承担赔偿责任的保险。一般在水果和果树保险的保险合同中约定的保险责任包括基本保险责任及虫害保险责任两部分。基本保险责任包括：第一，火灾、爆炸、雷击；第二，暴风、台风、龙卷风；第三，暴雨、冰雹、雪灾、冻害；第四，空中运行物体坠落。虫害保险责任是指经一定级别的农业技术部门鉴定确认，保险标的发生爆发性、危险性、大面积的虫灾事故。

林木保险是指以林木为保险标的，对林木在生长中或砍伐后尚未集中存放时因发生合同约定的保险事故而造成的经济损失承担赔偿责任的保险。林木保险覆盖的树种包括森林中生长的树木、园木、竹林等。其保险责任一般包括林木在生长过程中遭受的自然灾害、意外事故等。

从作物种类来看，2017 年我国种植业保险中三大主粮作物——玉米、水稻、小麦的农业保险保费收入分别为 83.66 亿元、58.95 亿元、74.79 亿元，其他作物保费收入为 35.75 亿元。

5.2.1.2 养殖业保险

养殖业保险，是指以饲养的畜、禽和水生动物等为保险标的，对承保标的在养殖过程中因发生保险合同约定的灾害事故而造成的经济损失承担赔偿责任的保险。

牲畜保险是指以牛、马、骡、驴、猪等牲畜为保险标的，对牲畜因合同约定的疾病或保险事故（包括自然灾害如风灾、水灾、火灾、雨灾和野兽伤害、互斗、碰撞等）而死亡造成的经济损失承担赔偿责任的保险。牲畜保险附加险种的种类较多。包括牲畜伤残和医疗费用险、流行性疾病险、流行性疾病的后果损失险、屠宰险（屠宰后发现不符合卫生当局规定的要求）、产仔险、阉割险、牲畜运输险、展览险等。

家畜保险是指以由中央相关部门核定公告的家畜为保险标的，对被保家畜因合同约定的疾病、难产、雷殛、溺水、火烧、车祸、摔跌致死、紧急屠宰、依法扑杀或运输中发生死亡等保险事故承担赔偿责任的保险，主要种类有乳牛保险、乳羊保险、肉猪保险、肉羊保险等。家畜保险主要分为死亡保险和运输保险及其他。

家禽保险是指以饲养的商品性家禽为保险标的，对家禽在保险期间发生合同约定的疾病、意外伤害或自然灾害造成的损失承担赔偿责任的保险。主要投保对象有国有农牧场、农村合作经济组织及专业户等。主要种类有生猪保险、养羊保险、养鸡（成鸡）保险、养鸭保险、养鹅保险等。

水产养殖保险是指以人工投放苗种、饵料的经营管理方式进行养殖的鱼、蟹、虾、贝、藻类及其他水生经济动植物为保险标的，对保险标的在保险期间内因风暴、洪水、雷击、火灾等自然灾害或因病害导致死亡造成的经济损失承担赔偿责任。一般根据养殖的水域环境可分为淡水养殖保险和海水养殖保险。

从养殖种类来看，2017年养殖业保险中育肥猪、奶牛、能繁母猪的农业保险保费收入分别为40.06亿元、17.04亿元、14.19亿元，其他养殖业险种保费收入为17.67亿元。

5.2.1.3　森林保险

森林保险可分为公益林保险和经济林保险。公益林保险，是指以人工林场和天然林场为保险标的，对林木生长期内因自然灾害和意外事故、病虫灾害造成的损失承保赔偿责任的保险。林木在生长期内面临的自然灾害主要为火灾，其他灾害有洪水、风灾、雪灾、虫灾等。经济林保险，是指以经济林种为保险标的，包括林木可提供的具有经济价值的根叶皮、果实、汁水等产品和具有观赏性的名贵林种。保险公司对承保对象因自然灾害或病虫害所致的损失承担赔偿责任。目前经济林保险的林种有苹果、柑橘、核桃、枣树、茶树、山楂、橡胶树等。

森林保险的保险期限一般为一年，保险金额一般是林木的再植成本，具体包括整地、苗木、栽植、施肥等费用，保险费率一般根据林木历史平均损失情况和当地风险水平等因素综合厘定，一般为5‰以下。例如，福建省开办森林综合险的费率为2.5‰，保额为每亩600元；湖南省公益林保险费率为4‰，保额为每亩400元；江西省商品林火灾保险费率为1.5‰，商品林综合保险费率为4‰，保额不超过每亩800元；公益林综合险费率为2‰，保额为每亩500元。目前我国开展的森林保险的保险责任主要包括火灾、暴雨、泥石流、洪水、暴风、冰雹、暴雪、台风、霜冻、虫灾等。开办试点根据当地灾害特征对保险责任范围进行具体规定。例如我国福建省开办的森林保险责任包括火灾、病虫害、暴风、暴雨、干旱等。湖南省森林保险责任包括病虫鼠害、火灾、洪水、旱灾、冻灾等。江西森林保险责任包括森林病虫害导致的林木流失、掩埋、主干折断、倒伏或死亡等。浙江森林保险责任包括龙卷风、泥石流等。

从险种结构上来看，我国种植险在农业保险中所占的比重最大，森林保险所占比重最小，养殖险比重居中。2017年我国种植业保险保费收入为253.15亿元，在农业保险收入中的占比最高，为67%；其次是养殖业保险，保费收入为88.96亿元，占比为24%；森林保险保费收入最少，为32.61亿元，占比为9%（见图5-3）。

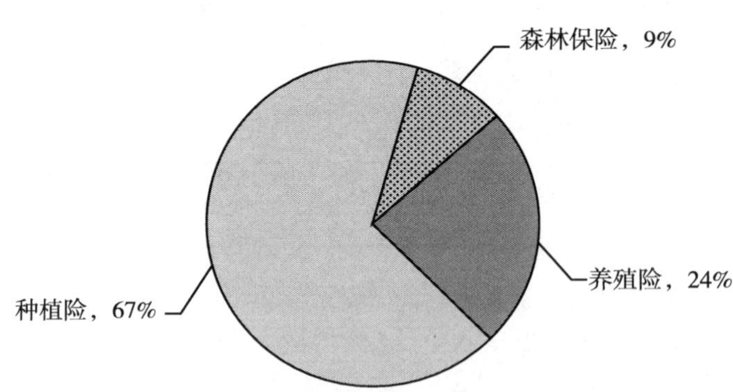

图5-3 2017年我国农业保险险种结构图

资料来源：根据保监会公布的相关数据计算整理。

根据承保对象进行分类，中央财政补贴的险种主要分为种植业保险、养殖业保险、森林保险和其他品种。地方财政补贴的险种主要分为种植业保险、养殖业保险和涉农保险。2017 年起财政部印发的《中央财政农业保险保险费补贴管理办法》规定，目前我国中央财政补贴的品种共计 15 个（见表 5－2）。补贴险种标的既包括大宗农作物，也包括地方特色农作物，其中种植业保险包括玉米、水稻、小麦、棉花、马铃薯、油料作物、糖料作物，养殖业保险包括能繁母猪、奶牛、育肥猪，森林保险包括已基本达到林权制度改革要求、产权明晰、生产与管理均处正常状态的公益林和商品林，另外还有其他品种如藏区品种青稞、牦牛、藏系羊及天然橡胶等。

表 5－2　　中央财政补贴的农业保险险种

险种分类	补贴品种
种植业保险	玉米、水稻、小麦、棉花、马铃薯、油料作物、糖料作物
养殖业保险	能繁母猪、奶牛、育肥猪
森林保险	已基本完成林权制度改革、产权明晰、生产和管理正常的公益林和商品林
其他品种	青稞、牦牛、藏系羊、天然橡胶， 以及财政部根据党中央、国务院要求确定的其他品种

补贴方式一般实行中央、省级、县级三级补贴，中央财政保费补贴的比例一般在 40% 左右，农户需要承担的比例一般为 20% 左右。不在中央补贴范围内的一些农业保险产品的保费补贴由省级及以下财政部门提供，中央对这些地方特色的农业保险产品实施以奖代补的政策，给予保费补贴方面的支持。除中央财政补贴的农业保险，其余险种由地方财政进行保费补贴（见表 5－3）。

表 5－3　　地方财政补贴的农业保险险种

险种分类	补贴品种
种植业保险	大棚蔬菜及大棚、香蕉、苹果、西瓜、葡萄、柑橘、梨
养殖业保险	鸡、鸭、鹅、淡水虾、淡水鱼、蟹、海水（网箱）养鱼、海参
涉农保险	渔船、农房、农业机械、渔民（人身意外伤害）

从补贴标准来看，根据产业不同，中央财政补贴比例最低为 30%，最高为 90%，其中获得补贴最高的大多是中央单位，另外对中西部地区的补贴比例高于东部地区。对于种植业，在省级财政至少补贴 25% 的基础上，对中西部地区补贴较高，为 40%，对东部地区补贴 35%；对纳入补贴范围的新疆生产建设兵

团、中央直属垦区、中国储备粮管理总公司、中国农业发展集团有限公司等（统称中央单位），中央财政补贴最高，为65%。对于养殖业，在省级及省级以下财政（地方财政）至少补贴30%的基础上，中央财政对中西部地区补贴比例较高，为50%，对东部地区补贴40%；对中央单位①补贴最多，中央财政补贴比例高达80%（见表5－4）。

表5－4　　我国农业保险保费补贴标准（森林除外）

补贴对象	省级及省级以下财政	中央财政对中西部地区	中央财政对东部地区	中央财政对中央单位
种植业	至少25%	40%	35%	65%
养殖业	至少30%	50%	40%	80%
藏区品种、天然橡胶	至少25%	40%	40%	65%

对于森林，公益林在地方财政至少补贴40%的基础上，中央财政补贴50%；对大兴安岭林业集团公司，中央财政补贴90%。商品林在省级财政至少补贴25%的基础上，中央财政补贴30%；对大兴安岭林业集团公司，中央财政补贴55%。对于藏区品种、天然橡胶，在省级财政至少补贴25%的基础上，中央财政补贴40%；对于中央单位，中央财政补贴65%（见表5－5）。

表5－5　　我国森林保险保费补贴标准

补贴对象		省级及省级以下财政	中央财政	中央财政对大兴安岭林业集团公司
森林	公益林	至少40%	50%	90%
	商品林	至少25%	30%	55%

5.2.2　地方特色农业保险产品

从地区上来看，目前我国东部、西部、中部地区大部分省份都已经开展了符合地方特色农业产业发展的农业保险产品。

① 纳入补贴范围的新疆生产建设兵团、中央直属垦区、中国储备粮管理总公司、中国农业发展集团有限公司等统称中央单位。

东部地区部分省份农业保险险种及补贴政策如表 5－6 所示。其中，浙江省的特色农业保险险种较多。东部地区省级财政补贴比例为 20% 左右。

表 5－6　　我国东部地区部分省份农业保险险种及补贴政策

省份	特色农业保险险种	相关补贴政策
福建省	蔬菜种植、设施肉羊、设施蛋鸡、设施食用菌、葡萄、莲籽、食用菌、肉牛、兔、枇杷、茶叶	省级财政补贴 20%，市、县级财政补贴不低于 20%
山东省	日光温室、苹果、桃、冬枣、鸭梨	农户自担 50%，省级财政补贴 15%—20%，市县级财政补贴 35%—30%
海南省	设施大棚及棚内蔬菜保险、育肥猪保险、桑蚕保险、养鸡保险和花卉、水果种植保险	省财政都给予一定比例的保费补贴，补贴标准为：苏南地区 20%、苏中地区 30%、苏北地区 50%
广东省	种植类：岭南特色水果包括荔枝、龙眼、香蕉、木瓜、柑橘橙柚 畜牧类：家禽（肉鸡）	种植类农户自担 20%，畜牧类农户自担 30%
浙江省	种植业：茶叶、食用菌、杨梅、水蜜桃、草莓、枇杷、梨、猕猴桃、柑橘、火龙果、甜瓜、棉花、花卉、糖蔗、西兰花、莲、茭白、蕃薯、马铃薯、水稻制种、中药材 林业：油茶、山核桃、香榧、板栗、苗木 养殖业：蚕、羊、两头乌、肉牛、兔、蜂、青蟹、龟鳖、南美白对虾、贝类、紫菜、网箱养鱼、生猪价格指数 其他：家庭农场、农机具	省财政对批准的省级试点险种按“以奖代补”方式，给予一般地区 20%、欠发达及海岛地区 30% 的保费补贴

西部地区的四川省、贵州省、甘肃省、云南省、重庆市地方政府补贴的特色农业保险险种数量较多（见表 5－7）。在补贴方面，对于特色农业保险险种，地方财政根据不同区域在一定程度上给予补贴或奖励，西部地区省级财政补贴比例为 40% 左右。

表 5 -7　我国西部地区部分省（市）农业保险险种及补贴政策

省（市）	特色农业保险险种	相关补贴政策
四川省	烟叶、水果、肉牛羊、涉林保险	在市县财政保费补贴的基础上，省级财政分四档给予 20% 至 35% 的奖补，对贫困县的奖补标准再提高 10 个百分点
贵州省	烤烟种植保险、茶叶保险	省级财政定额补贴，一年一定
甘肃省	种养产业综合保险：具体保险标的包括花椒、核桃、枸杞、百合、油橄榄、桃、苹果、中药材、肉牛、肉羊、高原夏菜、设施蔬菜、育肥猪、鸡等	省级财政补贴 40%、市县财政补贴 50%、贫困户自缴 10%；农业龙头企业、农民合作社以及非贫困户等投保主体按照省级财政补贴 40%、市县财政补贴 40%、自缴 20% 的比例分摊保费（特色品种实施“以奖代补”政策，省级财政给予一次性奖励补助）
云南省	咖啡	省级财政保险费补贴 30%，州（市）、县（市、区）财政补贴 50%，其余农户和农业生产经营组织承担
	苹果	省级财政保险费补贴 30%，州（市）、县（市、区）财政补贴 45%，其余农户和农业生产经营组织承担
重庆市	生猪、水稻、柑橘、青菜头、蔬菜类和山羊收益保险	市级财政补贴 42%，区县级财政补贴 28%，农户自缴比例 30%
	鸡蛋、猕猴桃、笋竹、花椒、辣椒、中药材（含黄精和金银花）等农产品收益保险	区县级财政补贴

甘肃省 2018 年前已经开办 2 个省级财政补贴的险种，即苹果和中药材。2018 年又出台了《2018—2020 年农业保险助推脱贫攻坚实施方案》，为保障贫困农户的收入稳定，增加了在农业保险方面的财政投入，围绕特色产业发展因地制宜新设了肉牛、肉羊、高原夏菜、设施蔬菜、育肥猪和鸡 6 个省级财政补贴品种，省级财政通过“以奖代补”的方式对各地开办的特色品种给予支持。同时所有险种将被设计开发为种养产业综合保险，为农户提供种养产业一揽子风险保障。

贵州省按照“鼓励创新、试点先行、逐步推广”的原则，鼓励支持全省各地因地制宜开展地方特色优势保险。目前贵州省地方特色农业保险品种达到了34 个，品种包括农、林、畜产品，牛、羊、林木种苗、茶叶、精品水果等，险种包括种植养殖险、价格指数保险、天气指数保险等。其中，烤烟保险和茶叶保险开展效果较好，2016 年贵州省内 18 个县参保了烤烟保险，被保农户有20. 81 万户，保险金额为 1. 57 亿元。2015 年凤冈县茶园茶叶承保面积 30 万亩，提供风险保障 8250 万元。另外，贵州省的农产品目标价格保险试点正在积极探索中，其他较为传统的、承保物化成本的损失保险产品正在积极创新中，改进方向为价格保险、天气指数保险、产量保险、产值保险等一些承保市场风险的保险产品。建立农业补贴、涉农信贷、农产品期货与农业保险联动机制，不断满足广大农户特别是新型农业经营主体的保险需求。

云南省特色农业保险险种除咖啡和苹果以外，昆明市在 2017 年出台的《昆明市地方性特色农业保险试点工作方案》中，将马铃薯和能繁母羊纳入地方政策性农业保险试点。每亩小春马铃薯需要农户缴纳 9 元，最高保额为 1200 元；每亩大春马铃薯农户需要缴纳 6 元，最高保额为 800 元。在昆明一、二板块地区的能繁母羊投保人需要缴纳 1. 12 元/只，在第三板块地区的投保人只需缴纳0. 22 元/只，保额为 800 元。

中部地区的山西省、湖南省、湖北省根据地方农业特色开办了不同的农业保险产品，例如湖南省的艳红辣椒保险、湖北省的小龙虾天气指数保险（见表 5 –8）。

表 5 –8　　我国中部地区部分省份农业保险险种

中部地区	特色农业保险险种
山西省	核桃、梨、苹果、红枣
湖南省	柑橘、茶叶、黄桃、艳红辣椒、森林土鸡、中药材、蓝莓、黑木耳、山核桃、油茶林、百合、猕猴桃等
湖北省	莲子种植、辣椒、玉米、西甜瓜、钢架大棚、杂交水稻种子、小龙虾天气指数保险、螃蟹养殖保险

5. 2. 3　新增农业保险产品

除了传统的农业保险产品之外，近年来我国政府大力推动农业指数保险、农产品目标价格保险、农业大灾保险的创新与试点。

5.2.3.1　农业指数保险

指数保险是以预先设定的参数为触发理赔的标准，若保险标的相关指数达到合同约定指数则视为发生保险事故，启动理赔程序，保险公司统一进行赔偿损失，这可以在一定程度上提高农业保险的理赔速度和服务水平。预先设定的参数一般有降雨量、气温等气象指数和价格指数。指数保险具体分为气象指数保险、价格指数保险、地区单位产量指数保险、卫星植被生长指数保险、牲畜死亡率指数保险。

目前指数保险在我国已经开始试点，其中产品数量最多的是天气指数保险。天气指数保险是保险公司在大量历史损失数据的基础上搭建损失模型，结合气象部门监测的数据设计出的保险产品，它的理赔过程更加透明、科学合理，道德风险低，是一种新的风险管理工具。2007 年 4 月，安信农险公司推出的西甜瓜梅雨强度指数保险是我国最先进行实践的天气指数保险。2008 年，农业部国际合作司、世界粮食计划署、国际农发基金三方签署《农村脆弱地区天气指数农业保险国际合作项目》备忘录。2009 年，在该项目的支持下，安徽国元农业保险率先在安徽省长丰县试点推出了“水稻种植天气指数保险产品”。此后，广东、福建、江西等地区逐步开始进行天气指数保险的试点。表 5 - 9 显示了我国农业天气指数保险发展过程中的重要事件。可以看出，我国天气指数保险的种类不断增加，承保的风险日益增多，承保的范围不断扩大。

表 5 - 9　我国天气指数保险发展过程中的重要事件

年份	主要事件
2007	安信农险公司推出的西甜瓜梅雨强度指数保险
2008	农业部国际合作司、世界粮食计划署、国际农发基金三方签署《农村脆弱地区天气指数农业保险国际合作项目》备忘录
	国内首个花菜价格指数保险在崇明的花菜基地开始试点
2009	安徽国元农业保险公司推出水稻天气指数保险
	人保财险广东分公司重新修订了橡胶和甘蔗种植风灾保险条款，在赔偿处理中引入了风力指数保险概念
2010	福建省长汀县开始试点烟草种植霜冻保险和暴雨洪涝等指数保险

续表

年份	主要事件
2011	江西省针对蜜橘种植户推出低温指数保险
	北京市针对蜂群饲养户推出累计降水量和连续阴天数指数保险
2012	福建省推出烟叶气象业务
	南京开发出内塘螃蟹水文指数保险产品
2013	中国人保与獐子岛集团股份有限公司双方合作开发“獐子岛集团风力指数保险”，签出国内风力指数型水产养殖保险第一单
	张家港市推出夏季保淡绿叶菜价格指数保险
	安徽省气象局与农业保险公司合作开发“小麦种植天气指数保险”于 2013 年 9 月通过中国保监会正式批准，开创了“国内小麦天气指数保险”的先例
2015	《中国保监会关于做好农业气象灾害理赔和防灾减损工作的通知》要求各保险公司加快推进天气指数保险落地试点
	新疆维吾尔自治区针对棉农推出棉花低温天气指数保险
	人保财险海南省分公司正式签订国内首单橡胶树风灾指数保险
	太平洋保险公司首创茶叶低温霜冻气象指数保险
2016	中央一号文件明确提出“探索开展重要农产品目标价格保险，以及收入保险、天气指数保险试点”
2017	浙江省常山县推行油茶低温气象指数保险试点
2019	江苏苏州推出“大闸蟹气温指数保险”

截至 2018 年末，我国已经试点的天气指数保险产品有 50 多种。从地区上来看，开设天气指数保险试点的地区较为集中，除少数险种在全国范围内进行推广以外，其余大多数试点险种都分布在东部沿海地区，险种数量占比超过半数，如上海、浙江、福建、江苏等。从保险标的种类上来看，大多数险种的保险标的为蔬菜瓜果类农产品，主要有蔬菜、柑橘、茶叶、猕猴桃、葡萄、杨梅等。少数保险产品以玉米、水稻为保险标的，另外还有能源类的保险标的，如橡胶。从保险责任范围上来看，观测的指数包括平均气温、高温、低温、风力、降水量等，保障的灾害包括旱灾、洪涝、冻灾、风灾等。天气指数保险的费率在 5%—12%，比传统保险的费率要更高一些。已开展天气指数试点的地区对该险种的财政补贴支持力度较大，对于粮食作物和经济作物的指数保险，财政补贴比例为 70%—90%；对于水产养殖类天气指数保险，财政补贴比例为 30%—

70%。天气指数保险大多数处在试点阶段，参保范围和保险覆盖面较小。例如2011—2015年，在江西省开办的蜜桔低温冻害指数保险，保险试点面积累计18万亩，不足橘园总面积的26%；2017年在浙江象山开办的紫菜养殖风力指数保险，保险覆盖面积仅为4000亩，不足当地紫菜养殖总面积的10%。

2011年，上海市率先推出绿叶菜价格指数保险，保险标的为种植面积和市场销量较大的几个蔬菜品种。在保费方面，种植户只需承担10%，其余90%由地方财政承担，其中市级财政和区县财政分别补贴50%和40%。此后，北京、天津、陕西、山东、宁夏、浙江、四川等地陆续开始了价格指数保险试点，保险产品种类包括生猪价格指数保险、牛奶价格指数保险、鸡蛋价格指数保险、土鸡价格指数保险等。

目前我国价格指数保险较多采用“保险+期货”模式。保险赔付额度依据事先约定的保险标的价格和规模而确定，即将收获季的期货价格与事先确定的价格进行对比再决定是否进行赔付，进而确定赔付金额。国家对于价格指数保险的支持力度较大，政府对于保费的补贴比例为80%—90%（见表5－10）。以山东省为例，山东省开办的大葱价格指数保险保费为280元/亩，保险金额为3500元/亩，政府补贴80%，农户自担20%。保险责任为当春葱价格低于每斤0.52元或当夏葱价格低于每斤0.42元时，保险公司向葱农给付保险金。牛奶价格指数保险，财政补贴比例为政府80%，农户自担20%。保险责任为当被保牛奶的实际年平均收购价格低于约定的目标价格时，保险公司根据差价部分对被保险人进行赔偿。北京市开办的生猪价格指数保险按照“猪粮比”6∶1的标准，根据差价部分对被保险人进行赔偿。保险金额为每头猪1200元，保险费率为1%。财政补贴标准为政府补贴80%，养殖户自身承担20%。2016年陕西省开办了花椒价格指数保险，保险标的为花椒的销售价格，保费补贴标准为省、市级财政补贴90%，农户仅需承担10%的保费。

表5－10　我国部分地区价格指数保险种类及保费补贴标准

试点地区	险种	政府补贴比例	参保人自付比例
山东省	大葱价格指数保险	80%	20%
山东省	牛奶价格指数保险	80%	20%
北京市	生猪价格指数保险	80%	20%
陕西省	花椒价格指数保险	90%	10%
上海市	蔬菜价格指数保险	90%	10%

5.2.3.2　农产品目标价格保险

2014 年中央一号文件《关于全面深化农村改革加快推进农业现代化的若干意见》中首次提出“探索粮食、生猪等农产品目标价格保险试点”，并将目标价格保险作为“完善粮食等重要农产品价格形成机制”的重要举措。

2014 年，我国有 8 家保险公司开办了价格保险业务，且承保区域很小。例如，阳光农险只选取了黑龙江省范围内的哈尔滨管理局庆阳农场这一处开办了水稻目标价格保险试点。2015 年，我国价格保险在 20 多个省份进行试点。例如，天津市的蛋鸡养殖保险和生猪价格保险，黑龙江省的水稻价格保险，山东省的大葱、蒜薹等蔬菜目标价格保险等。2015 年 8 月，我国第一个“保险 + 期货”模式的农产品价格保险诞生，承保公司为人保财险，投保人为北京伟嘉集团和锦州义县桂勇玉米种植专业合作社、义县华茂谷物种植专业合作社，保险标的分别是鸡蛋和玉米。该保险合同明确规定，当约定月份的玉米或鸡蛋期货价格低于事先约定的价格时，人保财险进行理赔。人保公司同时与期货公司子公司签订合同，通过借助购买场外看跌期权产品分摊风险、降低损失。2017 年，新疆在克拉玛依市小拐乡、六师芳草湖、一师阿拉尔三地进行“棉花价格保险 + 期货”试点，将具有战略意义的非主粮作物纳入价格保险保障范围。2019 年，山东省在平阴县、东营市东营区、寿光市、鱼台县、夏津县、武城县 6 个县（区）开办了棉花目标价格试点，保险责任为当结算价格低于目标价格时，视为保险事故发生，由保险公司按照合同约定进行理赔。保险费统一规定为 120 元/亩，每亩最低保障收益折算为 1216 元，保险费实行全额财政补贴，保险期间为 4 个月。

目前，我国农产品价格保险大多数是由地方政府提供保费补贴，补贴资金依据来源可以分为财政部门资金、物价部门资金和畜牧部门资金等三大类，且保费补贴比例一般很高。以蔬菜价格保险为例，各地地方财政补贴比例平均为 80%—90%，菜农仅需自担 10%—20% 的保险费。有些农产品价格保险的补贴来自不同层级的地方政府，有些则来自于某一单独层级的政府，还有少数保险公司开展的价格保险没有任何财政补贴，如人保财险 2014 年在河北省承保的粮食作物产值保险没有财政补贴。

5.2.3.3　农业大灾保险

2017 年 5 月，财政部会同农业部、保监会研究制定了《粮食主产省农业大灾保险试点工作方案》，并印发《关于在粮食主产省开展大灾保险试点的通知》，明确提出在全国13个粮食主产省（河北、内蒙古、辽宁、吉林、黑龙江、江苏、安徽、江西、山东、河南、湖北、湖南、四川），选择200个产粮大县率先开始进行农业大灾保险试点。其中，位居全国前三的产量大省——黑龙江、河南、山东各选择20个县进行试点，其他省份各选择14个县进行试点。试点时间为2017年和2018年共两年。试点保险标的首先选择关系国计民生和粮食安全的水稻、小麦、玉米三大粮食作物。

农业大灾保险是指面向适度规模经营农户，以提高农业保险责任范围、保障额度和赔付标准为目标的综合性专属农业保险业务。其中，经营规模为当地户均承保面积10—15倍的即为适度规模经营农户。农业大灾保险的保障范围包含直接物化成本和地租成本两部分。中央对于试点地区的保费补贴标准为：对试点县面向全体农户的、保险金额覆盖直接物化成本部分的基础农业保险保费，在省级财政至少补贴25%的基础上，中央财政对中西部地区补贴47.5%、对东部地区补贴45%；对试点县面向适度规模经营农户的、保险金额覆盖地租成本部分的专属农业保险保费，中央财政对中西部地区补贴47.5%、对东部地区补贴45%。2017年中央财政拨付大灾保险试点资金30.18亿元[①]。农业大灾保险的保费及赔偿金额如表5－11所示。

表5－11　　农业大灾保险保费及赔偿金额

险种	普通农户	种植大户
小麦种植保险	单位保费18元/亩 （自缴20%，3.6元）	单位保费36元/亩 （自缴20%，7.2元）
	保险赔偿金额450元/亩	保险赔偿金额900元/亩
玉米种植保险	单位保费18元/亩 （自缴20%，3.6元）	单位保费36元/亩 （自缴20%，7.2元）
	保险赔偿金额400元/亩	保险赔偿金额850元/亩
水稻种植保险	单位保费30元/亩 （自缴20%，6元）	单位保费50元/亩 （自缴20%，10元）
	保险赔偿金额650元/亩	保险赔偿金额1100元/亩

5.2.3.4　粮食作物完全成本保险和收入保险

2018年中央一号文件《中共中央　国务院关于实施乡村振兴战略的意见》

① 财政部. 财政部拨付2017年农业大灾保险试点保费补贴资金［N］. 财政部网站，http：//jrs.mof.gov.cn/zhengwuxinxi/zhengcejiedu/201712/t20171229_2790587.html，2017－12－29.

明确提出，“探索开展稻谷、小麦、玉米三大粮食作物完全成本保险和收入保险试点，加快建立多层次农业保险体系”。按照该文件部署，财政部于2018年8月发布《关于开展三大粮食作物完全成本和收入保险试点工作的通知》，在6个省（区）即内蒙古、辽宁、安徽、山东、河南、湖北，每个省（区）分别选择4个产粮大县开展成本保险或收入保险试点（见表5－12）。

表5－12　　完全成本保险和收入保险试点地区及品种

地区	品种	完全成本保险试点县个数	收入保险试点县个数
内蒙古	玉米	2个	2个
辽宁	玉米	2个	2个
安徽	水稻	4个	—
湖北	水稻	4个	—
山东	小麦	4个	—
河南	小麦	4个	—

内蒙古和辽宁的试点品种为玉米完全成本保险和玉米收入保险，安徽和湖北的试点品种为水稻完全成本保险和水稻收入保险，山东和河南的试点品种为小麦完全成本保险和小麦收入保险。成本保险或收入保险的保险标的为三大主粮作物——水稻、小麦、玉米。承保对象为小农户和规模经营农户。试点期限为3年，从2018年开始至2020年截止。在保险费用方面，保险费率的厘定应遵循保本微利的原则，风险保费要高于80%（包括大灾风险准备金），附加费用不得超过20%。险种没有绝对免赔额，相对免赔额在30%以内。在补贴比例方面，县级财政保费补贴被取消，农户自担的比例最低为30%；中央财政按地区给予不同比例的补贴，对中西部地区和东北地区补贴的比例为40%，对东部其他地区补贴的比例为35%。同时，对于已经建档立卡的贫困户，各地区财政条件允许的情况下可以对农户自缴的部分给予保费减免。

5.3　我国农业保险产品供给规模和保障水平

在政策支持和推动下，我国农业保险实现较快发展。从保费收入上来看（见

图5－4），农业保险供给规模逐年递增，并且增速较快。2007年我国农业保险原保险保费收入为51.8亿元，2018年为572.7亿元，11年增长10倍。2017年农业保险原保险保费收入为479.1亿元，2018年为572.7亿元，同比增长19.54%。

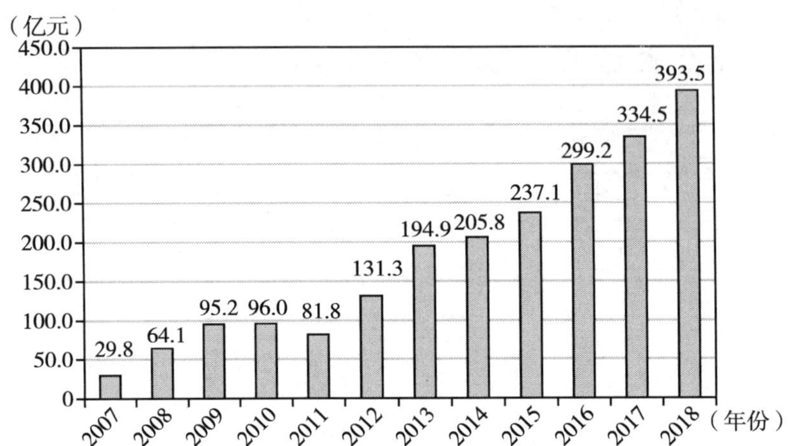

图5－4　2007—2018年我国农业保险原保险保费收入

资料来源：根据保监会历年发布的相关数据整理。

从农业保险保费收入占财产保险保费收入的比例上看（见图5－5），有上升趋势，但总体占比仍然偏低。2007—2018年，农业保险保费收入占财产保险保费收入的比例始终在5%以下。其中，占比最低的年份为2007年，为2.59%；2018年占比最高，也仅为4.87%。而2018年我国第一产业增加值占国内生产总值的比例为7.19%，二者之间还有一定差距，由此可见农业保险仍有发展空间，

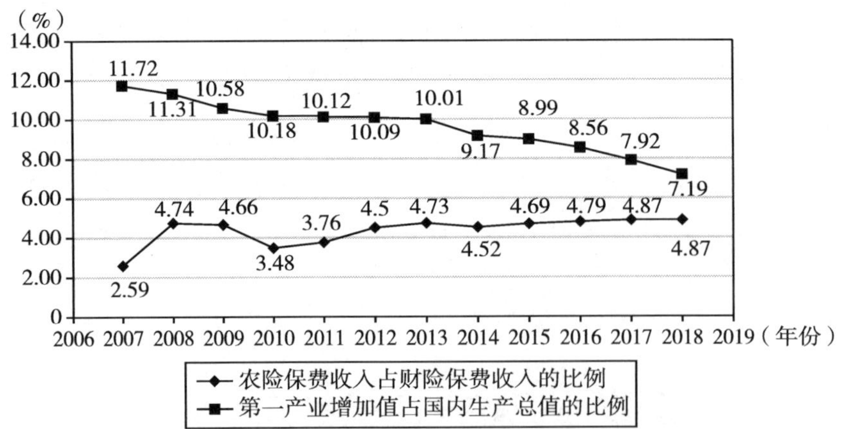

图5－5　2007—2018年农业保险占比

资料来源：根据银保监会发布的相关数据及中国统计年鉴相关数据计算整理。

规模仍需扩大。

从农业保险的赔付情况来看（见图5－6），2007年，我国农业保险赔款支出为29.8亿元，2018年为393.5亿元，增长了12倍。近5年，除2014年外，我国农险保费赔付支出增长率均达到了两位数，2018年同比增长17.64%。

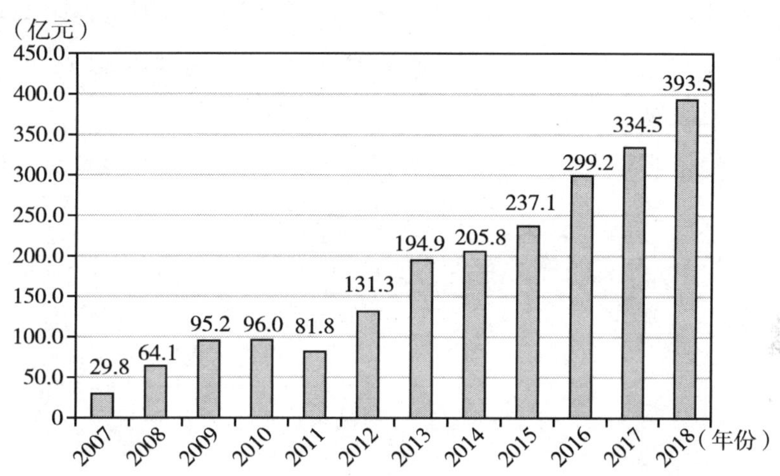

图5－6　2007—2018年我国农业保险赔款支出

资料来源：根据保监会历年发布的相关数据整理。

从赔付率来看，我国农业保险赔付率大多在50%—70%这一区间波动（见图5－7）：2011年较低，为47%；2016年较高，为71.63%。细分至时间阶段来看，赔付均值依然呈逐渐上升趋势，2007—2012年平均赔付率为59.81%，2013—2018年平均赔付率为67.49%。

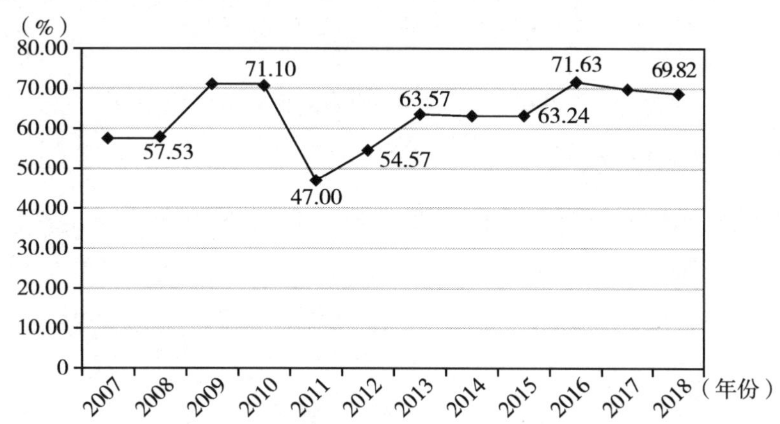

图5－7　2007—2018年我国农业保险赔付率

资料来源：根据保监会历年发布的相关数据计算整理。

从农业保险保障水平①来看（见图5－8），2008年至2018年，我国农业保险保障水平不断上涨，2008年为3.59%，2018年已增长到23.21%，10年间增长了近5.5倍，年均增长率为22.39%，平均保障水平为12.79%。农业保险保障水平增长率整体上呈波动式变化：2010年增长率最低，为－10.64%；2008—2010年农业保险保障水平缓慢起步，平均保障水平为4.7%；2011—2013年农业保险保障水平发展迅速，年均增速28.7%左右，平均保障水平为9.11%；2014—2017年农业保险保障水平发展平稳，平均保障水平超过17%；2018年农业保险保障水平增长率最高，为23.21%。值得注意的是2013年以后林业保险的保额增长迅速，在一定程度上提升了农业保险保障水平。种植业保险被保面积占比提升迅速，从而提升了保险保障水平。畜牧业保险则由于保险产品间保障水平存在较大差异，且被保畜产品种类有限，保障水平的增长在一定程度上受到限制。

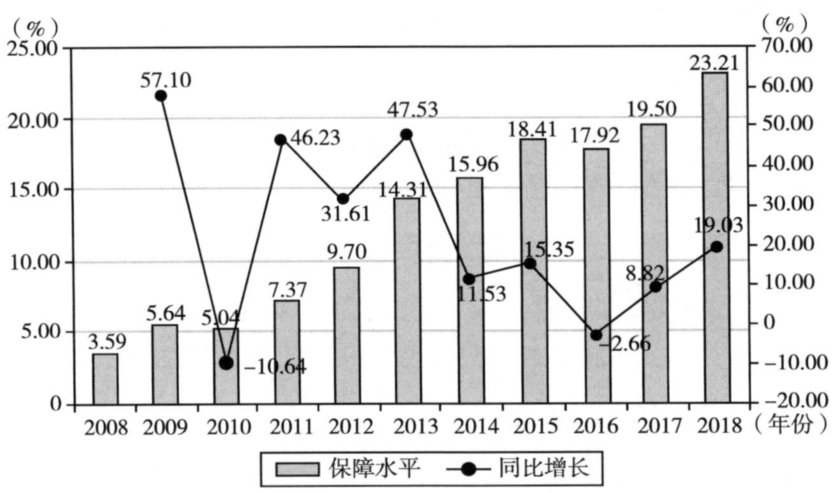

图5－8　2008—2018年我国农业保险保障水平

资料来源：根据《中国统计年鉴》《中国保险年鉴》及作者搜集资料整理。

从产业结构的角度来看，我国种植业农业保险保障水平高于养殖业农业保险保障水平（见图5－9）。从农业保险发展至今，种养产业间的农业保险保障水平的差距呈波动式变化，2009—2011年逐渐增加，2012年以后又逐渐缩小，截

① 农业保险保障水平分为宏观和微观两类。宏观层面的农业保险保障水平＝农业保险总保额/农业总产值，反映农业保险为整个农业产业提供风险保障的程度。微观层面的农业保险保障水平＝农业保险单位保险金额/单位农产品价值，反映农业保险为单个参保者提供的保障程度，即单位农产品价值中受保险保障的比例。此处所指的是宏观层面的。

至2018年，畜牧业的保险保障水平已经反超种植业。

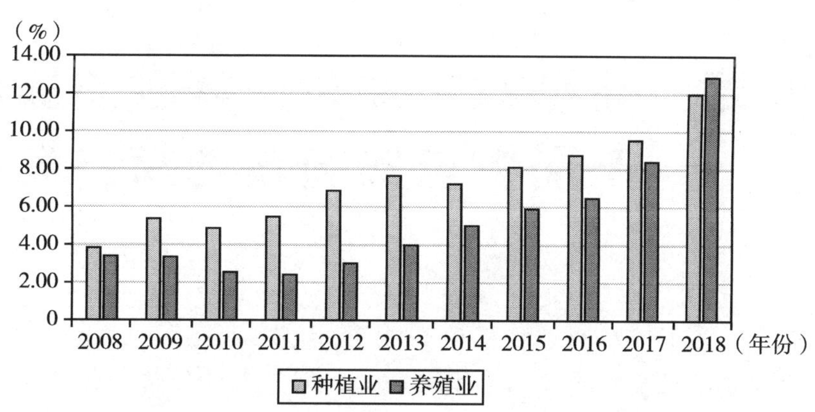

图5-9 2008—2018年种植业和养殖业保险保障水平

资料来源：根据《中国统计年鉴》《中国保险年鉴》等资料计算整理。

从具体农作物来看，2018年我国种植业中棉花的农业保险保障水平最高，保障水平为50.57%，其次为小麦，保障水平为30.73%，第三位是玉米，保障水平为26.91%。小麦、玉米、水稻、大豆等粮食作物的保障水平为27.37%，比油料作物高14.19%，约为油料作物的2倍，比糖料作物高7%左右。在三大粮食作物中，小麦的农业保险保障水平最高，其次是玉米，最后是水稻，保障水平为26.53%。养殖业中奶牛的农业保险保障水平最高，为22.98%，其次为生猪，为15.76%。整体而言，养殖业的农业保险保障水平与种植业相比仍然存在差距。

从全国各省（市）来看，2018年北京市、上海市农业保险保障水平处于全国领先水平，保障水平超过70%，其较高的保障水平主要与地方经济发展水平和对农业保险的重视程度有关。此外，2018年我国农业产值占比较小的省份的农业保险保障水平在30%以上，农业产值占比较大的省份农业保险保障水平在20%以上，其他省份保障水平在25%以上。可见，农业产值占比较大的省份其农业保险保障水平有待提升。另外，无论是种植业保险还是养殖业保险，不同省份之间的保障水平相差很大，最高保障水平和最低保障水平相差超过30倍。在粮食作物中，玉米保障水平最高和最低的省（市）分别为北京（80.89%）、河南（1.13%），小麦保障水平最高和最低的省（市）分别为北京（56.69%）、贵州（0.62%），水稻保障水平最高和最低的省（市）分别为上海（67.93%）、云南（6.87%）；养殖业中，生猪保障水平最高和最低的省（市）分别为北京（56.96%）、安徽（1.29%）。

第6章　新型农业经营主体农业保险产品供求失衡与创新方向

新型农业经营主体具有风险异质性的特征，对农业保险提出了新的需求。近年来，我国农业保险发展取得了积极成效，但是农业保险产品的供给与新型农业经营主体的需求差距较大，处于供求失衡的状态。一方面，产品创新是解决新型农业经营主体农业保险供需失衡的重要途径；另一方面，新型农业经营主体农业保险供求失衡的症结点也正是农业保险产品创新的方向。

6.1　新型农业经营主体对农业保险产品供给的评价

作为农业保险的需求方，新型农业经营主体的切身感受和评价能够反映出农业保险产品供给与需求之间的关系。鉴于此，本项研究做了一次关于新型农业经营主体农业保险产品供给评价的小规模问卷调查，从农业保险产品设计与服务两个方面调查新型农业经营主体对农业保险产品供给的评价。

6.1.1　样本来源

2018年，在对新型农业经营主体进行农业风险影响因素的问卷调查时，对其中参保了农业保险的新型农业经营主体进行了农业保险供给评价问卷调查。本次调查共回收有效问卷711份，其中专业大户179份，家庭农场172份，农业合作社170份，农业龙头企业190份。

6.1.2　样本生产经营特征

调查对象是以种植业为主的新型农业经营主体，主要生产经营范围为水稻、棉花、油菜、小麦、蔬菜、水果、茶叶等农作物的种植。样本的生产经营特征如表 6－1 所示。

表 6－1　　　　样本生产经营特征

变量	范围	比例（%）			
		专业大户	家庭农场	农业合作社	农业龙头企业
经营面积（亩）	50 以下	18.62	7.57	3.76	0.00
	50（含）—100	12.82	8.09	9.58	9.07
	100（含）—500	48.12	52.73	43.82	30.42
	500（含）—1000	12.55	13.65	22.87	35.33
	1000 及以上	7.89	17.96	19.97	25.18
雇工人数（人）	无	7.28	15.21	10.66	0.00
	1—5	36.84	45.38	15.64	0.00
	6—10	33.1	32.18	38.25	12.52
	11 以上	22.78	7.23	35.45	87.48
近三年年均纯收入（万元）	10 以下	8.54	8.78	0.00	0.00
	10（含）—50	52.63	42.67	18.37	1.98
	50（含）—100	22.6	29.80	21.55	4.60
	100（含）—200	10.54	11.65	39.03	18.04
	200 及以上	5.69	7.10	21.05	75.38

从经营面积来看，专业大户、家庭农场、农业合作社的经营面积在 100—500 亩这一范围占比最大；而农业龙头企业的经营面积普遍要比这三类主体更大，在 500—1000 亩这一范围占比最大。从雇工人数来看，农业龙头企业雇佣的工人最多，雇佣 11 人以上的农业龙头企业占比达 87.48%；其次是农业合作社，雇佣 11 人以上的农业合作社占比达 35.45%；雇工人数最少的是家庭农场，这与家庭农场以家庭成员为主要劳动力的特征有关。从近三年年均纯收入来看，绝大多数专业大户和家庭农场的年均纯收入都超过了 10 万元，10 万—50 万元这一范围占比最高；农业合作社则主要在 100 万—200 万元这一范围；农业龙头企业的收入最高，200 万元以上占比达 75.38%。

6.1.3 农业保险产品设计评价

农业保险产品的核心要素是保险责任、保险费、保险金额和保险赔款，新型农业经营主体对这四项要素的评价如表 6－2 所示。

表 6－2 新型农业经营主体对农业保险产品设计的评价

要素	选项	专业大户	家庭农场	农业合作社	农业龙头企业
保险责任	完全能满足	3 (1.68%)	2 (1.16%)	0 (0.00%)	0 (0.00%)
	能较好满足	21 (11.73%)	18 (10.47%)	16 (9.41%)	0 (0.00%)
	基本能满足	31 (17.32%)	26 (15.12%)	23 (13.53%)	38 (20.00%)
	不能满足	124 (69.27%)	126 (73.26%)	131 (77.06%)	152 (80.00%)
保险金额	偏高	11 (6.15%)	7 (4.07%)	5 (2.94%)	0 (0.00%)
	适中	60 (33.52%)	54 (33.40%)	45 (26.47%)	51 (26.84%)
	偏低	108 (60.33%)	111 (64.53%)	120 (70.59%)	139 (73.16%)
保险费	偏高	37 (20.67%)	28 (16.28%)	31 (18.02%)	23 (12.11%)
	适中	137 (76.54%)	142 (82.56%)	135 (78.49%)	167 (87.89%)
	偏低	5 (2.79%)	2 (1.16%)	4 (1.16%)	0 (0.00%)
损失补偿比例	90%以上	12 (6.7%)	9 (5.23%)	0 (0.00%)	0 (0.00%)
	70%—90%	20 (11.17%)	21 (12.21%)	19 (11.18%)	29 (15.26%)

续表

要素	选项	专业大户	家庭农场	农业合作社	农业龙头企业
损失补偿比例	50%—70%	24（13.41%）	27（15.70%）	27（15.88%）	35（18.42%）
	30%—50%	59（32.96%）	48（27.91%）	53（31.18%）	46（24.21%）
	30%以下	64（35.75%）	67（38.95%）	71（41.76%）	80（42.11%）

对于“已参保农业保险的保险责任范围是否能满足风险保障需求”这一问题的回答，从不同类型主体来看（见表6－1）：专业大户中，仅有3户认为“完全能满足”（占1.68%），21户认为“能较好满足”（占11.73%），31户认为能“基本满足”（占17.32%），124户认为“不能满足”（占69.27%）；家庭农场和农业合作社中，认为“不能满足”的分别有126户（占73.26%）、131户（占77.06%）；农业龙头企业的不满意度最高，认为“完全能满足”和“能较好满足”的为0，认为“基本满足”的占20%，认为“不能满足”的占80%。由此来看，生产经营规模越大的经营主体，对保险责任范围的保障需求越大。从总体上看，认为“不能满足”的新型农业经营主体占样本总数的74.96%（见图6－1）。从受访者的回答来看，“不能满足”的原因有两方面：一是保险标的的种类太少，种植业中的许多经济作物、杂粮作物、特种作物等还没有纳入保险范围中，许多农机、农工、农用设施也没有纳入保险范围。二是承保的风险种类太少，主要承保的是自然风险，市场风险、技术风险等不在保险责任范围之内。

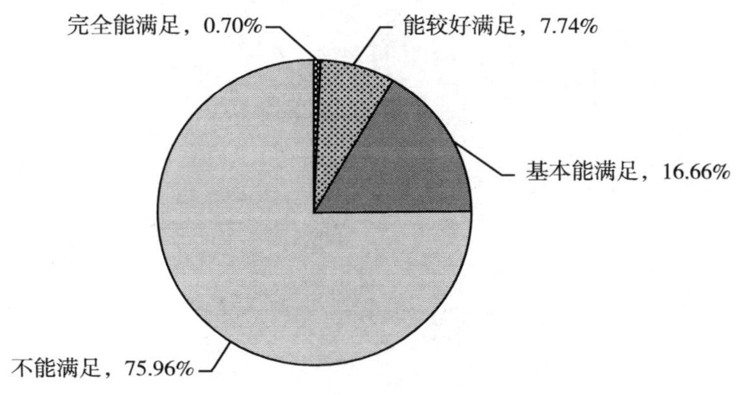

图6－1　新型农业经营主体对保险责任的评价

在对保险金额的评价中，认为“保险金额偏高”的主体非常少，虽然有26%—33%的主体认为“保险金额适中”，但是仍有61.40%的专业大户、64.53%的家庭农场、70.59%的农业合作社和73.16%的农业龙头企业认为“保险金额偏低”。显然，随着经营主体规模的增大，其对保险金额的要求也就越来越高。总体来看，样本数中67.23%的新型经营主体认为“保险金额偏低”（见图6－2）。

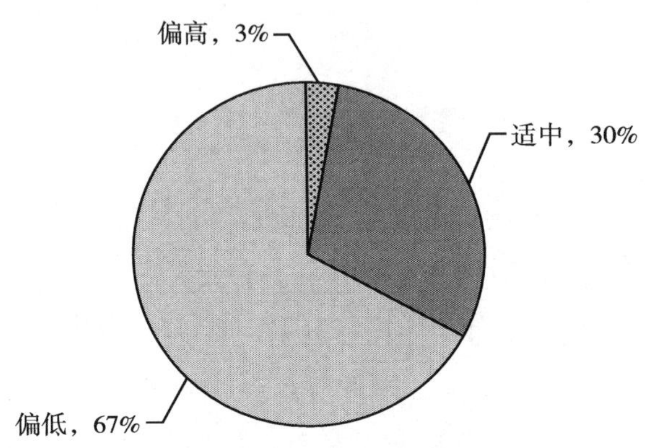

图6－2　新型农业经营主体对保险金额的评价

对于保险费的评价，从不同主体来看：20.67%的专业大户认为“保险费偏高”，家庭农场中持相同看法的占16.28%，农业合作社中占18.02%，农业龙头企业中占12.11%；认为“保险费适中”的占比非常高，专业大户中占76.54%，家庭农场中占82.56%，农业合作社中占78.49%，农业龙头企业中占87.89%；认为“保险费偏低”的非常少。从总体情况来看，认为“保险费适中”的新型农业经营主体占样本总数的81.71%（见图6－3），表明参保主体对保险费的满意度非常高。从调查中了解到保险费满意度高的原因主要有三个：第一，受保

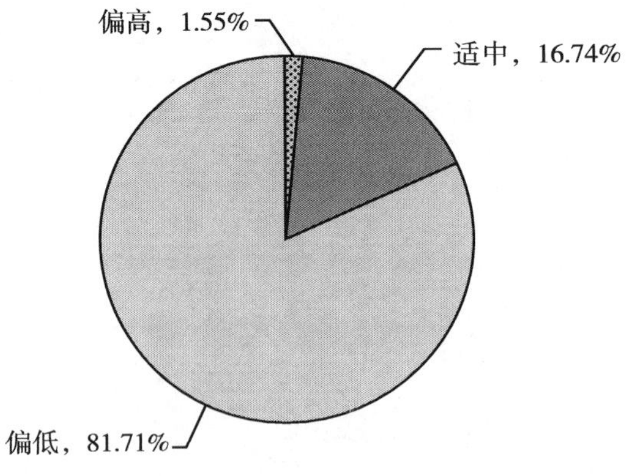

图6－3　新型农业经营主体对保险费的评价

险金额较低的影响，保费较低；第二，我国农业保险以政策性保险为主，政府财政补贴比例较高；第三，新型农业经营主体的保险意识较强，经济能力较强。

问卷中的“损失补偿比例”是指保险事故发生后，被保险人获得的保险赔款与实际损失之比，考查的是新型农业经营主体从农业保险中获得的保障程度。专业大户和家庭农场中，超过35%的参保者损失补偿比例低于30%；农业合作社和农业龙头企业中，超过40%的参保者损失补偿比例低于30%。从总体情况来看，损失补偿比例低于50%的新型农业经营主体占比达到68.63%（见图6－4），表明目前的农业保险产品损失补偿能力较弱，对新型农业经营主体的保障不足。

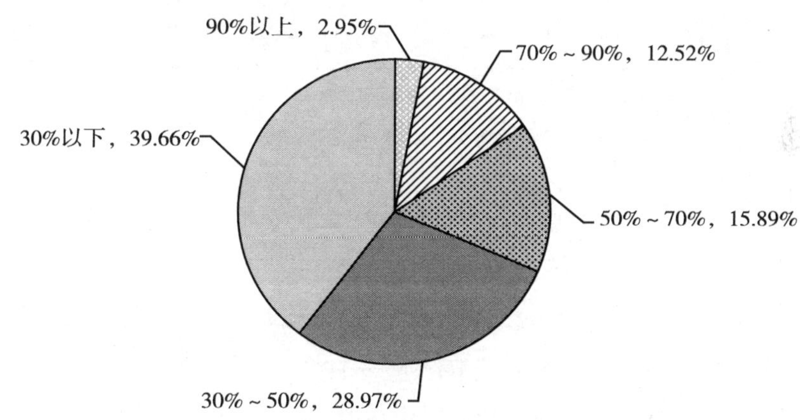

图6－4　新型农业经营主体的损失补偿比例

6.1.4　农业保险产品服务评价

农业保险产品服务主要集中在投保、查勘定损和赔付三个环节，新型农业经营主体对这三项服务的评价如表6－3所示。

表6－3　新型农业经营主体对农业保险产品服务的评价

目标	选项	专业大户	家庭农场	农业合作社	农业龙头企业
投保满意度	满意	38 （21.23%）	53 （30.81%）	47 （27.65%）	68 （35.79%）
	基本满意	96 （53.63%）	83 （48.26%）	82 （48.24%）	101 （53.16%）
	不满意	45 （25.14%）	36 （20.93%）	41 （24.12%）	21 （11.05%）

续表

目标	选项	专业大户	家庭农场	农业合作社	农业龙头企业
查勘定损满意度	满意	41 (22.91%)	23 (13.37%)	34 (20.00%)	13 (6.84%)
	基本满意	125 (69.83%)	130 (75.58%)	113 (64.47%)	128 (67.37%)
	不满意	13 (7.26%)	19 (11.05%)	23 (13.53%)	49 (25.79%)
赔付程序满意度	满意	75 (41.90%)	78 (45.35%)	62 (36.47%)	100 (52.63%)
	基本满意	89 (49.72%)	73 (42.44%)	90 (52.94%)	78 (41.05%)
	不满意	15 (8.38%)	21 (12.21%)	18 (10.59%)	12 (6.32%)

在投保环节，大多数受访者对投保服务表示“满意”或“基本满意”。近年来，国家和地方各级政府大力支持农业保险的发展，保险公司也日益重视农业保险业务。为了提高投保率，具有农险牌照的保险公司纷纷派遣工作人员根植农村、贴近农业生产经营主体开展服务。从投保服务满意度来看，这项工作取得了显著成效。但是，不容忽视的是，仍然有20%左右的专业大户、家庭农场、农业合作社和10%左右的农业龙头企业对投保服务不满意。在调查中发现，不满意的主要原因是保险条款难以理解，保险业务员的解释不清楚、不详尽。

在查勘定损环节，大多数专业大户、家庭农场、农业合作社和农业龙头企业对查勘定损服务“满意”或“基本满意”。但是，仍然有7.26%的专业大户、11.05%的家庭农场、13.53%的农业合作社和25.79%的农业龙头企业对查勘定损服务“不满意”。我们在调查中发现，选择“不满意”的受访者生产经营规模普遍较大，而农业保险的查勘定损以现场查勘为主，需要保险公司工作人员通过逐村（场、户）查单据、查现场、查情况，查对损失标的等步骤完成，查勘定损的精确度、及时性有待提高。

在赔付环节，大约90%的新型农业经营主体认为农业保险赔付所需要的申请材料比较简单，保险公司一旦定损后，支付赔款的速度较快。

6.2　新型农业经营主体农业保险产品供需失衡的症结

当前，农业保险产品供给与新型农业经营主体需求失衡的症结集中于以下三点。

6.2.1　保险产品结构单一化与风险因素多元化不匹配

我国农业保险产品的供给对财政补贴的依赖程度非常高，销售量最大的是全国普及且享有中央财政补贴的险种，其次是省级财政补贴险种，最后是地方特色险种。除了统保险种实现全省覆盖以外，地方特色农业保险产品以小规模、分散性、试点性开展为主，覆盖范围较窄，赔付率偏高，可持续发展能力不足。

根据 2017 年 1 月财政部发布实施的《中央财政农业保险保险费补贴管理办法》，中央财政补贴保费的农业保险标的主要包括 15 类，即玉米、水稻、小麦、棉花、马铃薯、油料作物、糖料作物、能繁母猪、奶牛、育肥猪、森林、青稞、牦牛、藏系羊和天然橡胶。省级财政补贴的险种通常在中央财政补贴的基础上，根据地方特色和产业政策对保险标的进行调整。例如，2018 年，湖北省开办的中央给予补贴的 7 类农业保险险种，分别是水稻、小麦、油菜、棉花、森林、能繁母猪、奶牛保险，加上专门面向适度规模经营主体的水稻和小麦大灾保险，以及湖北省自办的省级补贴险种——“两属两户”（军属、烈属、五保户、低保户）农房保险，共计 9 个农业保险险种。湖南省省级补贴险种标的包括：种植业中的烟叶、柑橘、葡萄、茶叶、湘莲、水稻制种；养殖业中的能繁母牛、甲鱼、肉鸡、鸭、鹅、生猪价格指数。从上述分析中不难看出，目前我国农业保险产品的保险标的大多为农产品。然而，在现代化、规模化的生产经营环境下，除了农产品之外，新型农业生产经营主体还拥有大量的农业机械、机器设备、生产材料等要素，却难以获得保险保障。

从农业保险产品的责任范围来看，种植业保险产品的保险责任主要为气象灾害和病虫害对投保农作物种植成本造成的损失；养殖业保险产品的保险责任为重大病害、自然灾害和意外事故所导致的投保个体直接死亡。例如，水稻种植保险的保险责任包括暴雨、洪水（政府行蓄洪除外）、内涝，风灾、雹灾、冻灾、旱灾，地震、泥石流、山体滑坡，病虫草鼠害。能繁母猪保险的保险责任为重大病害、自然灾害和意外事故所引致的能繁母猪直接死亡。可见，我国农业保险产品承保的风险绝大部分限于自然风险。然而，新型农业经营主体在生产经营实践中，不仅会遭遇自然风险，还会遭遇市场风险、技术风险、社会风险、资金风险、契约风险和政策风险等多种风险。更为重要的是，自然风险已经不是新型农业经营主体面临的最主要风险。

6.2.2 保险保障水平低与高投入、高损失不适配

保险产品的保障水平有绝对数额和相对数值两种解释。从绝对数额来看，保障水平是指保险合同中约定的保险金额；从相对数值来看，保障水平是指损失发生后保险赔款弥补损失的比例。无论从保险金额来看，还是从保险赔款弥补损失的比例来看，常规农业保险产品的保障水平都与新型农业经营主体的要求存在较大差距。

自从2004年政策性农业保险首次试点以来，我国农业保险的承保对象以传统农户为主，实施“低保障、低收费、广覆盖”的原则。农业保险产品只承保农业生产过程中的“物化成本”，同时受到指导价偏低、财政支持能力有限等条件的限制，保险金额较低。例如，《水稻种植保险条款》通常规定：“保险金额参照保险水稻生长期内所发生的直接物化成本，包括种子成本、化肥成本、农药成本、灌溉成本、机耕成本和地膜成本，由投保人与保险人协商确定，并在保险单中载明。”

与传统农户相比，新型农业经营主体经营规模大，投入资金多，风险相对集中，具有高投入、高产出、高风险的特点。为了实现规模经营，新型农业经营主体需要承包或租赁大片土地、雇佣劳动力，土地流转费用、人工成本、设备成本、融资成本、技术成本、服务费用等在其总成本中占比较大，直接物化成本占比较低。以湖北省为例，若不考虑土地租金和人工费用，种植一亩水稻的成本包括种子40元、拌种剂5—10元、整地和播种80元、肥料200元、农药200元、灌溉50元、收割50元，以上共650—700元。若考虑土地租金和人工费用，每亩成本将达到1200元以上。虽然2017年湖北省基本水稻保险单位保额每亩由200元提高至400元，但与新型农业经营主体的投入相比，差额仍然非常大。新型农业经营主体更为关心的是产量风险、价格波动风险和收入损失风险，

而常规农业保险产品过低的保障水平与新型农业经营主体高额的农业生产成本不相匹配，无法发挥农业保险分散风险、弥补损失的功能。

6.2.3　逐一定损的赔偿方式与规模化集约化的生产模式不适应

传统的农业保险产品以实际损失作为赔偿的依据，保险公司对每个参保者的损失进行理算，做到核保到户、验标到户、查勘定损到户。普通农户的生产经营规模小，农业生产资料投入少，损失赔偿只包括物化成本，赔偿数额小，这种赔偿方式可以应对。这种逐一定损的赔偿方式却不能适应新型农业生产经营主体的要求，具体表现为：

一是新型农业经营主体对定损技术的要求高。生产成本投入高，并以农业收入作为收入的主要来源。损失发生后，灾害补偿数额会影响新型农业经营主体的灾后恢复和再生产，因而对定损技术的精确性提出了较高要求。由于逐一定损的标准会因个人的理解产生偏差，因而实践中经常有参保的生产者对赔款产生争议和纠纷。

二是逐一定损的工作量太大。新型农业经营主体从事区域成片的农作物种植或大规模家禽、水产养殖，容易发生大规模损失。逐一定损在实际操作中工作量很大，难以做到对损失一一准确核实，容易出现象征性赔付、任意赔付、平均赔付等问题。

6.3　我国农业保险产品创新方向

农业保险产品创新需要精准对接新型农业经营主体的风险保障需求，在农业生产、市场销售、融资信用等方面为新型农业经营主体提供多层次、全方位的保险保障，构建起与新型农业经营主体需求相适应的多元化农业保险产品体系。我国农业保险产品可从以下几个方面进行创新。

6.3.1　多层次保障水平型产品

6.3.1.1　产品创新的理念

我国常规农业保险产品以农作物的物化成本来决定保险金额，保障水平不仅低，而且是单一的，与参保者的生产规模、经济状况和投保意愿没有关系。农业生产者通常只能决定是否投保，而不能根据自己的风险需求和支付愿意自主选择保障水平。以《水稻种植保险条款》为例，保险水稻的每亩保险金额根据水稻生长期内所发生的直接物化成本来确定，包括种子成本、化肥成本、农药成本、灌溉成本、机耕成本和地膜成本。保险水稻发生保险责任范围内的损失时，赔偿金额 = 不同生长期的最高赔偿标准 × 损失率 × 受损面积 × （1 - 绝对免赔率）。其中，不同生长期的最高赔偿标准：在移栽成活—分蘖期，等于每亩保险金额 ×40%；在拔节期—抽穗期，等于每亩保险金额 ×70%；在扬花灌浆期—成熟期，等于每亩保险金额 ×100%。新型农业经营主体经营规模大，投入资金大，生产成本高，按照这种保障方式，保险赔偿数额不足以补偿新型农业经营主体损失的50%。

多层次保障水平型农业保险产品的基础是产量保险或者收入保险，即其损失赔偿以参保者的产量损失或收入损失为基础。因此，这种类型的保险产品能够提高新型农业生产经营主体的损失补偿比例，使新型农业生产经营主体获得更高水平的保险保障。

多层次保障水平型农业保险产品最重要的创新之处是设置不同层次的保障水平，以满足参保者不同的保障需求。新型农业生产经营主体具有风险异质性，这使得其风险保障需求不同于传统农户；同时，专业大户、家庭农场、农业合作社、农业龙头企业等不同类型的新型农业经营主体之间由于组织形式、生产规模、资金实力等不同，也存在风险异质性，对农业保险的需求更具多样性。多层次保障水平型农业保险产品能够提供不同的保障水平，供不同的经营主体自由选择。

6.3.1.2　产品创新的理论依据

通过期望值模型和效用函数来验证多层次保障水平型农业保险产品创新的合理性与必要性。

假设没有损失发生时，农业生产者的农业收入为 w_0。有损失发生时，设损失为随机变量 $x(0 \leqslant x \leqslant w_0)$，损失发生概率为 $p(x)$，此时其农业收入为 $W = w_0 - x$，期望值为 $E(W) = w_0 - E(x)$。又假设生产投入为常数 c，则没有投保农业保险时，该生产者的期望利润为

$$E(R_0) = E(W) - c = w_0 - xp(x) - c \qquad (6-1)$$

由式（6 - 1）可见，随着 x 和 $p(x)$ 的增大，生产者的期望利润减少，当期

望利润小于等于 0 时，生产者宁可不从事农业生产。这一结果能够解释部分粮食主产区出现的新型农业经营主体退租弃耕现象。

假定生产者投保了农业保险，费率为 h，保费补贴比例为 $s(0<s\leqslant 1)$。设保障水平为 $\beta(0<\beta\leqslant 1)$，当 $W\geqslant w_0\beta$ 时，农民不会获得保险赔偿；当 $W<w_0\beta$，即损失 $x>(1-\beta)\ w_0$ 时，农民获得的赔偿数额为：

$$I = w_0\beta - W = w_0\beta - (w_0 - x) = x - (1-\beta)w_0 \tag{6-2}$$

此时期望利润为：

$$E(R_1) = (1-p(x))w_0 + p(x)w_0\beta - (1-s)hw_0 - c \tag{6-3}$$

与没有投保时相比，期望利润的增量为：

$$\Delta E(R) = E(R_1) - E(R_0) = w_0[p(x)(\beta-1) + h(s-1)] + xp(x) \tag{6-4}$$

由式（6-4）可知，期望利润的增量与保障水平 β、保费补贴比例 s、损失数额 x 及损失概率 $p(x)$ 正相关。当保障水平过低时，生产者即使参加农业保险也得不到损失赔偿，自身还要承担一部分保费，此时生产者不愿意参保。保障水平和保费补贴比例越大，生产者参保的期望利润增量越大；损失风险越大，生产者参保获得的收益越多。

依据效用原理，生产者在作出投保决策时，不是简单地追求期望利润的最大化，而是追求财富的期望效用最大。如果不投保，生产者从事农业生产所产生的财富为随机变量 w_0-x-c，其效用也是一个随机变量，即 $u(w_0-x-c)$；若投保，当损失 $x>(1-\beta)w_0$ 时，生产者付出保费 H，确定地拥有价值为 $w_0\beta-c-H$ 的财富，其效用为 $u(w_0\beta-c-H)$。根据期望效用原理，对生产者而言，保费 H 应该满足：

$$u(w_0\beta - c - H) \geqslant E[u(w_0 - x - c)] \tag{6-5}$$

H 越大，投保的效用越小。当 H 高到使等号成立时，保与不保的期望效用相等，此时保险对生产者没有吸引力，因此生产者愿意支付的最高保费为 H^*，其满足条件：

$$u(w_0\beta - c - H^*) = E[u(w_0 - x - c)] \tag{6-6}$$

生产者的风险态度决定了 H^* 的大小。风险偏好型的生产者认为，用等于期望损失的保费投保后的效用比不投保的期望效用小，因此他只愿意支付低于期望损失的保费去投保；风险厌恶型的生产者认为，用等于期望损失的保费投保后的效用比不投保的期望效用大，因此他愿意支付不低于期望损失的保费去投保；风险中立型的生产者则认为支付等于期望损失的保费去投保与不投保没有什么区别，它们的期望效用相等。因此，生产者的风险偏好决定了他将作出何种选择，而生产者的风险偏好受其组织形式、生产规模、资金实力等影响，即使从事相同行业的农业生产，不同生产者会表现出不同的风险偏好，进而产生不同的保险需求，这就决定了农业保险的保障水平应该是多水平、多层次的。

由式（6-6）可知，当生产者的收入层次较低，或者保险保障水平较低时，保费补贴必须达到一定条件才能够使其参保；生产者选择的保障水平越高，表明其厌恶风险的程度越大，保费支付意愿越强。保费补贴的理论数额由精算公平保费与农民支付愿意之间的差额决定。因此，保费补贴比例应该随保障水平提高而降低。

综上所述，可以得到以下结论：第一，当保障水平过低时，生产者不愿意投保农业保险；第二，保障水平和保费补贴比例越大，生产者的投保愿意越强；第三，不同生产者具有不同的风险偏好，决定了农业保险的保障水平应该是多水平、多层次的；第四，生产者选择的保障水平越高，表明其厌恶风险的程度越大，保费支付意愿越强；第五，保费补贴比例应该随保障水平提高而降低。

6.3.1.3 产品创新的方案构想

多层次保障水平型农业保险产品的保障水平可以与产量挂钩，也可以与收入挂钩。但是，目前我国农业保险产品以物化成本保障为主，产品创新应循序渐进，先以产量为基础进行新产品的研发。

为了降低新产品开发的风险和成本，我国多层次保障水平型农业保险产品的开发可以在原有政策性种植业农业保险险种的基础上进行。优先选择小麦、水稻、玉米、棉花等具有战略意义的农作物品种，采取“成本基本保险+产量补充保险”的方式，在普惠性的成本基本保险基础上，支持新型农业经营主体根据自身需求，选择合适的保障水平获得产量保障。多层次保障水平型农业保险产品的保险标的、保险责任、责任免除等都可以与相关品种的政策性保险大致相同，但是保险金额依据产量来确定，损失赔偿按照投保人事先选择的保障水平来确定。

在保障水平的层次划分上，可将保障水平范围界定在50%—90%，采取固定级差制。以美国为例，美国的巨灾风险保险计划（Catastrophic Risk Protection Endorsement，CAT）提供了种植业的最低风险保障，其保障水平为农作物平均产量的50%。保障水平高于CAT的是“较高的”或“额外的”保障（Buy-up or Additional Coverage），从 50% 开始，以 5% 为一个档次递增至 90%。我国在产品创新初期，不宜将保障水平的层次划分过细，建议先提供 50%、70% 和 90% 三个层次的保障水平。

在保费补贴方面，应与保障水平相配合，实施差异化的回归比例补贴，即保障水平越高，保费补贴率越低。目前，我国农业保险采取统一的保费补贴模式，补贴比例与保险保障水平高低、农作物的品种及生产者的种植规模和保费支付能力均无关。这种“一刀切”的补贴方式，加重了财政补贴的支出，使得财政补贴能力有限成为制约保障水平提高的最重要原因。愿意选择高保障水平的新型农业经营主体，其保费支付意愿和经济能力也较高，可以减少保费补贴，减轻政府负担，既解除了提高保障水平的束缚，也有利于实现保费补贴效用的最大化。

6.3.2　收入保障型产品

6.3.2.1　产品创新的理念

新型农业经营主体从事规模化、集约化的农业生产经营活动，收入最大化是其生产经营的首要目的。产量和价格是决定农业收入的重要因素，但是单一的产量保险和单一的价格保险都无法为农业收入提供保障。一方面，产量保险或价格保险只考虑单独的自然风险或市场风险所造成的损失，却没有考虑产量与价格之间的关系。农产品的产量与市场价格存在对冲效应，当产量大时，市场价格反而会因供给量增加而下降，此时生产者的收入减少，但产量保险对此不予赔付。另一方面，农产品的价格风险具有系统性和投机性的属性，仅仅依靠保险难以分散价格风险，具有很大的局限性。

收入保障型农业保险产品，又称农业收入保险（以下简称收入保险），以农业收入为保障目标，综合考量产量风险和价格风险对农业收入的影响，将产量、价格或两者共同作用所造成的农业收入损失纳入保险责任，当保险责任范围内的事故导致农业实际收入低于确定的承保水平时，保险人对两者之间的差额进行赔付，以保证被保险人获得收入保障。收入保险不仅可以转移农业生产经营过程中减产的风险，还能化解价格波动带来的市场风险，保障功能全面，更加符合新型农业经营主体的保障需求。

6.3.2.2　收入保险的应用价值

对我国农业保险而言，收入保险是创新型产品。但在美国、加拿大等发达国家，收入保险已经实践了多年，取得了很好的成效。美国从 1996 年开始在联邦农作物保险计划中运行收入保险。在此之前，美国农业保险以产量保险为主。从推出之日起，收入保险就凭借其同时承保价格风险和产量风险的优点受到农业生产者的欢迎。1996 年，收入保险的纯保费占美国农作物保险总纯保费的比例为 8%；第二年即 1997 年，该比例就翻了一番，达到 16%；2010 年，该比例达到 65%，收入保险成为美国最受欢迎的农作物保险产品；2018 年，该比例达到 85%，成为美国农业保险产品的主导形态①。

根据美国的实践经验，结合我国当前农业发展的现实状况，收入保险在我国的创新与应用具有以下意义：

第一，满足新型农业生产经营主体的风险保障需求。农业生产者，特别是规模化、产业化的生产者，将农业生产视为盈利途径，对收入具有强烈的追求。产量减少和价格波动的双重影响使农业生产者面临收入损失的风险，收入保险则为其提供了风险保障。对我国新型农业经营主体而言，收入保险可以增强其收入的稳定性，提高其资金借贷和履约的能力，增加现金流的稳定性，从而使新型农业经营主体愿意改善或扩大农业生产，由此形成良性循环。

第二，降低保险人的承保风险。农产品的产量与市场价格具有负相关关系。当农产品大量丰收时，市场价格下跌；当农产品产量大幅减少时，市场价格会上涨。收入保险将产量风险与价格风险结合在一起承保，可以因产量与价格之间的对冲效应，降低年度赔付的标准差，从而降低保险人的承保风险，提高了保险人的供给愿意。

第三，推动农产品价格形成机制改革。2014 年以来，我国坚持市场定价原则，积极探索推进农产品价格形成机制与政府补贴脱钩的改革。在改革中逐步确立了“市场定价、价补分离”的思路和“分品种施策、渐进式推进”的办法，取得了一定成效。但是，WTO“黄箱”政策规定，对特定农产品的补贴不得超过其总产值的 8.5%。因而，在新的支持政策模式中，产生了部分品种补贴力度受到限制，不同品种支持力度的不均衡形成对生产选择的人力干预，市场联结不足使政策调控能力下降等问题②。收入保险属于 WTO“绿箱”政策，通过保

① 根据美国农业部（United States Department of Agriculture，USDA）风险管理局（Risk Management Agency，RMA）网站（https://www.rma.usda.gov/en/Information-Tools/Summary-of-Business）公布的历年农作物保险统计数据整理得。

② 程郁，金三林. 重点农产品价格形成机制改革的成效、问题与建议［R］. 国务院发展研究中心调查研究报告，http://www.drc.gov.cn/n/20180802/1-224-2896700.htm，2018-08-02.

险机制“保收益”，可以实现直补资金向收入保险保费补贴的转化，不仅不受品种和补贴比率的限制，还能提高公平性，减少人为的市场干预，提高市场化运作效率。

6.3.2.3　产品创新方案构想

收入保险的赔付准则是当被保险人的实际收入低于保障收入时，对两者的差额进行赔付。因此，收入保险产品开发设计时的核心是确定保障收入。保障收入由保障产量、保障价格和保障水平决定，即保障收入 = 保障产量 × 保障价格 × 保障水平。由于保障产量、保障价格可以有多种选择，再加上保险对象、保险标的多种多样，收入保险产品可以有许多种类。根据我国当前农业发展的现状以及新型农业经营主体的现实需求，本书提出以下产品方案构想。

（1）保障产量的选择。在美国、加拿大等国的收入保险产品体系中，有的保险产品以个体农场的农作物历史平均单产作为保障产量的基础，有的保险产品则以区域历史平均单产为基础。例如，美国的收入保护保险（Revenue Protection，RP）单位面积保障收入 = 农场平均历史单产 × 保障价格 × 保障水平，区域收入保障保险（Area Revenue Protection，ARP）单位面积保障收入 = 全县平均历史单产 × 保障价格 × 保障水平。

我国一直非常重视农业的发展，从中央到地方每年都对农产品产量进行详细的数据统计，积累了大量的产量统计数据。统计部门对农作物产量的测算采取实割实测的抽样调查法，统计数据具有准确性和可靠性。我国的农业统计以县级作为最小的行政单位，区域产量数据比较丰富。我国新型农业经营主体发展的时间不长，缺乏个体的历史产量数据。因此，我国收入保险设计应以区域历史平均单产作为保障产量的基础。

（2）保障价格的设定。1991 年，加拿大推出了毛收入保险计划（Gross Revenue Insurance），成为最早实施收入保险的国家。该保险使用农作物过去 15 年的国内移动平均价格作为保障价格。由于采用了历史价格，脱离了市场价格的预期水平，该项计划实际上起不到收入保障的作用，因而很快宣布失败。美国的收入保险吸取了加拿大的经验教训，从设计之初就采用农产品的期货价格作为基本依据。2014 年，美国又在保障价格的设定中引入了收获期价格期权，进而产生了新的收入保险产品类别：附带收获期价格期权的收入保护保险（Revenue Protection with Harvest Price Option，RP－HPO）单位面积保障收入 = 农场平均历史单产 × Max（预测价格，收获期市场价格） × 保障水平，不带收获期价格期权的收入保护保险（Revenue Protection with Harvest Price Exclusion，RP－HPE）单位面积保障收入=农场平均历史单产×预测价格×保障水平；附带收获期价格期权的区域收入保障保险（Area Revenue Protection with Harvest Price Option，ARP－HPO）单位面积保障收入=全县平均历史单产×Max（预测价格，收获期市场价格）×保障水平，不带收获期价格期权的区域收入保障保险（Area Revenue Protection with Harvest Price Exclusion，ARP－HPE）单位面积保障收入=全县平均历史单产×预测价格×保障水平。

对我国而言，收入保险创新的初始阶段，不宜将保障价格设计得过于复杂。附带收获期价格期权的收入保险在我国目前并不具备开发的条件。我国农产品期货市场发展较快，部分农产品的期货交易已经具有价格发现功能。因此，可以将农产品期货价格指数作为我国农作物收入保险价格指标的基础。

（3）承保对象的选择。理论上来说，收入保险可以将种植业中的农作物作为承保对象，也可以将养殖业中的牲畜作为承保对象。但是从保险产品设计的角度来说，牲畜的收入计算与存活头数和单头重量有关，而影响牲畜单头重量的因素非常多，因此难以将牲畜作为收入保险的承保对象。此外，适宜的承保对象必须满足三个基本条件：农产品交易完全市场化；产量数据丰富、准确、可靠；充足的价格信息和发达的期货市场。在我国已上市的23个农产品期货品种中，大豆、玉米期货的市场化程度较高，已经具备较强的价格发现功能。同时，作为重要的农作物，我国对大豆和玉米的产量统计信息也很完备。因此，我国收入保险在创新试点期间，适合以大豆、玉米作为承保对象。

（4）试点区域的选择。东北地区是我国大豆、玉米的主产区之一，这里的新型农业经营主体比较集中，农业种植收益相对较高，对农业收入保障的需求较为强烈。因此，选择在东北主产区进行收入保险试点，成功的概率较高，也具有较强的现实意义。

6.3.3　指数型产品

指数型农业保险产品不以农业生产者的实际损失作为赔偿基准，而是将风险对农业生产经营的损害程度指数化，当指数达到预先设定的触发条件时，被保险人即可获得赔偿。指数型农业保险产品的优势与缺点都很明显（见图6－5），其结构透明、流通性强、无需查勘定损的优点契合了新型农业生产经营主体规模化、集约化的生产经营特点。

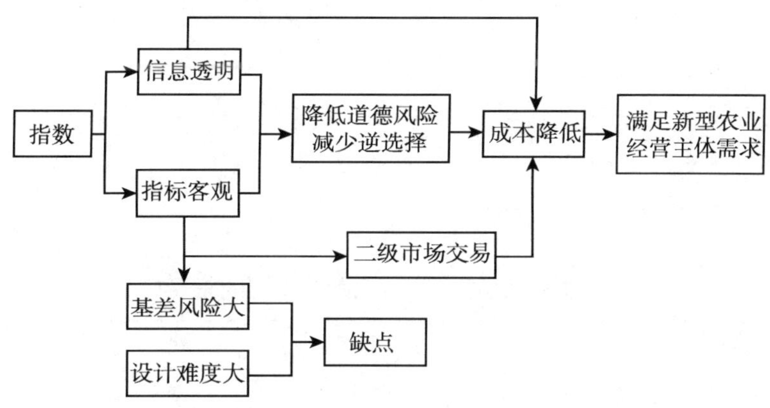

图 6－5　指数型农业保险产品的优势与缺点

根据管理风险类型的不同，指数型农业保险产品可分为三类：一是管理生产风险的指数保险，包括天气指数保险、产量指数保险、牲畜死亡率指数保险、遥感指数保险等；二是管理市场价格风险的指数保险，如农产品价格指数保险；三是管理生产与市场双重风险的指数保险，如区域收入指数保险。虽然指数保险在我国已有许多的实践案例，但仍然存在很大的创新发展空间。

6. 3. 3. 1　天气指数保险：发展综合气象指数保险

天气指数保险又称“气象指数保险”，它将一个或者几个气象条件对农作物的损害程度指数化，每个指数都有对应的农作物产量和损益，当指数达到保险合同约定的触发条件时，无论被保险人是否受灾都可以获得保险赔偿。

2007 年，安信农业保险公司在上海推出西甜瓜的梅雨强度指数保险，这是我国第一个天气指数保险产品。此后，天气指数保险产品在我国多个地区逐步创新试点。2019 年，已有浙江、安徽、江西、山东、黑龙江、湖北等 20 多个省份进行天气指数保险产品试点，涉及水稻、小麦、棉花、蔬菜、茶叶等 20 多类农产品，涵盖了种植业、水产业和畜牧业。

与传统型农业保险产品相比，天气指数保险具有信息透明、投保理赔手续简单、管理成本低等优点，非常适合从事大规模农业生产的新型农业经营主体投保。然而，现实情况是天气指数保险在我国保险产品中所占比重很小，新型农业经营主体对天气指数保险的投保意愿也不高。造成这一问题的主要原因是我国大多数天气指数保险是单指数产品。

单指数天气保险产品只包含一个指数，通常只承包单一风险。多指数天气保险产品也称为综合天气指数保险，它包含多个指数以承保多种的风险。例如，印度的综合天气指数保险同时包含降水量、风速、霜冻等多个指标，保障更为全面。我国的天气指数保险产品（见表6－4）大多只包含一个指数，最常见的是降水量和低温。但事实上，导致农业损失的自然风险是多种多样的。这使得新型农业经营主体认为天气指数保险承保的风险范围还不如传统的农业保险，因而不愿意投保。

表6－4　我国天气指数保险产品所挂钩的指数

产品名称	指数	试点时间	试点地区
西甜瓜梅雨强度指数保险	降水量	2007年	上海
蜜橘低温冻害指数保险	低温	2011年	江西
烟叶气象指数保险	降水量、低温	2012年	福建
露地种植绿叶蔬菜指数保险	高温、降水量	2014年	上海
农作物种植霜冻气象指数保险	低温	2014年	黑龙江
农作物种植积温气象指数保险	平均气温	2014年	黑龙江
农作物种植洪涝气象指数保险	降水量	2014年	黑龙江
农作物种植干旱气象指数保险	降水量	2014年	黑龙江
橡胶风灾指数保险	台风	2015年	海南
棉花低温气象指数保险	低温	2015年	新疆
杨梅采摘期降水气象保险	降水量	2015年	浙江
玉米干旱气象指数保险	降水量	2015年	北京
葡萄降水指数保险	降水量	2016年	上海
蜜橘采摘期连阴雨气象指数保险	降水量	2016年	江西
樱桃降水指数保险	降水量	2016年	辽宁
枇杷低温指数保险	低温	2016年	浙江
露地蔬菜综合气象指数保险	降水、风速、湿度	2016年	江苏
花椒气象指数保险	低温、冰雹	2016年	陕西
水稻高温热害天气指数保险	高温	2016年	湖北
柑橘冻害指数保险	低温	2017年	四川
猕猴桃高温指数保险	气温	2017年	四川
苹果种植降水量指数保险	降水量	2017年	山东
小龙虾天气指数保险	温度值、降水量	2017年	湖北

续表

产品名称	指数	试点时间	试点地区
梨种植气象指数保险	低温	2018 年	山西
杨梅采摘期气象指数保险	降水、高温	2019 年	浙江
茶叶低温气象指数险	低温	2019 年	浙江

资料来源：根据网络相关资料整理。

今后，我国天气指数保险创新的主要方向应该是综合气象指数保险产品。但是，综合指数产品包含多种指数触发机制，对数据要求更高，精算定价模型会更加复杂，必须将更多的高科技以及农业学、气象学等多学科领域的最新研究成果运用于新产品的研发。

6.3.3.2　农产品价格指数保险：增加承保要素的弹性设置

农产品价格指数保险是保险人和投保人以订立保险合同时约定的价格指数作为触发水平，当农产品的市场价格低于触发水平时，保险人按合同约定对投保人进行经济赔偿。2011 年，上海市农委和安信农业保险公司率先推出了绿叶菜价格指数保险。2012 年，北京市农委联合安华保险公司推出了生猪价格指数保险。此后，各省纷纷开展农产品价格指数保险，试点品种包括生猪、蔬菜、粮食作物和地方特色农产品四大类。随着农产品价格指数产品的不断开展，一些问题也逐渐显露出来，例如系统性赔付风险大，有逆选择风险，新型农业经营主体投保积极性不高。为了解决上述问题，本书提出在农产品价格指数保险产品创新设计中，增加承保要素弹性设置。

一是错开保险期间。农产品价格风险具有系统性特点，很容易通过空间扩散。因此，农产品价格指数保险一旦触发赔付条件，几乎所有的被保险人都会发起索赔。当前，我国农产品价格指数保险普遍采取“集中承保、集中理赔”的做法，进一步加大了系统性赔付的风险。例如，2014 年生猪价格持续低迷，猪粮比最低到 4.6∶1，导致满期赔付率达到 830.5%。为了解决此问题，建议对于牲畜、蔬菜等连续投入生产的农产品，在保险产品设计上允许生产者错开投保时间和理赔周期。以生猪价格指数保险为例，通常保险期限是一年期，而无其他选择，无法适应生猪养殖循环滚动生产的特点；如果可以设置多个保险期间，允许养殖者根据出栏计划进行选择，既可以满足养殖者的实际需求，还可以从时间上分散保险赔付，降低系统性风险。

二是采取分梯度赔付。农产品的价格并不是完全随机的，其中还包含了季节性、周期性和长期趋势等可预期因素。如果价格指数设置不合理，投保人可以从农产品价格的历史数据或过去经营的经验中判断价格走势，从而同时作出有利于自己而不利于保险人的投保选择，即产生逆选择。如果期货市场交易足够活跃，与期货价格挂钩的价格指数可以在很大程度上消除这种逆选择。但是，当前我国农产品期货种类少，市场不够发达，加大了这种逆选择的风险。例如，我国尚无生猪期货，只是简单地以“猪粮比”作为赔付标准。对此，可以在产品设计时采取分梯度赔付的方式，对农产品价格指数保险分段设置赔偿标准。以生猪价格指数保险为例（见图6－6），当生猪的市场价格低于A时，按差额进行赔偿；当生猪的市场价格介于A和B之间时，赔偿金额与生猪市场价格成反比；当生猪的市场价格高于B时，不予赔偿。其中，价格梯度（A、B）由保险人和投保人在签订合同时约定，一般参照同年不同期生猪市场价格波动范围、往年同期生猪市场价格以及猪粮比来确定。

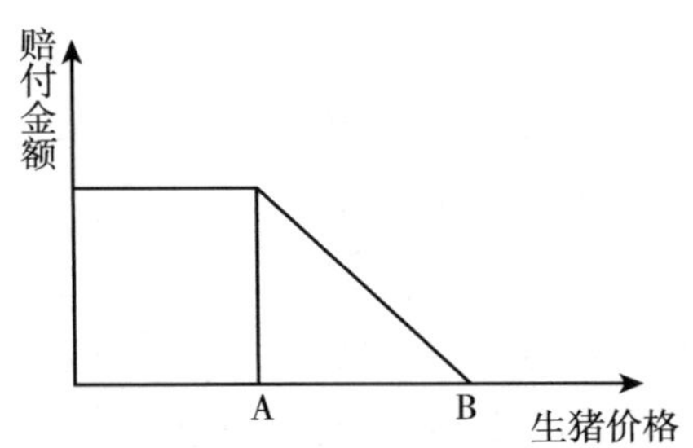

图6－6　生猪价格指数保险分梯度赔付

三是使用动态敏感型费率。价格指数保险以公开透明的目标值或指数作为保险赔付依据，但是目标价格的测算基准受期货市场合约月份分布的缺陷限制难以确定，具有较大的波动性。新型农业经营主体对这种不确定性和波动性难以判断，担心自己承担过高的费率，因而影响其参保积极性。如果将原有的固定费率变为动态费率，使费率可以根据目标价格的波动而实时变动，则可以使费率与价格风险相匹配。动态敏感型费率不仅能够降低因合约分布不均、价格测算基准不精准而产生的风险，还能够满足新型农业经营主体不同层次的个性化风险保障需求。对于保险公司而言，这种费率方式还可以缩小保险价格差距，使保险公司在承保数量不断增长的趋势下仍然能够保持充足的偿付能力。

6.3.3.3　区域产量指数保险：控制基差风险

区域产量保险不以农业生产者的个体产量作为计算保费和保险赔偿的依据，而是将生产者周围地理区域的产量（即区域产量）指数化。当区域产量指数低于保险合同预先确定的临界产量水平时，保险公司按照两者的差额对参保的生产者进行赔付，而不管生产者的实际生产是多少。

与传统的个体产量保险相比，区域产量保险有许多优势。第一，与个体产量分布信息相比，区域产量分布信息通常更容易获得、更加可靠，保险人可以更准确地评估一份区域产量保单的精算公平性，因此极大地减少逆选择问题。第二，由于赔偿的依据是区域产量而不是生产者的产量，生产者不能通过单方面改变生产实践来大大增加其赔偿金。因此，在区域产量保险计划下，道德风险将从根本上被去除。第三，在区域产量保险下，不需要确定损失原因，也不需要定损核损，因此管理成本也将极大地减少。除此之外，区域产量保险产品在我国实行可以推动农业保险由“保成本”向“保产量”发展。

虽然区域产量保险有诸多优势，但我国开展区域产量保险产品试点的情况远不如天气指数保险和农产品价格指数保险。2016 年中原农险率先在河南省的虞城、新蔡、邓州三个县（市）开展了小麦区域产量保险试点。此外，截至 2019 年 6 月，尚无其他区域产量保险试点。

造成我国区域产量保险产品研发与实践困难的主要原因是基差风险大。虽然天气指数保险和农产品价格指数保险也存在基差风险，但是天气风险和市场价格风险的系统性更强，所以它们的基差风险不如区域产量保险的基差风险大。受地理位置、地质结构等因素的影响，即使在一个县，一些局部性灾害如冰雹、泥石流、山体滑坡、火灾等可能造成一部分农业生产者遭受损失，而另一部分生产者无损失。基差风险会直接影响区域产量保险损失补偿功能的实现（见图 6－7），可能导致三种情况发生：一是受灾的参保人得不到保险赔偿；二是没受灾的参保人得到了保险赔偿；三是受灾的参保人虽然得到了保险赔偿，但是赔偿金额不合理。

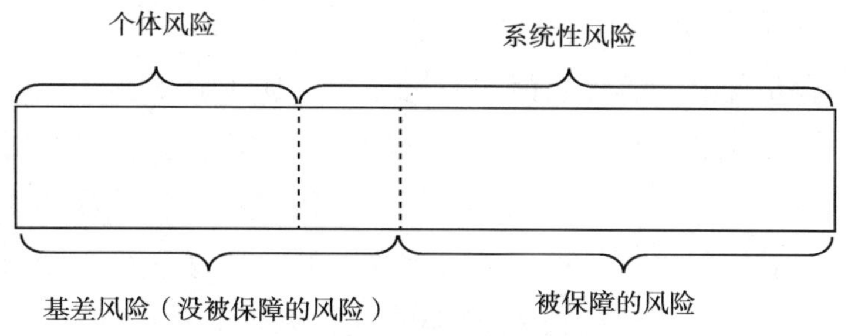

图 6－7　区域产量保险产品的基差风险

区域产量保险的基差风险无法消除，但是可以通过选择合适的农作物、合理进行风险区划、科学厘定费率对基差风险进行控制。未来区域产量保险产品的研发设计重点应该是基差风险的控制。

6.3.4 信用增进型产品

资金风险是新型农业经营主体面临的重要风险之一，资金需求量大、融资困难使得新型农业经营主体普遍存在资金缺口。在资金借贷中，贷款人不愿意放贷的根本原因是对借款方的还贷能力不信任，即存在信用风险。农业生产本身的高风险、缺乏合格的抵押品造成金融机构对新型农业经营主体缺乏信任，产生融资难问题。

农业保险与农业信贷相结合，可以增强新型农业经营主体的信用，缓解农村金融市场的供需矛盾。第一，农业保险具有损失补偿功能，可以在灾后弥补新型农业经营主体的损失，稳定农业收入，增强还贷能力。第二，保险能够承保信用风险，将信用保证保险与农业保险相结合，能够为新型农业经营主体的信用风险提供担保。第三，农业保险与农业信贷共享信息资源，可以同时减少保险与信贷所面临的信息不对称，降低违约风险，减少经营成本。

按照产品研发与实践的难易程度，将“农业保险 + 信贷”产品创新分为三个层次：农业信贷保证保险、农业信贷抵押保险、农业保险信贷一体化产品。

6.3.4.1 农业信贷保证保险

农业信贷保证保险专门为新型农业经营主体的农业信贷提供保证，当它们向银行等金融机构申请贷款时，向保险公司投保并交纳保险费；当其不按合同约定履行还贷义务时，由保险公司代为偿还贷款。农业信贷保证保险的实质是保证保险，和普通保证保险的不同之处在于，它专门针对新型农业经营主体，用于与农业生产相关的贷款需求。

农业信贷保证保险的承保机制比较简单，实质上就是由保险公司担任农业信贷的保证人。目前，我国一些省市已开始出现了农业信贷保证保险的试点。由于新型农业经营主体通常没有抵押品，该保险最终将贷款违约风险转嫁给了保险公司。为了减少保险公司的风险，通常由政府财政设立专项资金进行风险补偿。例如，2015 年湖南省遴选 19 个县市区开展新型农业经营主体贷款保证保险试点，由银行根据生产经营周期确定贷款期限，给予经营主体 300 万元以内贷款，银行贷款利率上浮最高不超过央行同期基准利率的 20%，保险费率年费不高于贷款本息的 3%，省财政设立新型农业生产经营主体贷款保证保险风险补偿专项资金，市县财政对适度经营主体贷款给予不高于贷款利息 50% 的利息补贴，为贷款保证保险及相关信贷业务提供风险保障①。

6.3.4.2　农业信贷抵押保险

农业信贷抵押保险以农业保险保单作为“抵押品”，当新型农业经营主体为农业生产项目申请贷款时，必须先投保以该生产项目为保险标的的农业保险，然后将保单“质押”给银行或其他信贷机构。新型农业经营主体、保险公司、信贷机构共同签订三方协议，约定信贷机构为农业保险的第一受益方，即当农业保险合同中约定的保险事故造成新型农业经营主体的农业经济损失时，保险公司支付的保险赔款优先偿还农业信贷。

农业信贷抵押保险适合在一些保险标的价值高的农业保险基础上进行。例如，奶牛的养殖户可以为奶牛投保，以保单作为抵押向银行借款。如果奶牛因保险责任内的原因死亡，则由保险公司将保险赔款金直接支付给银行用于偿还贷款。在国外，也有将指数保险嵌入农业信贷抵押保险之中的做法。例如，印度的保险公司与信贷机构合作开发了降雨指数信贷保险，当气象灾害致使农业贷款抵押作物发生损失时，以保险赔款作为还贷资金。

6.3.4.3　农业保险信贷一体化产品

农业信贷保证保险与农业信贷抵押保险的实质是农业保险与农业信贷的合作，新型农业经营主体从信贷机构获得信贷，保险公司在其中担任保证人或支付保险赔款用于偿还贷款。新型农业经营主体虽然获得了保险公司的信用支持，但是仍然需要签订保险、信贷两份合同。

保险公司作为金融机构本身拥有大量保险资金，而且保险资金也需要合理的运用渠道。近年来，国家也鼓励保险公司开展保险资金支农支小融资业务创新试点。在人寿保险合同条款中，通常会有保单贷款条款，投保人在有资金需求时，可以直接将保单抵押给保险人以获得贷款。依据上述思路，可以开发农业保险信贷一体化产品，将农业保险与农业信贷融合到一份合同中，在农业保险合同中加入保单抵押贷款条款，由保险公司同时提供保险保障与信贷支持。探索创新“农业保险 + 信用保证保险 + 保险资金投融资”模式，打通保险资产端和负债端，打造从风险保障、信用增信到保险资金直接投资的培育新型农业经营主体全链条。

---

① 李书庚. 湖南推行农业经营主体贷款保证保险［J］. 湖南农业，2017（6）：29.

农业保险信贷一体化产品具有以下优势：第一，简化新型农业经营主体的信贷手续，只需要签订一份合同就可以在投保农业保险的同时，满足融资需求。第二，有利于扩大信息数据集合，保险人能够同时掌握参保人的农业生产风险和资金融通风险，减少信息不对称性。第三，拓宽保险资金运用渠道，有利于探索保险业服务农业发展的新路径。第四，有利于延伸保险服务，带动其他农业保险产品的发展。

6.3.5　农业产业链综合型产品

加入农业产业链是我国新型农业主体发展的主要方向。2019 年 2 月农业农村部、国家发展改革委、科技部、财政部、商务部、国家市场监督管理总局、国家粮食和物资储备局联合发布《国家质量兴农战略规划（2018—2022 年）》，明确提出“重点推进农业全产业链融合”，要求“到 2022 年规模以上食用农产品加工企业自建及订单拥有率达到 65%，支持各类新型经营主体建立低碳低耗循环高效的绿色加工体系”。

农业产业链是指与农业产品生产线关联密切的产业群所形成的网络结构。农业产业链涵盖了现代农业产销的五大环节和“农业三大产业”（见图 6－8）。作为农业产业链融合主体，农业龙头企业起带动作用，农业合作社和家庭农场起推动作用，专业大户积极参与，形成紧密的联结机制。

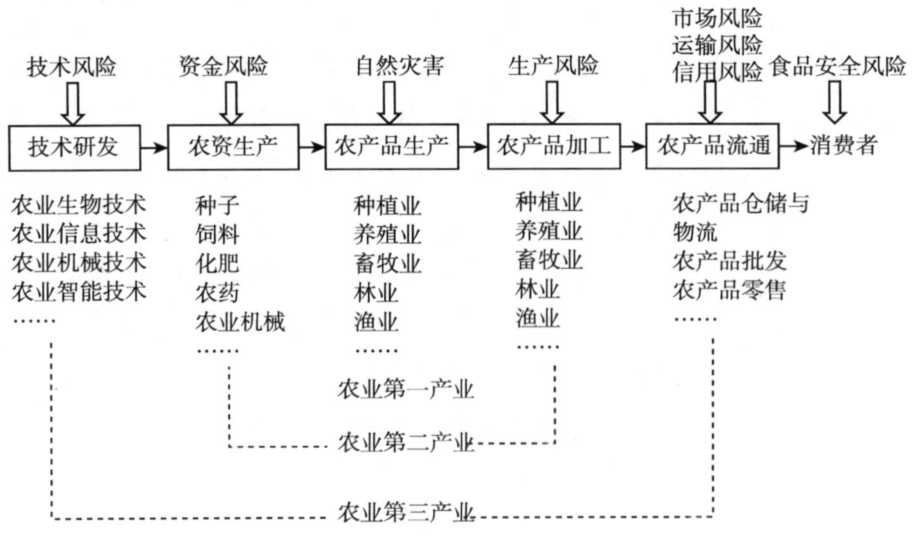

图 6－8　农业产业链的主要环节及风险

在农业产业链中，新型农业经营主体的生产经营活动沿着产业链向上游和下游延伸，在不同的环节面临各种风险。在技术研发环节，面临技术风险；在生产的前期需要投入资金购买种子、化肥、农药、农业机械等，面临资金风险；在农产品生产环节，面临洪水、干旱、冰雹等自然灾害，还可能因火灾等意外事故遭受损失；在农业产品加工环节，面临意外事故风险；在农产品流通环节，面临产品运输风险；农产品销售过程中，面临市场风险，还可能面临超市、批发采购商等不能按约付款的风险；农产品被消费者购买后，可能会面临食品安全风险。农业产业链中的风险多种多样，我国目前针对上述风险的保险产品十分零散，新型农业经营主体如果想要获得保险保障，需要分别投保农业保险、货物运输保险、商业信用保险、食品安全保险，还有一部分风险尚缺乏与之相对应的保险产品。

针对新型农业经营主体在农业产业链中所面临的多重风险，可以开发农业产业链一揽子保险，厘清整个产业链中风险承担者及风险的种类、相互关系，用组合保险的方式向新型农业经营主体提供综合性保险。农业产业链一揽子保险既扩展了保险产品的服务范围，还为新型农业经营主体提供全方位的风险保障，节约了保险成本，有利于实现产业跨界融合、要素跨界流动、资源集约配置。

第7章 新型农业经营主体农业保险创新产品设计

根据我国新型农业经营主体风险异质性的现实状况以及我国农业保险产品供求失衡的症结点，我国新型农业经营主体农业保险产品创新的主要方向应包括多层次保障水平型产品、收入保障型产品、指数型产品、信用增进型产品、农业产业链综合型产品。本章在创新方向的基础上，提出了三种创新型农业保险产品的设计方案。其中，区域产量保险属于指数型产品，农业收入账户制保险属于收入保障型产品，农业信贷连结指数保险属于信用增进型产品。

7.1 区域产量保险

7.1.1 产品创新的出发点

“保成本”的承保方式远远不能满足新型农业经营主体对农业保险的需求，“保产量”“保收入”是农业保险产品创新发展的必然趋势。最初，美国的产量保险根据单个生产者的产量损失进行赔偿，以实际历史产量保险计划（Actual Production History，APH）为主。1994 年，美国开始在联邦农作物保险计划中实施区域产量保险并将其命名为“团体风险计划（Group Risk Plan）”。区域产量保险以某一特定地区的农作物产量作为赔偿依据。区域产量信息通常更加透明、可靠，能够减少信息不对称性，降低道德风险与逆选择，减少管理成本①。平均

① Barry J. B. , Black J. B. , Hu Y. Y. and J. R. Skees. Is Area Yield Insurance Competitive with Farm Yield Insurance? [J]. American Journal of Agricultural Economics, 2005, 30 (2): 285 -301.

来看，区域产量保险的保费要比个体产量保险的保费低得多①。上述优点是美国推行区域产量保险的主要原因。

目前，区域产量保险的试点在我国还没有开展起来，“基差风险”是面临的主要挑战。基差风险使得部分投保人在损失发生之后无法获得保险赔偿，降低了农业生产者对区域产量保险的接受程度。虽然基差风险不能消除，但是通过选择适合投保的对象和区域、合理设计保险方案，能够控制基差风险。

7.1.2 产品设计方案

7.1.2.1 赔偿规则

生产者投保区域产量保险后，当区域产量 $\tilde{y}$ 低于临界产量水平 y_c 时，投保人可以获得赔偿，赔偿金额 $\tilde{n}$ 等于区域产量与临界产量水平的差额，其表达式为：

$$\tilde{n} = \max(y_c - \tilde{y}, 0) \tag{7-1}$$

从赔偿规则来看，区域产量保险类似看跌期权，其中临界产量起到执行价格的作用。更确切地说，由于个体产量是区域产量的组成部分，区域产量保险为个体产量损失提供了风险对冲，其原理类似于股指期权可以对冲股票价格风险。

7.1.2.2 保险费率

在区域产量保险中，投保人是否能够获得赔偿、能够获得多少赔偿都不取决于他本身的收成，而是由区域产量与临界产量之间的差额来决定。因此，在一个特定区域内，每个投保人每个土地单位获得的赔偿相同，支付的费率也相同，而不论投保人的农业生产存在何种差异。设保费和保险赔偿都以“元/亩”作为单位，在精算公平假设条件下，保费 π 等于预期赔偿 $E\tilde{n}$ ，其表达式为：

$$\pi = E\tilde{n} \tag{7-2}$$

7.1.2.3 适合参保的区域

对于一个生产者 i ，因为受到各种农业风险的影响，他的产量是一个随机变

① Calum G. T. and Z. Islam. Equity and Efficiency Considerations in Area Versus Individual Yield Insurance [J]. Agricultural Economics, 1995, 54 (12): 23-35.

量的，记作 $\tilde{y}_i$。生产者 i 所在地区的平均产量也是随机变量，记作 $\tilde{y}$。通过正交投影个体产量 $\tilde{y}_i$ 至区域产量 $\tilde{y}$，得到以下等式：

$$\tilde{y}_i - \mu_i = \beta_i(\tilde{y} - \mu) + \tilde{\varepsilon}_i \tag{7-3}$$

其中，

$$\beta_i = \mathrm{cov}(\tilde{y}_i, \tilde{y})/\mathrm{var}(\tilde{y})$$

$$E\tilde{\varepsilon}_i = 0, \mathrm{cov}(\tilde{\varepsilon}_i, \tilde{y}) = 0$$

$$E\tilde{y}_i = \mu, E\tilde{y} = \mu$$

式（7－3）把生产者 i 的个体风险分解成两个部分：一个部分完全与区域产量相关，即“系统风险”；另一个部分 $\tilde{\varepsilon}_i$ 不与区域产量相关，即“非系统风险”。系数 β_i 衡量了个体产量 $\tilde{y}_i$ 对区域产量变动的敏感性 $\tilde{y}$。区域产量的累积密度函数被定义为 $F(y)$，它的取值区间为 $[0, y_{\max}]$，其中 $y_{\max} > 0$。非系统性风险的累积密度函数被定义为 $G(\varepsilon)$，区间为 $[\varepsilon_{\min}, \varepsilon_{\max}]$，其中 $\varepsilon_{\min} \leqslant \varepsilon_{\max}$。

生产者 i 投保区域产量保险后其净收益为个体产量＋保险赔款－保费，其表达式为：

$$\tilde{y}'_i = \tilde{y}_i + \tilde{n} - \pi \tag{7-4}$$

生产者 i 投保区域产量保险后产量风险减少的程度记作 Δ_i，其表达式为：

$$\Delta_i = Var(\tilde{y}_i) - Var(\tilde{y}'_i) = -\sigma^2_{\tilde{n}} - 2Cov(\tilde{y}_i, \tilde{n}) \tag{7-5}$$

为了更清楚地显示 Δ_i 与 β_i 的关系，Miranda（1991）① 提出设定 β_c 作为临界值，其表达式为：

$$\beta_c = -\frac{\sigma^2}{2Cov(\tilde{y}, \tilde{n})} \tag{7-6}$$

将式（7－6）代入式（7－5）中得到：

$$\Delta_i = \sigma^2_{\tilde{n}} \cdot \left[\frac{\beta_i}{\beta_c} - 1\right] \tag{7-7}$$

区域产量 $\tilde{y}$ 与赔偿 $\tilde{n}$ 是负相关，$\beta_c > 0$。β_c 和赔偿方差 $\sigma^2_{\tilde{n}}$ 由区域产量 $\tilde{y}$ 和临界产量 y_c 的分布决定，在一个给定区域内它们对不同的生产者都是一样的。

① Miranda M. J. Area－Yield Crop Insurance Reconsidered［J］. American Journal of Agricultural Economics，1991，73（2）：233－242.

因此，由式（7 -7）得到以下推论：①对于一个给定的临界产量 y_c ，生产者 i 从区域产量保险中得到的风险降低完全由它个体的 betaβ_i 决定，并且生产者 i 从区域产量保险中得到的风险降低与 β_i 正相关。②当且仅当 $\beta_i > \beta_c$ ，即当且仅当生产者 i 的个体 beta 大于临界 beta 时，区域产量保险对生产者 i 是风险降低的。

由以上分析可知，区域选择的一个重要条件是生产者产量与区域产量之间有较高的相关性。区域的划分要尽可能将土壤、气候、水质等条件相似的生产者划归在一起。区域产量保险在我国进行试点时，应该选择主要农作物的主产区来进行。鉴于我国农作物产量数据统计以及行政区划通常以县为单位，因而区域产量保险在实践中应以县来进行区域划分，并且应该选择在土壤和气候方面同质化程度高的县。

7.1.2.4　保障水平与临界产量

区域产量保险中，生产者是否应该自由选择他们的保障水平？临界产量水平应该设置为多高？这是两个与区域产量保险产品设计密切相关的重要问题。

假设生产者将其土地面积的 100% 都投保，并且生产者 i 能够自由选择其保障水平 ϕ_i ，ϕ_i 可能大于也可能小于 100% 。在保障水平 ϕ_i 下，生产者 i 的净收益为：

$$\tilde{y}_i' = \tilde{y}_i + \phi_i \cdot \tilde{n} - \phi_i \cdot \pi \tag{7-8}$$

此时，生产者 i 从区域产量保险中得到的风险降低为：

$$\Delta_i = \sigma_{\tilde{n}}^2 \cdot \left[\frac{\beta_i}{\beta_c} \cdot \phi_i - \phi_i^2\right] \tag{7-9}$$

使得产量风险最小化的保障水平为：

$$\phi_i^* = \frac{\beta_i}{2\beta_c} \tag{7-10}$$

Mahul（1999）① 在式（7 -10）的基础上建立生产者的期望效用函数，并且得到推论：如果 β_i 是正的，区域产量农作物保险合同的最优保障水平等于 β_i ，即 $\phi_i^* = \beta_i$ 。如果保费是精算公平的，那么最优临界产量等于最大区域产量。

由以上分析可知，如果允许生产者自由选择他们的保障水平，那么最优保障水平取决于个体产量与区域产量之间的相关系数。在理想的状态下，临界产量水平应该等于最大区域产量。

① Mahul O. Optimal Area Yield Crop Insurance [J]. American Journal of Agricultural Economics, 1999, 81 (2): 75 -82.

7.1.3 产品创新的难点

在区域产量保险的产品设计方案中，假设保险公司能够获知生产者个体产量与区域产量的相关系数β_i，并以此作为确定最优保障水平的依据。在实践中，保险公司并不能掌握每个生产者的相关系数信息，甚至生产者自己也不能确定该系数。因此，区域产量保险应设置多重保障水平，由生产者根据自己的判断和需要进行选择。当保障水平由单一变为多重时，费率厘定的难度将大大增加。

7.2 农业收入账户制保险

7.2.1 产品创新的出发点

按照大数法则，任何一项新的保险产品要想成功，首先要保证足够的参保人。研究者通常认为，风险水平、保险成本和保费补贴对农业生产者的投保意愿有显著影响①。此外，生产者的个人特征（如年龄、教育水平）也是重要的影响因素②。然而，本项目在调查走访中发现，目前农业保险产品设计中存在的一些问题引起了新型农业经营主体的担忧，成为影响新型农业经营主体投保意愿的重要因素。

第一，保险合同缺乏连续性。农业保险的保险期限不超过一年，例如，能繁母猪保险的期限为一年，育肥猪为半年，水稻保险的保险期限自保险水稻秧苗在田间移栽成活返青后起（直播稻从种植齐苗后开始）至开始收割时止；马铃薯保险的保险期限自保险马铃薯齐苗时起至收获离开田间时止。保险期限到期后，参保人需要重新投保。虽然这种保险期限的规定符合牲畜、农作物的生长规律，但是却没有考虑到新型农业经营主体从事农业生产经营活动的长期性。

---

① Makki S. and A. Somwaru. Demand for Yield and Revenue Insurance: Factoring in Risk, Income and Cost [J]. Agricultural Outlook, 1999, 267 (1): 17-19.

② Fahad S. J., Wang G., Hu H., Wang X., Yang A. and A. Bilal. Empirical Analysis of Factors Influencing Farmers Crop Insurance Decisions in Pakistan: Evidence from Khyber Pakhtunkhwa Province [J]. Land Use Policy, 2018, 75 (6): 459-467.

由于保险合同缺乏连续性，投保人每年都需要重新签订保险合同，大大降低了投保人的顾客忠诚度。此外，由于保险合同缺乏连续性，投保人习惯于以一年为单位判断自己的得失。即使上一年度投保人获得了保险赔偿，在接下来的一年或两年之内没有获得保险赔偿，投保人就会感觉自己付出了保险却没有得到回报。如果连续三年以上没有获得保险赔偿，投保人的这种感觉就会更强烈，从而使其不愿意继续投保。

第二，精算公平费率难以实现。自然灾害、农业技术的发展、市场化程度的深入等因素造成农业产量和价格的波动，并且历史和未来结果之间的相关性是有限的。因此，保险公司和农业生产者都难以准确评估农业产量和收益风险水平。Ramirez and Carpio（2011）指出，任何一方都不能在一个合理的农业生产者参与限制的误差范围内确定什么是精算公平保费，除非整体保费水平得到高补贴。作为其结果，要实现广泛的农业保险参与率，政府需要付出高成本。

第三，功能单一。目前我国的农业保险只为投保人提供农业风险的灾后损失补偿，但是农业生产者却认为农业保险应该具备更多的功能。由于农业保险保费由政府给予补贴，农业生产者认为农业保险应该具有政府的灾害救济功能。又由于保险公司是一种金融机构，农业生产者认为农业保险应该能够提供农业信贷。

为了解决上述问题，受寿险产品承保机制的启发，将寿险产品连续投保和设置保险账户的做法引入农业保险产品的设计之中，使投保人可以连续投保并持有该账户，该产品同时具有保险、储蓄和信贷的功能。

7.2.2　产品设计方案

7.2.2.1　产品的核心原则

投保人每年按照农业收入的一定比例交纳保险费，该保费被存入保险账户中并能够产生利息。当保险合同承保的损失发生时，投保人可以从该账户中取出资金来弥补收入损失。如果账户中的余额不足以弥补损失，则由保险人以借款的方式进行补充，投保人用以后年度的收入来偿还保险人的借款。

7.2.2.2　产品运作的模型框架

在该产品下，每个投保人都有一个独立的账户。投保人每年按照其历史农业收入的特定比例交纳保险费，该保费被存入投保人的独立账户中并获得利息，利率为 r 。定义期间 t 里一个投保人所交纳的保费为 $\lambda \bar{R}_t$ ，其中 $\bar{R}_t$ 是过去收入水

平 R_t 的平均值（例如，过去5年收入的平均值），$\lambda \in [0,1]$ 是保费占 R_t 的比例。

当投保人的农业收入在某个年份低于事先设定的阈值，将从账户取款以弥补收入损失。我们把这一收入水平的阈值称为“收入保障”，并定义为 R_t' 。因此，某个年份从该账户取出的钱等于 $\max(0, R_t' - R_t)$ 。如果一个投保人的账户不足以支付取款，所需资金将由保险公司借给该账户，贷款利率与存款利率相同。鉴于这一结构，投保人在某个期间的账户数额 B_t 的表达式为：

$$W_t = (1+r)W_{t-1} + \alpha \bar{R}_t - \max(0, R_t' - R_t) \quad (7-11)$$

与保险金额类似，为该账户设计一个账户余额的上限（例如，设置账户余额的上限为投保人5年收入的移动平均数的75%）。当账户余额达到上限时，投保人不需要继续交纳保险费；直到账户余额被用于弥补投保人的收入损失而再次小于上限时，投保人才继续交纳保险费。定义 $I\{\cdot\}$ 为一个示性函数，如果是真的，它等于0；否则，它等于1。如果投保人达到或超过账户余额上限 $\bar{W}(I\{(1+r)W_{t-1} < \bar{W}\} = 0)$，则不允许投保人在这一年度内向他们的收入保险账户交费。如果投保人的账户余额低于上限（$I\{(1+r)W_{t-1} < \bar{W}\} = 1$），则投保人要以固定的每年比率 λ 继续缴费直到达到上限。这个交费设计用公式表达为：

$$\min(\lambda \bar{R}_t, \max(0, \bar{W} - (1+r)W_{t-1})) \quad (7-12)$$

为了更快地对发生赤字的账户进行补充，从而最小化因账户负值而终止的农民的比例，将对账户余额为负的投保人提高费率，即要求他们按照高于之前设定的比例 α 来交费。为了确保投保人不会过度负担这些额外的缴费，只有当实际收入超过他们过去几年的收入均值时，即 $I\{(1+r)W_{t-1} < 0\} \cdot I\{R_t > \bar{R}_t\} = 1$，这种追加交费才会发生。比较未偿还贷款余额与当期收入超过历史收入均值的大小，追加交费等于两者中较小的那个，即 $\min(|(1+r)W_{t-1}|, R_t - \bar{R}_t)$。

因此，在设置了账户余额上限和追加交费后，投保人在期间 t 的账户余额 W_t 的表达式为：

$$W_t = (1+r)W_{t-1} + I\{(1+r)W_{t-1} < \bar{W}\} \cdot \min(\alpha \bar{R}_t, \max(\bar{W} - (1+r)W_{t-1}, 0)) + I\{(1+r)W_{t-1<0}\} \cdot I\{R_t > \bar{R}_t\} \cdot \min(|(1+r)W_{t-1}, R_t - \bar{R}_t|) - \max(0, R_t' - R_t) \quad (7-13)$$

综上所述，如果投保人的收入超过预先规定的收入保障，他们不能从账户中提取资金；如果投保人的收入低于收入保障，他们可以从自己的账户中提取数额为 $R'_t - R_t$ 的补偿以弥补收入损失。只要账户余额低于上限阈值，就要向账户内交费。

当新型农业经营主体退出农业生产经营活动时，如果账户余额为正，他们可以提取该余额；如果账户余额为负，则先以出售、租赁或转让土地、农用机械等获得的收入来弥补余额，剩余部分由政府和保险公司分担。

7.2.3　产品特色

与普通农业收入保险相比，农业收入账户制保险具有以下特点和优势：

（1）投保人拥有账户所有权。农业保险产品具有射幸性，即只有发生约定损失时，投保人才能获得保险赔偿。因此，即使有保费补贴，农业生产者仍然觉得他们把钱交给了保险公司，自己有可能什么都得不到。在农业收入账户制保险中，参保者所交纳的保费进入自己的账户。发生收入损失时，他们可以从账户中取钱，账户的最终余额也归投保人所有。这种账户制的设置能够大大增强新型农业经营主体的参保愿意。

（2）保费透明公平。该保险根据每个参保者的真实农业收入来自动调节他们的保费。例如，对于较高风险的参保者，通过要求其追加缴费，自动调节他们账户的长期平均保费。由于不需要根据农业收入风险水平厘定费率，这种设计增强了保费精算的透明性，并引发了对大量外部补贴的需求

（3）能够提供方便、快捷的低息贷款。该保险能够为那些遭受巨大损失并且耗尽账户余额的生产者提供低息贷款，免去了向金融机构借贷的繁杂手续，有助于帮助投保人快速恢复农业生产。

7.2.4　产品创新设计的难点

农业收入账户制保险产品面临两个需要重点关注的问题：

第一，对参保人农业收入数据的真实性、可靠性有很高的要求。农业收入账户制保险的交费、账户余额提取、低息贷款都是以投保人的农业收入为核算基础的，要求投保人能够提供准确的农业收入信息。对传统农户而言，这一要求无法实现。新型农业经营主体有财务管理要求，能够提供收入记录，但仍然

需要监督机制以确保数据的真实性。

第二，要严格控制最终账户余额为负的比例。如果该保险没有准确地设定缴费比例，使最终账户余额为负的比例超过一定限制，将增加保险公司和政府的资金压力，使得该保险无法运行下去。在该保险下，只能允许一小部分生产者在结束他们的农业生产经营活动时账户余额为负。

7.3 农业信贷连结指数保险

7.3.1 产品创新的出发点

新技术的应用是促进新型农业经营主体发展壮大的重要途径。新技术在提高农业生产效率的同时，也伴随着风险。风险直接阻碍新型农业经营主体对新技术的采用。Boucher 等（2008）[①] 指出，对风险的厌恶常常会导致农业生产者放弃采用更先进的技术及新技术所带来的更高收益，即农业生产者具有风险自我配给的意识。此外，新型农业经营主体在扩大生产经营规模、应用新技术的时候，常常面临资金不足的问题，此时风险成为其获得贷款的阻碍。由于新型农业经营主体难以提供符合贷款要求的抵押品，贷款人因担心违约风险过高而不愿意提供贷款。

面对风险使新型农业经营主体难以获得贷款、阻碍其采用新技术的问题，想到通过保险机制来解决是自然的反应。如果保险是独立的，即它是由投保人独立于贷款合同购买，在这种情况下，尽管保险赔款可以减少被保险人的经济损失，但借款人不一定会用保险金来偿还贷款，因此贷款人对违约风险的担心并没有减少。当保险合同与信贷合同捆绑在一起时，保险对贷款人的贷款组合稳定性的正外部性被内部化了，能够大大降低违约风险。

明确了保险合同与信贷合同相连接的思想后，需要进一步思考的问题是：

① Boucher S., Carter M. R. and C. Guirkinger. Risk Rationing and Wealth Effects in Credit Markets: Theory and Implications for Agricultural Development [J]. *American Journal of Agricultural Economics*, 2008, 90 (2): 409 - 423.

哪一种农业保险适合与农业信贷连接在一起？由于信息不对称和交易成本高，传统的以个人赔款为基础的农业保险并不适合，指数保险则适合，主要有以下三个原因：第一，指数保险的赔付完全由独立的指数决定，信息透明度高，道德风险与逆选择低。指数保险的这些特征降低了投保人的保费负担和保险公司的管理成本。第二，由于指数保险承保的是系统性风险，在许多情况下，指数保险的适合承保对象不是个体农户，而是风险聚集体。信贷机构、农民合作社、农业生产物资供应商等与面临风险的农民之间有相互依赖性，可以起到聚集风险对象的作用。风险聚集体面临的基差风险小于个体农户。第三，信贷机构有能力处理个别借款人的违约风险，但当借款人出现大规模违约时，冲击力巨大的协变风险将对信贷机构造成重大损失。指数保险不承保被保险人所遭受的特殊的个体风险，其所承保的系统性风险与信贷协变风险具有相同属性和密切联系。例如，干旱造成某一地区农作物普遍减产的同时，也使大量农业生产者无力偿还贷款。

基于上述考虑，将农业信贷与农业指数保险捆绑在一起开发农业信贷连结指数保险产品，为新型农业经营主体信贷风险提供保障，促进农业新技术在其生产实践中的应用。

7.3.2　产品设计方案

7.3.2.1　承保条件与理赔规则

该产品将农业信贷与指数保险捆绑在一起。当新型农业经营主体向银行等信贷机构申请农业贷款时，作为获得贷款的条件，借款人必须购买指数保险；不申请农业贷款的主体不能单独投保该产品中的指数保险。

天气指数保险只承保一种或几种气象条件所引起的农业生产风险，但事实上导致农业损失的风险是多种多样的，其承保的风险范围较为狭窄，不适合与农业信贷相连结。区域产量保险以地区农作物平均产量作为保险赔偿的基础，只要地区实际产量低于预先设定的产量就触发赔偿，承保风险综合性强，适合与农业信贷相连结。该产品中指数保险的保险金额等于贷款到期价值（本金加利息），保险费在支付前从贷款价值中扣除，保险责任期限与贷款合同的期限一致。

该产品中银行等信贷机构是被保险人，它被明确地赋予支配保险赔款的权利，并且在为贷款合同定价时考虑保险因素。当指数保险中规定的赔偿条件被触发时，信贷机构从指数保险中获得赔偿，并根据赔偿金额减免借款人的债务。

由于指数保险的赔偿以一种标准化的指数（如区域产量指数）为依据，因此指数保险只能对投保人遭受系统性风险冲击后的损失进行赔偿。如果投保人因个体特殊风险而遭受损失，则不能获得赔偿，由此产生基准风险。鉴于此，只有那些生产经营规模大、受系统性风险影响大的新型农业经营主体才是农业信贷连结指数保险适合的参保人。

7.3.2.2　保险费率的厘定

假设投保人面临两个风险源：一个是与指数相关的系统性风险，另一个是其生产条件或地理位置等所导致的特殊风险。

假设可以在两种农业生产技术中进行选择：一种是传统技术，产量低但稳定；另一种是新技术，产量更高但风险更大。新技术需要购买新的生产资料或机械设备作为农业生产投入。这两种技术都受到系统性风险和特殊风险的影响。

假设一个乘数风险结构，传统技术条件下生产者的产出收益为：

$$y_T = \theta g_T \tag{7-14}$$

其中，$\theta = (\theta_c + \theta_s)$ 并且 $\theta \in [0, \bar{\theta}]$。$\theta_c$ 表示受系统性风险影响的产出，θ_s 表示受特殊风险影响的产出，$\bar{\theta}$ 表示在当前技术条件下的最大产出。θ 的概率分布函数记作 $f^N(\theta)$，累积分布函数记作 $F^N(\theta)$ 并且 $E(\theta) = 1$，上标 N 表示没有投保。

假设传统技术条件下不需要重新购买生产资料，此时生产者的净收益为：

$$\rho_T = y_T \tag{7-15}$$

在新技术条件下，生产者的产出收益为：

$$y_H = \theta g_H(K) \tag{7-16}$$

其中，K 是需要购买的作为投入的生产资料的金额。假设这些投入是通过贷款来融资购买的，贷款合同按照利率 r 和抵押要求 χ 提供贷款数额 K。在该贷款合同条件下，生产者的净收益为：

$$\rho_H = \begin{cases} y_H - (1+r)K = \theta g_H(K) - (1+r)K, if\theta > \tilde{\theta} \\ -\chi, if\theta \leqslant \tilde{\theta} \end{cases} \tag{7-17}$$

其中，$\tilde{\theta} = \dfrac{(1+r)K - \chi}{g_H(K)}$。为了使新技术的应用有意义，假设新技术为生产

者提供了更高的预期收益，即 $E[\rho_H] > E[\rho_T]$。

以区域产量保险作为农业信贷连结的指数保险，它只承保受系统性风险影响的产出 θ_c。设 θ_c 是一个被截断的正态分布变量，断点集合的下限是 0，上限是 $\bar{\theta}$，即 $\theta_c \sim (1, \sigma_c^2, 0, \bar{\theta})$。

将区域产量保险的赔偿视为一个线性指数补偿函数，其保险赔偿数额等于现实产量与阈值（$g_H\hat{\theta}_c$）之间的差额。即当现实的区域产量 $g_H\theta_c$ 低于保险触发点 $g_H\hat{\theta}_c$ 时，保险公司向生产者支付赔偿 $g_H(\hat{\theta}_c - \theta_c)$。区域产量保险的精算公平保费为：

$$p = g_H E[1(\hat{\theta}_c > \theta_c)(\hat{\theta}_c - \theta_c)] \tag{7-18}$$

当保险与信贷连结在一起时，保费为：

$$p' = (1 + \psi)p \tag{7-19}$$

其中，ψ 表示精算公平保费的溢价。当 $\psi > 0$ 时，表示保险人根据交易成本和不确定性成本对精算公平保险进行了上调；当 $\psi \in [-1, 0]$ 时，表示该保险获得了保费补贴。

当保险与信贷捆绑在一起后，保费和保险赔偿成为信贷资金流的一部分，此时生产者的净收益表达式为：

$$\rho_I = \begin{cases} y_I - (1 + r)K, if\theta > \tilde{\theta}^I \\ -\chi, if\theta \leqslant \tilde{\theta} \end{cases} \tag{7-20}$$

其中，$\tilde{\theta}^I = \dfrac{(1 + r)K - \chi + \psi}{g_H} = \tilde{\theta} + \dfrac{\psi}{g_H}$。根据保险赔偿规则，信贷机构是保险的第一索赔人，保险与信贷的相互关联内部化了保险对贷款人组合的外部性影响。

7.3.2.3　农业贷款定价

信贷机构对贷款定价主要是确定贷款利率水平的下限，定义以下三个变量：$\bar{\pi}$ 表示贷款人资本的无风险机会成本；$\bar{\pi}^a(n_a \mid \bar{\pi}, f^j)$ 表示贷款人必须从 n_a 贷款所构成的贷款组合中获得的风险调整收益率，这一收益率取决于借款人的收入概率分布 f^j（$j = N, I$），N 表示无保险，I 表示有保险；$r(\bar{\pi}^a \mid \chi, f^j)$ 是对单个借款人收取的贷款利息，它直接取决于 f^j、贷款组合风险调整收益率 $\bar{\pi}^a$ 以及借款

人可以提供的抵押水平 χ。很显然，贷款利率要符合的条件是：$r(\bar{\pi}^a|\chi,f^j) \geqslant \bar{\pi}^a(n_a|\bar{\pi},f^j) \geqslant \bar{\pi}$。

在农业信贷连结保险产品设计中要考虑的重要问题是指数保险如何影响贷款定价。首先在给定 $\bar{\pi}^a$ 的条件下观察合同利率 r 是如何决定的，然后在给定 $\bar{\pi}$ 的条件下研究 $\bar{\pi}^a$ 是如何决定的。

贷款人以利率 r 和抵押要求 χ 放款给借款人 i 所得到的收益为：

$$\pi_i = \begin{cases} r, if\theta_i > \tilde{\theta} \\ \dfrac{\chi + \theta_i g_H(K)}{K} - 1, if\theta \leqslant \tilde{\theta} \end{cases} \tag{7-21}$$

贷款人的收益在随机变量 $\tilde{\theta}_i$ 的变化下具有凹性，其期望收益为：

$$E(\pi_i) = [1 - F(\tilde{\theta})]r + \int_0^{\tilde{\theta}} (\frac{\chi + \theta_i g_H(K)}{K} - 1) f(\theta_i) d\theta_i \tag{7-22}$$

其中，$\tilde{\theta}$ 与式（7－17）中的相同，即 $\tilde{\theta} = \dfrac{(1+\mathrm{r})K - \chi}{g_H(K)}$，是仅允许全额偿还贷款的随机变量的值。

在完全竞争的信贷市场中，贷款人的期望收益为零。对于抵押不足（抵押价值小于贷款数额 $\chi < (1+r)K$）的贷款，由于 $\dfrac{\partial r}{\partial \chi} = \dfrac{-F(\tilde{\theta})}{(1-F(\tilde{\theta})K)} < 0$，因此 r 随着 χ 的增长而降低（见图 7－1）。

当指数保险独立于贷款时，贷款人将使用没有保险时的概率分布（f^N）并确定贷款合同利率 $r(\bar{\pi}^a|\chi,f^N)$。此时，贷款利率不受保险合同的影响，与没有保险的情况相同（图 7－1 中的实线）。当指数保险与贷款相连结时，贷款人的收益取决于保险保障下的借款人收入概率分布 f^I，使得 $\bar{\pi}^a$ 下降，贷款合同利率曲线变得陡峭（图 7－1 中的虚线）。由图 7－1 可见，在抵押贷款情况下，指数保险与贷款的连结对贷款利率的影响很大，但在高抵押贷款情况下影响很小。这是因为当抵押物的价值很高时，即使没有保险，抵押物的价值足以偿还贷款，大大降低了贷款人所面临的风险。

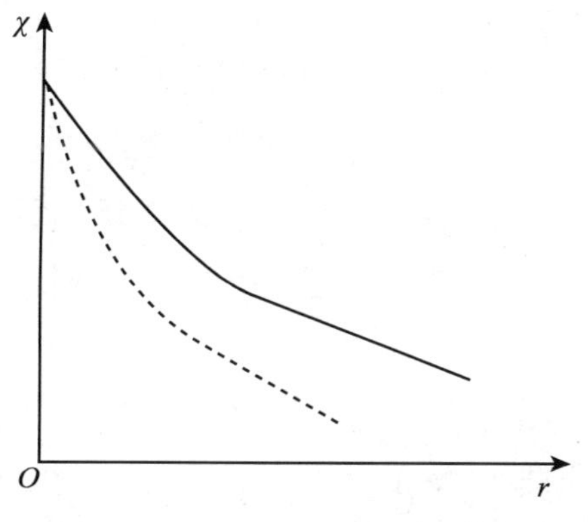

图 7－1　贷款人的利率曲线

综上所述，当贷款与指数保险相连结时，指数保险通过影响借款的收入概率分布，降低贷款人对农业贷款所要求的风险调整收益 $\bar{\pi}^a$，从而降低了贷款利率。这种影响在低抵押情况下更加明显，能够有效解决我国新型农业经营主体缺少贷款抵押物的现实问题。

7.3.3　产品的特色

（1）农业保险与农业信贷连结在一起。当农业保险与农业信贷相分离时，虽然农业保险能够弥补投保人的经济损失，但不能保证投保人会将保险赔偿用于偿还贷款。农业信贷连结指数同时考虑了农业信贷供求双方的担忧，把信贷与指数保险捆绑在一起。农业生产者要想获得贷款，就必须投保指数保险；该产品项目下的指数保险也只提供给借款人。如果发生与指数挂钩事件，保险赔偿先支付给银行而不是借款人。信贷合同与保险合同之间的联系不仅使得农业生产者在违约时被禁止获取信贷，而且还禁止一个没有信用的生产者获得保险。

（2）创新了农业贷款抵押担保机制。在我国现行的农业产权制度下，新型农业经营主体所拥有的土地、房屋、农用机械等资产难以成为贷款的有效抵押物，这是造成新型农业经营主体贷款难的一个重要原因。贷款人要求提供贷款抵押物的根本目的是降低贷款违约风险，当保险作为一揽子信贷合同的一部分时，保险赔款支付给贷款人用于偿还贷款。此时农业保险在一定程度上起了抵押物的作用，通过与信贷的相互关联将保险对贷款风险的外部性影响内部化。

（3）降低了农业信贷的信息不对称。为了准确评估借款人的还贷能力，信贷机构需要获得借款人的收入或盈利能力、资金用途、融资项目的风险和预期收益等信息，但由于信息不对称，往往难以获得准确的信息，阻碍了信贷的发放。当保险与信贷连结在一起时，保险可以发挥识别借款者风险状况的作用，抑制了信息不对称对缺乏抵押物的潜在借款人的挤出效应。同时，借款人只有在购买农业保险之后才能获得贷款，有利于保证贷款的用途与农业生产密切相关。

（4）减少了保险和信贷的交易成本。农业保险和农业信贷都以农业生产者为服务对象，都以促进农业现代化发展为目标，这些共同点使得两者的连结可以实现信息资源共享，在产品的设计、销售和管理上相互补充、相互促进。一方面，农业信贷通过与农业保险捆绑，减少了信贷机构的贷前信息搜索成本，降低了贷后监督成本和管理成本，降低了贷款违约风险。另一方面，农业保险通过农业信贷进行销售，减少了销售成本，增加了参保人数。

（5）有效降低了农业信贷风险。由于农业生产的弱质性以及抵押担保品的缺乏，农业信贷风险高于普通贷款。当农业信贷的借款人受保险保障时，保险的风险管理功能将在农业信贷风险分担与补偿机制中发挥重要的作用。特别是当相互关联的保险为指数保险时，通过消除农业信贷组合中的共变风险，大大降低了信贷机构所面临的系统性违约风险。

（6）促进先进生产技术的使用。指数保险与农业信贷的连结能够使先进技术采用和低贷款违约率这两个看似不同的目标产生互动。当生产者采用风险更大但收益率更高的先进技术时，相互连结的信贷—保险合同降低了贷款违约率，提高了农业信贷的可持续性。

7.3.4 产品创新的难点

为了保证与农业信贷相关联的保险的有效性，需要一个高质量的指数（如区域产量指数、面积收益率指数），该指数能够准确地测算平均损失，并将协变冲击造成的相关违约从贷款组合中剥离出来。

农业信贷连结指数产品涉及信贷机构、借款人、保险公司三方主体，这些主体的行为相互关联、相互影响，具有很高的复杂性。本书仅对承保条件、理赔规则、费率厘定和贷款定价提出了设计方案，从产品设计的完整性来说，信贷额度、贷款优惠率、特殊风险冲击概率与损失程度、违约风险系数等具体因素也需要纳入产品研发范围。除此之外，政府应该在农业信贷连结指数产品发挥何种作用，是否应该提供保费补贴，补贴比率是多少，这些也是非常重要的问题，并且需要经过严格的科学论证。

第 8 章　结论与研究展望

8.1　结　　论

新型农业经营主体是农业先进生产力的代表，是实施乡村振兴战略的骨干力量和重要载体。培育新型农业经营主体、加快发展现代农业，是落实党的十九大精神、实施乡村振兴战略的必然要求。社会经济发展所产生的要素禀赋差异造成新型农业经营主体具有风险异质性，迫切需要农业保险产品创新发展以满足其风险保障的需求。本书以探寻能够契合新型农业经营主体风险异质性需求的农业保险产品创新策略和方案为根本目的，通过研究得到的主要结论如下。

8.1.1　新型农业经营主体培育与农业保险产品创新之间存在着互动耦合机制

按照新型农业经营主体的形成与功能定位→农业保险产品创新的动因→新型农业经营主体培育与农业保险产品创新互动耦合这一思路，分为三步进行研究：第一，在对现有文献、政策法规进行系统梳理的基础上，明确了新型农业经营主体的内涵和类型，明确指出劳动力、土地、资本、技术等生产要素的新变化激发了农业经营组织形式创新发展的动力，为新型农业经营主体的产生提供了现实基础。第二，以金融创新理论为基础，根据农业保险产品自身的属性，明确指出农业保险产品创新是市场需求、供给状况、制度变革和技术进步等四大因素共同作用的结果。第三，明确指出新型农业经营主体培育与农业保险产品创新的互动关系是建立二者动态耦合模型的基础。新型农业经营主体培育为农业保险产品创新提供了有效供给和需求动力、促进了农业保险产品多元化，进而极大地促进了农业保险产品的创新发展；而农业保险产品创新的发展又给新型农业经营主体培育提供风险保障、促进利益共同体形成以及促进农业产业化进程，又将新型农业经营主体培育的进程推向另一高度，每进行一次循环都将推动整个耦合系统的综合效率上升一个台阶。

8.1.2　我国新型农业经营主体发展呈现新态势

新型农业经营主体发展的现状是分析其风险异质性的基础，对其农业保险产品需求起着决定性的影响。对我国新型农业经营主体总体发展情况进行分析后发现，党的十八大以来，我国新型农业经营主体发展呈现数量增加、类型多元、规模适度、产业化水平和市场竞争能力显著提升的新态势。与传统农户相比，新型农业经营主体在人力资源、生产经营方面优势突出，特征明显。从分类发展情况来看，不同类型的新型农业经营主体按照各自的功能定位，在发展模式、产业领域和服务方式上呈现多元化，不断迸发新活力。

8.1.3　新型农业经营主体具有风险异质性

新型农业经营主体不仅受到一般农业生产中的风险因素影响，而且还面临新的风险，形成当前新型农业经营主体风险自有特征。要素禀赋差异造成农业经营主体性质、功能、生产率等方面的差别，从而改变了农业生产的风险环境和农业风险的作用方式，这是新型农业经营主体风险异质性产生的根源。

对新型农业经营主体与普通农户的要素禀赋差异进行分析后发现，新型农业经营主体的风险异质性表现为：一是风险聚集效应明显。与普通农户相比，新型农业经营主体也面临自然风险、市场风险、技术风险和社会风险，但是其所面临的上述风险更加集中、范围更广、规模更大、后果更严重。二是风险种类多样化。除自然风险、市场风险、技术风险和社会风险之外，新型农业经营主体还面临着资金风险、违约风险、政策风险等多种风险。三是风险关系错综复杂。多种风险可能同时发生，共同给新型农业经营主体造成损失；不同的风险可能相互作用，形成风险组合，加重新型农业经营主体的损失后果；不同类型的风险还可能交叉传染，产生连锁反应。

通过构建多组结构方程模型（SEM）实证分析新型农业经营主体风险异质

性，结果显示：第一，新型农业经营主体与普通农户的风险因子结构和因子关系具有显著差异。从风险类型上来看，普通农户主要面临自然风险、资金风险、技术风险和社会风险；除了上述五种风险之外，契约风险和政策风险对新型农业经营主体也具有一定的影响。从风险的重要性来看，对普通农户而言，影响最大的是自然风险，其次是市场风险；对新型农业经营主体而言，影响较大的有市场风险、资金风险、技术风险。这是因为新型农业经营主体采取规模化、集约化的生产经营方式，能够在一定程度上抵御自然风险，因此，自然风险对其不是最主要的风险，而由其他风险取而代之。第二，比较不同类型新型经营主体的风险结构模型、风险权重系数，发现不同新型农业经营主体之间的风险因子结构和因子关系也有显著差异。对专业大户和家庭农场而言，其面临的最主要风险是市场风险；农业合作社面临的最主要风险是契约风险；农业龙头企业面临的最主要风险是技术风险。对专业大户而言，排在第二、三位的风险分别是资金风险、契约风险；对家庭农场而言，排在第二、三位的风险分别是政策风险、资金风险；对农业合作社而言，排在第二、三位的风险分别是市场风险、技术风险；对农业龙头企业而言，排在第二、三位的风险分别是资金风险、政策风险。

8.1.4 新型农业经营主体农业保险产品存在供需失衡

从供给主体、供给的种类、供给规模和保障水平等方面对我国农业保险产品供给的总体情况进行了分析。以新型农业经营主体为对象，进行了农业保险产品供给评价的问卷调查，从农业保险产品设计与服务两个方面调查新型农业经营主体对农业保险产品供给的评价。农业保险产品供给与新型农业经营主体需求失衡的症结集中于以下三点：

第一，保险产品结构单一化与风险因素多元化不匹配。我国农业保险产品承保的风险绝大部分限于自然风险。然而，新型农业经营主体在生产经营实践中，不仅会遭遇自然风险，还会遭遇市场风险、技术风险、社会风险、资金风险、契约风险和政策风险等多种风险。更为重要的是，自然风险已经不是新型农业经营主体面临的最主要风险。

第二，保险保障水平低与高投入、高损失不适配。无论从保险金额来看，还是从保险赔款弥补损失的比例来看，常规农业保险产品的保障水平都与新型农业经营主体的要求存在较大差距。

第三，逐一定损的赔偿方式与规模化集约化的生产模式不适应。新型农业经营主体对定损技术的要求高，逐一定损的工作量太大。

8.1.5　我国农业保险产品创新方向与创新产品设计

农业保险产品创新需要精准对接新型农业经营主体的风险保障需求，在农业生产、市场销售、融资信用等方面为新型农业经营主体提供多层次、全方位的保险保障，构建起与新型农业经营主体需求相适应的多元化农业保险产品体系。根据我国新型农业经营主体风险异质性的现实状况以及我国农业保险产品供求失衡的症结点，我国新型农业经营主体农业保险产品创新的主要方向应包括多层次保障水平型产品、收入保障型产品、指数型产品、信用增进型产品、农业产业链综合型产品。

在创新方向的基础上，提出了三种创新型农业保险产品的设计方案。区域产量保险属于指数型产品，农业收入账户制保险属于收入保障型产品，农业信贷连结指数保险属于信用增进型产品。从产品创新的出发点、产品设计方案（包括承保与理赔规则、保险费率厘定、保障水平等）、产品特色和产品创新设计的难点等方面对每一个产品创新提出了具体构想与规划。

8.2　研究展望

从框架上来看，本书总体上完成了从理论到实际的分析，针对新型农业经营主体的风险异质性，提出了农业保险产品创新的方向与方案。但是，由于研究时间的限制、资料数据搜集的困难以及研究者知识水平的有限性，对相关问题的研究还有待深入。

首先，新型农业经营主体是现代农业发展中出现的新生事物，尚处在发展的初始阶段；相对于现有产品，农业保险产品创新本身也属于新生事物。本书将两者结合起来研究具有新意，也属于探索性研究。本书所提出的农业保险产品创新方向有待时间和实践的检验。

其次，本书提出了六大类农业保险产品创新方向，在这些方向下可以有许多具体的创新产品。受研究能力和实践经验的限制，本书仅提出了三种具体的创新产品设计方案，今后还需要更多种类的产品创意与设计。

再次，本书提出了区域产量保险、农业收入账户制保险、农业信贷连结指数保险等三种创新产品的设计方案，要想使其真正进入市场还需要获取大量数据，进行更深层次的实证研究。此外，还需要通过与保险监管部门、保险公司的合作，对产品条款、费率进行更加细致的研发设计。

最后，鉴于研究者的思维和知识水平有限，本书必然还存在一些不足之处，有待于进一步改正和探讨。

参考文献

［1］陈文辉. 中国农业保险发展改革理论与实践研究［M］. 北京：中国金融出版社，2015.

［2］陈锡文，韩俊. 农业转型发展与乡村振兴研究［M］. 北京：清华大学出版社，2019.

［3］李传峰. 公共财政与我国农业保险经营模式研究［M］. 北京：中国财政经济出版社，2016.

［4］邓国取. 我国农业巨灾风险、风险分散及共生机制探索［M］. 北京：中国金融出版社，2015.

［5］冯文丽，苏晓鹏. 农业巨灾风险管理制度研究［M］. 北京：人民出版社，2019.

［6］付莲莲. 农产品价格波动的形成机理及风险预警［M］. 北京：经济科学出版社，2018.

［7］侯杰泰. 结构方程模型及其应用［M］. 北京：教育科学出版社，2004.

［8］黄可权. 新型农业经营主体金融服务体系创新研究［M］. 北京：中国财政经济出版社，2018.

［9］江生忠. 农业保险财政补贴理论及经验研究［M］. 天津：南开大学出版社，2013.

［10］江泽林. 农业现代化、城镇化与城乡融合发展［M］. 北京：中国社会科学出版社，2017.

［11］鲁钊阳. 金融服务创新促进新型农业经营主体发展研究［M］. 北京：中国社会科学出版社，2019.

［12］聂荣，沈大娟. 农业风险控制与农业保险绩效研究［M］. 北京：经济科学出版社，2017.

［13］宋洪远，赵海. 中国新型农业经营主体发展研究［M］. 北京：中国金融出版社，2015.

[14] 庹国柱. 庹国柱农业保险文集（续） [M]. 北京：中国农业出版社，2018.

[15] 庹国柱. 庹国柱农业保险文集 [M]. 北京：中国农业出版社，2014.

[16] 汪艳涛. 农户分化背景下新型农业经营主体培育机制研究 [M]. 北京：经济管理出版社，2018.

[17] 王茜，孟宪文，朴清. 乡村振兴战略与现代农业产业化 [M]. 北京：中国农业科学技术出版社，2019.

[18] 王振军. 农业旱灾指数保险的理论及应用研究 [M]. 北京：中国社会科学出版社，2017.

[19] 吴明隆. 结构方程模型：Amos 实务进阶 [M]. 重庆：重庆大学出版社，2018.

[20] 吴瑞林. 基于结构方程模型的测验分析方法 [M]. 北京：北京大学出版社，2013.

[21] 肖宇谷. 农业保险中的精算模型研究 [M]. 北京：清华大学出版社，2018.

[22] 徐钦军，范以香，徐爱华. 家庭农场合作社的运营与管理 [M]. 北京：中国农业科学技术出版社，2017.

[23] 许恒周. 农地确权、农地流转与新型农业经营主体培育研究 [M]. 北京：经济科学出版社，2019.

[24] 叶兴庆，张云华，伍振军，周群力. 农业农村改革若干重大问题研究 [M]. 北京：中国发展出版社，2018.

[25] 张红霞. 农业产业化龙头企业全面风险管理体系研究——以吉林省为例 [M]. 北京：中国金融出版社，2013.

[26] 张峭. 农业风险评估与管理概论 [M]. 天津：南开大学出版社，2019.

[27] 张跃强. 政府对新型农业经营主体的支持政策研究 [M]. 北京：经济科学出版社，2018.

[28] 中国发展研究基金会. 指数保险与中国自然灾害救助体系改革 [M]. 北京：中国发展出版社，2014.

[29] 中国农业保险保障水平研究课题组. 中国农业保险保障水平研究报告 [M]. 北京：中国金融出版社，2017.

[30] 中国农业科学院. 中国农业产业发展报告2018 [M]. 北京: 经济科学出版社, 2018.

[31] 中华人民共和国农业农村部. 中国农业农村发展报告2018 [M]. 北京: 中国农业出版社, 2019.

[32] [美] 约瑟夫·熊彼特. 经济发展理论 [M]. 北京: 商务印书馆, 1990.

[33] [美] 迈克尔·波特. 竞争战略 [M]. 北京: 华夏出版社, 2005.

[34] 巴曙松. 对我国农业保险风险管理创新问题的几点看法 [J]. 保险研究, 2013 (2): 11-17.

[35] 白文, 周陆畅. 新型农业经营主体农业保险服务发展的困难及对策分析——以安徽省为例 [J]. 长春理工大学学报 (社会科学版), 2018 (5): 108-111.

[36] 陈丽, 李崇光, 张俊. 农民合作社农户风险共担认知和行为分析 [J]. 农业现代化研究, 2018 (3): 293-299.

[37] 付剑茹, 吴程灵. 家庭农场、资金需求紧迫与借贷渠道——基于背景风险和家庭农场特征的实证分析 [J]. 金融理论与实践, 2019 (4): 9-17.

[38] 顾红. 供给侧的视角下农业保险产品创新策略研究 [J]. 农业经济, 2018 (7): 143-144.

[39] 顾建强, 薛庆根. 政策支持、认知耦合与政策性农业保险采用行为——基于新型农业经营主体视角的分析 [J]. 河北金融, 2018 (9): 25-29.

[40] 关伟, 郑适, 马进. 论农业保险的政府支持、产品及制度创新 [J]. 管理世界, 2005 (6): 155-156.

[41] 郭军, 谭思孔, 孔祥智. 农户农业保险排斥的区域差异: 供给不足还是需求不足——基于北方6省12县种植业保险的调研 [J]. 农业技术经济, 2019 (2): 85-98.

[42] 衡霞. 农业产业化经营主体风险态度的微观分析——以四川省资阳市"六方合作机制"为例 [J]. 农村经济, 2011 (6): 58-62.

[43] 黄闯. 新型农业经营主体生成发展中的风险研究 [J]. 湖北农业科学, 2015 (9): 17-20.

[44] 黄英君, 蒲玥成. 重视创新农业保险产品 [J]. 中国保险, 2015 (12): 5-6.

[45] 黄正军. 我国农业保险产品的创新与发展 [J]. 金融与经济, 2016 (2): 76 –81.

[46] 江激宇, 张士云, 李博伟, 马小茜. 种粮大户经营风险感知机理与实证检验 [J]. 西北农林科技大学学报 (社会科学版), 2016 (7): 123 –130.

[47] 江生忠, 张煜. 农业保险对农村经济的助力效果分析——基于3SLS方法 [J]. 保险研究, 2018 (2): 102 –111.

[48] 蒋辉. 农民专业合作社内部治理机制与运营风险防范 [J]. 江西社会科学, 2016 (6): 227 –231.

[49] 李胜连, 汪春玲, 张丽颖, 王光. 农业产业风险管理主体认知实证研究——宁夏为例 [J]. 2012 (3): 223 –227.

[50] 李延敏, 穆庆贺. 对农民专业合作社信贷风险评价的探索——基于冲量模型 [J]. 金融理论与实践, 2017 (10): 22 –27.

[51] 林乐芬, 何婷. 银保合作下涉农贷款保证保险区域发展的需求差异研究——以江苏省农业保险贷为例 [J]. 农业技术经济, 2019 (2): 43 –52.

[52] 刘畅, 邓铭, 苏华清, 蔡宇, 张雪梅. 家庭农场经营风险测度及其影响因素研究 [J]. 农业现代化研究, 2018 (9): 770 –779.

[53] 刘欣, 姚增福, 马长凤, 刘野. 种粮大户生产经营外部性风险来源与认知差异分析——基于湖南和黑龙江2省679户微观调查数据的对比 [J]. 湖南科技学院学报, 2015 (5): 153 –157.

[54] 盛和泰. 保险服务新型农业经营主体的路径和机制 [J]. 清华金融评论, 2016 (8): 92 –94.

[55] 庹国柱. 论中国及世界农业保险产品创新和服务创新趋势及其约束 [J]. 中国保险, 2014 (2): 14 –21.

[56] 王国军, 李京徽. 基于新型农业经营主体需求导向的农业保险供给侧改革研究 [J]. 农村金融研究, 2018 (6): 21 –26.

[57] 王洪波. 不同新型农业经营主体的农业保险需求研究 [J]. 农村金融研究, 2017 (2): 65 –70.

[58] 王吉鹏, 肖琴, 李建平. 新型农业经营主体融资: 困境、成因及对策——基于131个农业综合开发产业化发展贷款贴息项目的调查 [J]. 农业经济问题, 2018 (2): 71 –77.

[59] 王睿, 周应恒. 乡村振兴战略视阈下新型农业经营主体金融扶持研究

[J]. 经济问题, 2019 (2): 95-103.

[60] 王素琴, 汪婧. 实施新型农业经营主体贷款风险补偿基金的实践与思考 [J]. 江苏农村经济, 2019 (5): 59-61.

[61] 王勇, 张伟, 罗向明. 基于农业保险保单抵押的家庭农场融资机制创新研究 [J]. 保险研究, 2016 (2): 107-119.

[62] 王月琴, 赵思健. 山西沁县谷子综合天气指数保险研究 [J]. 保险研究, 2019 (4): 15-26.

[63] 王振华, 李明文, 王昱江, 金启. 技术示范、预期风险降低与种粮大户保护性耕作技术行为决策 [J]. 中国农业大学学报, 2017 (8): 182-187.

[64] 伍耀规, 任红. 家庭农场经营风险评估研究 [J]. 农村经济与科技, 2019 (6): 1-2, 10.

[65] 熊旻, 庞爱红. 早稻暴雨指数保险产品设计——以江西省南昌县为例 [J]. 保险研究, 2016 (6): 12-26.

[66] 徐功学. 新型农业经营主体的规模经营风险探析 [J]. 农村工作通讯, 2019 (4): 55-58.

[67] 许秀川, 高远东, 梁义娟. 借贷能力、风险收益与新型农业经营主体经营效率 [J]. 华中农业大学学报 (社会科学版), 2019 (1): 54-67.

[68] 叶朝晖. 完善我国农业保险制度的思考 [J]. 金融研究, 2018 (12): 174-188.

[69] 叶明华, 朱俊生. 新型农业经营主体与传统小农户农业保险偏好异质性研究——基于9个粮食主产省份的田野调查 [J]. 经济问题, 2018 (2): 91-97.

[70] 尹成杰. 关于推进农业保险创新发展的理性思考 [J]. 农业经济问题, 2015 (6): 4-8.

[71] 余洋, 董志华. 政治均衡视阈中的农业保险保费补贴政策: 比较优势与险种选择 [J]. 宏观经济研究, 2016 (4): 12-20.

[72] 余洋. 基于保障水平的农业保险保费补贴差异化政策研究——美国的经验与中国的选择 [J]. 农业经济问题, 2013 (10): 29-35.

[73] 张静, 张朝陶, 福禄. 中国南方双季稻区天气指数保险的选择分析 [J]. 保险研究, 2017 (7): 13-21.

[74] 张梅, 肖雅倩, 安乐滨. 新农产品价格体制框架下农民合作社风险识

别和评估［J］. 农业经济与管理，2018（2）：25－34.

［75］张士云，陈传静，江激宇，鲍静，宋浩楠. 风险效应对种粮大户规模选择行为的影响研究——基于安徽省403个种粮大户调研数据［J］. 华东经济管理，2015（9）：26－33.

［76］张燕媛，袁斌，陈超. 农业经营主体、农业风险与农业保险［J］. 江西社会科学，2016（2）：38－43.

［77］张悦，刘文勇. 家庭农场的生产效率与风险分析［J］. 农业经济问题，2016（5）：16－21，110.

［78］钟真. 改革开放以来中国新型农业经营主体：成长、演化与走向［J］. 中国人民大学学报，2018（7）：43－55.

［79］周帮扬，李攀. 基于农业经营主体分化的指数型农业保险产品创新研究［J］. 金融与经济，2018（5）：74－79.

［80］周波，张旭. 农业技术应用中种稻大户风险偏好实证分析——基于江西省1077户农户调查［J］. 农林经济管理学报，2014（12）：584－594.

［81］朱俊生. 农业保险创新的国际经验［J］. 中国金融，2016（8）：59－61.

［82］朱云霞，龙文军. 新型农业经营主体对农业保险的需求——基于安徽新型农业经营主体的问卷调查［J］. 中国保险，2019（5）：38－42.

［83］Goodwin B. K. and V. H. Smith. The Economics of Crop Insurance and Disaster Aid［M］. The AEI Press，1995.

［84］Hazell P. and A. Valdes. Crop Insurance for Agricultural Development：Issues and Experience［M］. The John Hopkins University Press，2000.

［85］Sigurdson D. and R. Sin. An Aggregate Analysis of Canadian Crop Insurance Policy［M］. Kluwer Academic Publishers，1994.

［86］Wright B. D. and J. A. Hewitt. All－Risk Crop Insurance：Lessons from Theory and Experience［M］. Kluwer Academic Publishers，1994.

［87］Barnett B. Multiple－peril crop insurance：successes and challenges［J］. Agricultural Finance Review，2014，74（2）：200－216.

［88］Boucher S.，Carter M. R. and C. Guirkinger. Risk Rationing and Wealth Effects in Credit Markets：Theory and Implications for Agricultural Development［J］. American Journal of Agricultural Economies，2008，90（2）：409－423.

[89] Breustedt G., Bokusheva R. and O. Heidelbach. Evaluating the Potential of Index Insurance Schemes to Reduce Crop Yield Risk in an Arid Region [J]. Journal of Agricultural Economics, 2008, 59 (2): 312-328.

[90] Brick K. and M. Visser. Risk Preferences, Technology Adoption and Insurance Uptake: A framed Experiment [J]. Journal of Economic Behavior and Organization, 2015, 118 (12): 383-396.

[91] Cohen A. and P. Siegelman. Testing for Adverse Selection in Insurance Markets [J]. Journal of Risk and Insurance, 2010, 77 (1): 39-84.

[92] Cummins J. D. Should the Government Provide Insurance for Catastrophes? [J]. Federal Reserve Bank of St. Louis Review, 2006, 88 (4): 337-379.

[93] Falco S. D., Adinolfi F., Bozzola M. and F. Capitanio. Crop Insurance as a Strategy for Adapting to Climate Change [J]. Journal of Agricultural Economics, 2014, 65 (2): 485-504.

[94] Glauber J. W. Crop Insurance Reconsidered [J]. American Journal of Agricultural Economics, 2004, 86 (5): 1179-1195.

[95] Glauber J. W. The Growth of the Federal Crop Insurance Program 1990 ~ 2011 [J]. American Journal of Agricultural Economics, 2013, 95 (2): 482-488.

[96] Goodwin B. K. Problems with Market Insurance in Agriculture [J]. American Journal of Agricultural Economies, 2001, 83 (3): 643-649.

[97] Halcrow H. G. Actuarial Structures for Crop Insurance [J]. American Journal of Agricultural Economics, 1949, 31 (3): 418-443.

[98] Hennessy D. A., Babcock B. A. and D. J. Hayes. Budgeting and Producer Welfare Effects of Revenue Insurance [J]. American Journal of Agricultural Economics, 1997, 79 (8): 1024-34.

[99] Karlan D., Osei R., Osei-Akoto I. and C. Udry. Agricultural Decisions after Relaxing Rrisk and Credit Constraints [J]. Quarterly Journal of Economics, 2014, 129 (2): 597-652.

[100] Kenny B., Roberto M. and D. P. Blayney. Livestock Gross Margin-Dairy Insurance: An Assessment of Risk Manegement and Potential Supply Impacts [J]. Economic Research Report, No. 163, 2014.

[101] Klein R. W. and G. Krohm. Federal Crop Insurance: The Need for Reform

[J]. Social Science Electronic Publishing, 2016, 18 (2): 279 - 293.

[102] Mahul O. Optimal Area Yield Crop Insurance [J]. American Journal of Agricultural Economics, 1999, 81 (2): 75 - 82.

[103] McIntosch C., Sarris A. and F. Papadopoulos. Productivity, Credit, Risk and the Demand for Weather Index Insurance in Smallholder Agriculture in Ethiopia [J]. Journal of Agricultural Economics, 2013, 44 (5): 399 - 417.

[104] Miranda M. J. Area - Yield Crop Insurance Reconsidered [J]. American Journal of Agricultural Economics, 1991, 73 (2): 233 - 242.

[105] O' Donoqhue, Robert and Key. Did the Federal Crop Insurance Reform Act alter fFarmer Enterprise Diversification? [J]. Journal of Agricultural Economics, 2009, 60 (1): 80 - 104.

[106] Serra T., Goodwin B. K. and A. M. Featherston. Modeling Changes in the U. S. Demand for Crop Insurance During the 1990s [J]. Agricultural Finance Review, 2003, 63 (2): 109 - 125.

[107] Sherrick B. J., Zanini F. C., Schnitkey G. D. and S. H. Irwin. Crop Insurance Valuation under Alternative Yield Distributions [J]. American Journal of Agricultural Economics, 2004, 86 (2): 406 - 419.

[108] Skees J. R. More Crop Insurance Reform: A Good Idea Gone Away [J]. American Journal of Regulation, 2001, 24 (5): 16 - 21.

[109] Vandeveer M. L. Demand for Area Crop Insurance Among Litchi Producers in Northern Vietnam [J]. Agricultural Economics, 2001, 26 (2): 173 - 184.

[110] Vedenov D. V. and B. J Barnett. Efficiency of Weather Derivatives as Primary Crop Insurance Instruments [J]. Journal of Agricultural and Resource Economics, 2004, 29 (2): 387 - 403.

[111] Wang H. H., Hanson S. D. and J. R. Black Efficiency Cost of Subsidy Rules for Crop Insurance [J]. Journal of Agricultural and Resource Economics, 2003, 28 (1): 116 - 137.

[112] Woodard J. D. Impacts of Weather and Time Horizon Selection on Crop Insurance Ratemaking: A Conditional Distribution Approach [J]. North American Actuarial Journal, 2014, 18 (2): 279 - 293.

[113] Chen Y. and B. K. Goodwin. Policy Design of Multi - Year Crop Insurance

Contracts with Partial Payments [J]. Plos One, 2015, 10 (12): 135 -152.

[114] Young C. E., Vandeveer M. L. and R. D. Schneph. Production and Price Impacts of Crop Insurance Programs [J]. American Journal of Agricultural Economics, 2001, 83 (5): 1196 -1203.

[115] Zulauf C., Schnitkey G. and M. Langemeier. Average Crop Revenue Election, Crop Insurance and Supplemental Revenue Assistance: Interactions and Overlap for Illinois and Kansas Farm Program Crops [J]. Journal of Agricultural and Applied Economics, 2010, 42 (3): 501 -515.